蒲池勢至著

真宗と民俗信仰

日本歴史民俗叢書

吉川弘文館

目　次

図表目次

序章　真宗と民俗

――問題点と課題――

真宗と民俗との関係について関心が高まりつつある。これまで「門徒もの知らず」という表現に代表されてきたように、真宗は民族固有の習俗や信仰を破壊する反民俗性が強く、真宗地帯は民俗伝承の空白地帯とされてきた。しかし、民俗学あるいは仏教民俗学の分野から真宗信仰の基盤部分に民俗信仰が基層として存在するという真宗の民俗性が指摘され、真宗と民俗の問題が改めて問い直されようとしてきている。とはいえ、その本格的な研究はいまだ途についたばかりの段階にある。そこでまず、従来の研究成果を総括して問題点の所在を探っておきたい。

戦後いちはやく堀一郎氏は、幕末に北陸から相馬藩に移住した北陸門徒の真宗部落と他宗部落との比較をして、門徒意識の強靱さと反民俗性について報告された。(1) また、民俗学の立場から文化接触の課題として考究しようとされたのが桜井徳太郎氏であった。同氏は能登半島一帯を事例として、真宗信仰が固有信仰に接触した場合どのような反応を示したかを(1)固有信仰に反抗、(2)摂取受容して真宗化する習合形態、(3)固有信仰がそのまま生かされるの三つの場合に考えている。そこでは蓮如忌習俗の類型化を通して、この行事に習合混融している立山・石動山などの山岳信仰や春山遊び・山行きの中に蓮如忌習俗の祖型があるとされた。そして、真宗が伝播した時、固有習俗を破壊するはたらきと同時に他方では妥協する一面のあったことを指摘している。(2)

このような民俗学側からの論及に対して、真宗側からとしては桜井氏の所論を受けて森竜吉氏が、春行事としての蓮如忌と秋行事の報恩講は、真宗が年中行事にみられる大幅な停止に代って門徒民衆の生活に与えた折目とリズムであると主張された。また、蓮如忌にみられる習合は、真宗信仰における民俗化と変容の許容量を示す実例であるとしている。(3) 一方、堅田修氏は真宗と民俗との関係を教義と社会的実践という教団論の問題として、教団内部からとらえようとされた。教団の宗教的機能として真宗寺院年中行事のうちとくに彼岸会・盂蘭盆会・修正会が執行される意味を民間習俗との比較を通して探り、これらの法会が庶民生活と密接に結びついて成立しながらも趣意はまったく別にあって、それは時節に関わりながらも法縁を結び仏恩報謝の機縁として行われているにすぎないとされ、真宗儀礼の本質的意義を示された。この中で、問題は民族的伝統の信仰・習俗にどう対応したかという傾斜と妥協の仕方にあり民俗のあり方にあると問題の所在を明確化され、真宗儀礼は伝統民俗を棄揚・換骨奪胎して真宗的に変容したものであるとされたのは注目される。(4) しかしながら、この真宗の民俗変容化が必ずしもすべて行われたとはいいがたい。この点を吉田清氏は、真宗教団成立以前に常民としての地方門徒集団の存在があり、純粋な真宗教義と教化がどれほど可能であったかの視点から地方門徒の習俗を検討され民俗性を摘出されている。(5)

年中行事を中心とした儀礼の分析とは別に、いま一つは真宗の葬墓制とその儀礼についての論考がみられる。児玉識氏は、中世末期真宗門徒＝ワタリの生活様式を探る中で、鳥取県東伯郡羽合町上浅津・下浅津地区や山口県周防大島郡笠佐島・周防室積の五軒屋などでは最近まで墓がなく、神棚はもちろん位牌も過去帳も家々になくて、死者は野天の焼場で火葬されると骨は西大谷納骨のために一部とる以外残りは放置されるなど、きわめて死者追善儀礼が簡略化されていることを報告された。そして、教義や組織よりも教義から導き出された真宗独自の生活様式が近世社会成立以前の真宗発展の要因ではなかろうかとされている。(6) この問題は「無墓制」として注目され、森岡清美氏は三重県阿山郡大山田村下阿波を事例にして、無墓制は本堂を「集合詣り墓」とする両墓制もしくは多墓制であって、これは真宗が民俗固有の墓制を内容的に踏襲しながら教義に合致する新しい形態を与えたものであるとされた(7)。佐々木孝正氏は、おもに本願寺宗主の葬制と墓制に着目されて歴史的展開の中にみようとされた。親鸞の葬墓制は中世一般の葬制・墓制と共通性・類同性が強いことが確認され、蓮如以後に真宗独自の作法が定められて報恩謝徳の意義づけが葬送・中陰儀礼に反映されたが、臨終仏・遺骸拝礼・棺覆袈裟・路念仏・町蝋燭などの儀礼に民俗的要素が混在しているとした。また、真宗の納骨・中陰・年回仏事・永代経・報恩講に祖先崇拝の感情が豊かに伏在しているとし、無墓制に関しては真宗の「墓上植樹」の習俗を上げられ、両墓制の詣り墓に相当するものであるとしながら、この墓制が葬送に重きをおかぬ真宗教義に合致したものであったことをみられた(8)。

こうした研究動向の中で、『伝道院紀要』一九号に共同研究報告「わが宗門と習俗・俗信」が発表されて以来、真宗学や民俗学研究者から、この課題について再び問題提起がなされている(9)。また、門徒地帯をフィールドにした調査研究報告について見てみると、いくつかの成果があがっている。松崎憲三氏は、「お内仏」(仏壇)祭祀・巡行仏・年中行事・葬送儀礼を中心に砺波市大門を事例として報告された。真宗門徒の生活は、「お礼をとげる」という表現に集約されるように仏壇祭祀を中心に結束しており、強固な同族結合は認められないが報恩講などの諸儀礼を通して本家・分家は維持されている。さらに巡行仏に参加することによって村落内の家門徒は結びつき、曹洞宗檀家の家々も門徒側に引き寄せられて社会秩序が維持されているという(10)。この中で、年中行事にみられる双分組織の問題、また墓制で、曹洞宗檀徒が石塔を寺院に持つ傾向があるのに対し、門徒は屋敷地か共同墓地に持つことが指摘されているのは注目される。石川純一郎氏は、民俗生活に強力な規制と影響をおよぼす浄土真宗のような普遍宗教は風土との結びつきがないと考えられるが果たしてその通りか、という「風土と民俗」の視角から飛騨白川郷の民俗相を調査された。具体的には、村落の祭礼行事・寺を中心とした門徒の宗教行事・歳時習俗の項目から、衣食住・年中行事・講などは他の村落行事と変るところがないが、山の神信仰の希薄性と小正月の予祝儀礼や中秋の十五夜など収穫儀礼が脱落していて歳時習俗が簡略化されているという。しかし、農閑期と盆に集中した宗教行事が多く、寺の宗教行事の中には初午講とか二百十日の御講という生産儀礼と結びつくものがあって、真宗の「在来習俗への歩み寄りという宗教現象」がみられるとしている。(11) 一方、志水宏行氏は、滋賀県神崎郡能登川町北地区の福堂・栗見出在家や彦根市稲枝西地区新海で行われている「ぼんなり」という宗教慣行を「真宗の習俗」として紹介された。「ぼんなり」とは「ぼんさんなり」の意味で、七十歳以上になると家庭を息子達に委ね、自らは手次寺で剃髪をして念仏者の生活に入る儀式のことである。(12) ここでも「ぼんなり」を支える要因として寺院を中心とする宗教行事の多さが指摘されているが、年齢階梯制や人生通過儀礼との関連から興味ある事例といえよう。西山郷史氏は、真宗信仰の盛んな能登をフィールドとして精力的に調査している。桜井氏の提起した蓮如忌をめぐる問題については、能登・二俣・金沢の蓮如忌を再度調査して、蓮如忌は蓮如とゆかりの深い寺院でのみ営まれてきたのだという。石動山春祭りとの関係については、この祭りを引き継いでいるのは真言宗勢力を保持してきた地区であり、蓮如忌はこの祭りを引き継ぐものではないし、また、卯辰山周辺の蓮如忌などは古いものではなく明治期に一体化したマチの蓮如忌であったと指摘した。また、正月行事にはホウライ・年頭回り・春勧化・天神画像などが同じ地域に重層的に見出だされ、御崇敬といわれる御影巡回、祖先祭祀と関わりを持つ「コンゴウ参り」といった習俗を報告している。御崇敬とは、ゴソッキョウ・ゴオツネンなどと呼ばれて、本願寺第十九世乗如（一七四四〜一七九二年）の画像を巡行させる行事であり、西山氏はその背後に本願寺法主に対する門徒の「生き仏」「生身の善知識」信仰があると述べるが、こうした絵像巡回の行事は門徒地帯において顕著にみられるもので、能登以外の事例と比較してさらに考究していく必要があろう。これに対して、

「コンゴウ参り」は能登の宗教的風土が生み出した独特な真宗行事である。行事の内容は、他家へ嫁いだ者が実家の片親が亡くなった場合に手次寺へ参るというものであるが、コンゴウ会というように一つの行事として成立し習俗化していることに特色がある。そして、この行事が生産に対する寺を媒介とした門徒共同体の祈願になっていることを指摘し、さらに門徒の霊魂観や民間信仰との接点まで論じている。(13)

真宗と民俗をめぐる問題と課題について、どのようにアプローチするのか。木場明志氏は民俗学におけるこの課題の研究方向・方法について重要な提言をされた。同氏は「真宗と民俗との関係についての研究を、より一層みのりあるものとするため、発想の転換を提起するだけの目的によるものであり、具体的な事例研究ではない。したがって、多くの問題点を含むことは充分に承知しているつもりである」と最初にことわって、

従来の研究を鳥瞰していえることは、次のようなことではあるまいか。すなわち、「真宗の民俗」という場合、それは在来の民俗が基底にあって、のちの真宗化をへた結果として、我々の前にいま現存民俗の形で姿を見せている、としていることであろうかと思う。算式化して示せば、

在来民俗＋真宗化＝現存民俗

(固有信仰＋真　宗＝真宗民俗)

ということであり、このなかで「在来民俗」の要素を下敷きにすることや「固有信仰」そのものを発見・指摘することが民俗学的方法であるとしてきたといえよう。

と述べ、こうした問題視角からではもはや研究は進展しないであろうという。それよりも「真宗」を「日本で成立した日本独自の民俗宗教の一つ」として明確にとらえて、民俗信仰にみられる「信仰の重層性」から真宗門徒の信仰の内実、真宗行事に参加する人々の中に「真宗独自の個性や伝統的真意を発見」できるのではないか。そして、

多少極端な表現になるかもしれないがごく普遍的な真宗のあり方が、実は民俗的であるということである。換言すれば、常民社会における真宗はそのほとんどにおいて民俗的であり、習俗信仰的であり、また民俗宗教的であるといいうる。

ということから、真宗門徒地帯における現行民俗を「真宗民俗」として位置づけ、各地域の記録の集積から全体として「真宗の民俗」が形作られ、さらに真宗地帯の特性が浮き彫りになってくるという。そのために、「a　寺院主催型儀礼・行事」と「b　門徒主催型儀礼・行事」に分けて民俗的分析を試みることの有効性を主張された(14)。

このような木場氏の提言には傾聴すべき点が多い。たしかに、これまでの民俗学研究においては真宗の民俗否定・反民俗性ということから民俗と対立的に見て、あまりにも簡単な図式で両者の関係をとらえていたと言える。その限りにおいては、いったい何が「真宗の民俗」であるのか、あるいは「在来信仰」「固有信仰」とは何であるのかはっきりとして来ない。真宗門徒の村落を調査してみても、他の村と較べて年中行事や民間信仰が希薄で行事そのものが少ないことは容易に理解出来る。しかし、そこからさらに「真宗の民俗」「真宗と民俗」の問題を追及していこうとすると、伝承されてきた儀礼が少ないだけに行詰まってしまうのであった。そこで、真宗のあり方がすでに民俗的・習俗的であると見て、とにかく真宗門徒地帯における現行民俗を調査して資料の蓄積をはかり、寺院主催型と門徒主催型の儀礼・行事の中に問題点を見出していくことは有益であろう。ただ真宗を「民俗宗教の一つ」と規定したり、真宗の民俗否定的性格について考慮しなくなることはどうであろうか。真宗は日本で成立したものではあるが、その教義は仏道の体系の中に位置づけられるものであり、これまで民俗学が究明してきた日本人の民俗信仰とは基本的に異なるものである。真宗と民俗・習俗信仰に関わる問題と課題は、この真宗という仏教の信仰が社会化したときの存在形態、いいかえれば常民社会における真宗の民俗的形態を考えることにある。したがって、問題の所在はどこまでも「真宗と民俗」であって「真宗の民俗」ではない。

いま一つ大事な研究上の方法は、真宗寺院や門徒に伝承されてきた民俗の歴史性を考えてみることである。真宗は習俗を排除してきたといわれるが、真宗門徒や寺院で行われている儀礼の中にはかえって古い時代の習俗を伝えているものがありはしないか。「墓をつくらない」とする習俗や本山納骨儀礼などには、石塔が一般化する以前の墓制がどのようであったのかということを推定させるものがある。骨掛け習俗や墓上植樹の習俗は、真宗門徒地帯であったからこそ今日まで残存したのであり、真宗の民俗否定・排除ということの中には、新しい習俗を採用しなかったという一面も考えられるのである。(15)逆にいえば、門徒や寺院で行われてきた習俗を歴史的に溯源させることにより、民俗の変遷とその意味が明らかになってくるのではなかろうか。また、これまでの真宗史などが見落としてきた問題が新しく見出だされてくるであろう。そのためには、真宗寺院や門徒の儀礼を民俗的に分析して他との類同性を追及していくと同時に、真宗教団の展開過程や民俗宗教史の中でとらえ直していくという作業をしていかねばならない。

さて、以上の諸論考から真宗と民俗の問題は、文化接触における民俗変容の問題といえる。真宗信仰が日本人の伝統的民俗儀礼の文化型に接した時、そこにどのような対応を示したのか。真宗は教義にもとづいて伝統習俗を取捨選択し再解釈したといわれるが、果たしてどの程度可能であったのか。とりわけ、民俗信仰の根幹をなす祖先崇拝についてどう対処したか考究されねばならないであろう。本書では、このような問題意識と課題に立って、第一章「真宗と祖先崇拝」では歴史民俗学の視角から真宗における位牌と御影・墓制・オソーブツ習俗・仏壇の成立という問題を取り上げて論じる。第二章「門徒の村と民俗」では、フィールド調査による民俗資料を使用して、村落社会において真宗信仰と民俗信仰がどのようになっているのか、門徒がムラの中でどんな宗教生活をとってきたのか探る。第一節「能郷の民俗と真宗門徒」は白山信仰のもとに中世に成立した村落を対象として、真宗信仰の伝播や年中行事・墓制について具体的にみる。第二節「輪中の村と真宗門徒」では、近世村であるムラと寺院に結ばれた寺檀関係や門徒の講、あるいは葬送墓制などの項目からみる。第一章でみた「真宗と民俗信仰」の問題を、実際の「門徒の村」において検証しようとするものである。第三章「近世尾張の真宗門徒と講」では、猿猴庵の絵画資料や近世史料を使って、御坊再建に集約された門徒や講の姿を詳しく描写する。そして、これまであまり研究されてこなかった真宗の講の実態や宗教的意味について考えることとする。

注

（1）堀一郎『宗教・習俗の生活規制』昭和三十八年、未来社、二四五頁以下。

（2）桜井徳太郎『宗教と民俗学』五「蓮如忌習俗の意味」昭和四十四年、岩崎美術社、同『日本民間信仰論』第三編第一章「民間信仰の特質―文化接触の民俗学的課題―」昭和四十五年、弘文堂。

（3）森竜吉『蓮如』四―三「真宗と民俗」昭和五十四年、講談社現代新書。

（4）堅田修「真宗教団における儀礼―特に法会について―」（『大谷学報』三七―一）。同「真宗教団と民俗信仰―教義と社会的実践の問題について―」（大谷大学編『親鸞聖人』昭和三十六年）。

（5）吉田清「真宗寺院の原初形態―特に仏教民俗を通じて―」（大谷大学国史学会編、論集『日本人の生活と信仰』昭和五十四年、同朋舎出版）。同「真宗の民俗」（講座『日本の民俗宗教』二、昭和五十五年、弘文堂）。

（6）児玉識「真宗地帯の風習―渡りの宗教生活を探る―」（『日本宗教の歴史と民俗』昭和五十一年、隆文館）。同『近世真宗の展開過程』第四章第四節「真宗門徒の信仰生活」昭和五十一年、吉川弘文館。同「浄土真宗と民俗」（『歴史公論』五二―三、昭和五十五年）。

（7）森岡清美『真宗教団における家の構造』補論「真宗門徒における『無墓制』」昭和五十三年、御茶の水書房。

（8）佐々木孝正「本願寺の葬制」（『大谷学報』四九―三、昭和四十五年）。同「葬送記にあらわれた中世の葬制」（『印度学仏教学研究』一八―二、昭和四十五年。同「浄土真宗と祖先崇拝」（『尋源』第三三号、昭和五十七年）。同「墓上植樹と真宗」（『大谷学報』五九―三、昭和五十四年）。この中で「葬送記にあらわれた中世の墓制」以外は、同氏著『仏教民俗史の研究』（昭和六十二年、名著出版）に収録されている。

(9) 金児暁嗣「真宗門信徒の社会心理学的考察(Ⅰ)—真宗門信徒のシンクレティズム」(『宗教研究』六〇巻第四輯、昭和六十二年)。大村英昭「真宗門信徒の社会心理学的考察(Ⅱ)—真宗における脱世俗化」(『宗教研究』六〇巻第四輯、昭和六十二年)。大村英昭「脱世俗化と真宗信仰—異文化(現場)としての本願寺派」(『現代社会学』二三、昭和六十二年、アカデミア出版会)。『浄土真宗の未来を探る　現代の習俗状況において』平成元年、同朋舎出版。真宗連合学会第三五回大会シンポジューム「真宗と習俗」(『真宗研究』第三三輯、平成元年)。

(10) 松崎憲三「真宗地域における宗教生活の研究—砺波市大門を事例として—」(『近畿民俗』第九八号、昭和五十九年、同氏著『巡りのフォークロア』所収)。

(11) 石川純一郎「飛驒白川郷の風土と民俗—浄土真宗村落白川村荻町の民俗相—」(『人類科学』九学会連合年報三六、昭和五十八年)。

(12) 志水宏行「真宗の習俗『ぼんなり』考」(龍谷大学『仏教文化研究所所報』第七号)。

(13) 西山郷史『蓮如と真宗行事』平成二年、木耳社。

(14) 木場明志「真宗と習俗信仰」(『北陸の民俗』第六集、昭和六十三年、福井民俗の会、富山民俗の会、加能民俗の会)。

(15) 前掲、佐々木孝正「墓上植樹と真宗」。上別府茂「わが国の骨掛葬法について—石川県金沢市北部及び河北郡津幡町を中心として—」(『岡山民俗』一〇四号、昭和四十八年、『葬送墓制研究集成』第二巻所収)。拙稿「墓と真宗—『墓をつくらない風習』について—」(『月刊百科』二六〇号、昭和五十九年)他。

第一章　真宗と祖先崇拝

第一節　真宗の民俗性と反民俗性
——位牌と御影にみる祖先崇拝観——

一　真宗と位牌

一般的に位牌とは、木牌に法名（戒名）を書いて仏壇や寺院の位牌壇に安置されるものであり霊牌とも称せられるものであるが、これが死者霊の象徴であり礼拝の対象となっていることは明白である。この位牌の象徴性については、後に位牌の起源と歴史および民俗儀礼と関連させつつ詳述することとして、まず真宗がこの位牌に対してどう対処したかみてみよう。

今日、真宗門徒でも葬儀には位牌を立て、また仏壇には真宗特有とされる繰り出し位牌が安置されているが、教団として公的には禁止されているものである[1]。位牌は教義的にみて否定さるべき祭具というのである。このことを直接的に語る史料は必ずしも多くないが、一代にして本願寺教団を飛躍的に発展させた八代蓮如は、

吾のたまはく、法然上人の仰に、わが菩提所をつくるまじき、わがあとは称名のある処、すなわちわがあとなり、と仰ありけり。またあとをとふら《(弔)》（ふ）といひて、いはいそとば《(位牌率都婆)》をたつるは、輪廻するもののするこ

と也と。

と述べている[2]。蓮如の遺戒にもとづいて作成された「兄弟中申定条々[3]」には、五節供・名月・猪の子・年始の御祝いなど年中行事と人生通過儀礼に大幅な停止と簡素化が八ヵ条として示されているが、そこには民俗問題に対決しようとした蓮如の姿を見ることができよう。いま位牌と率都婆が禁止されていることもそうした背景の中でなされたことといえるが、それ以上に位牌問題は真宗の往生という教義にかかわるものであった。阿弥陀如来の回向したまう信心を獲得して信の一念のおこったとき、現世にありながら必ず浄土に生れるという現生正定聚の位に住し、この身の尽きる（死）と同時に往生を遂げて完全な仏になるという教義からして、位牌と率都婆を立てることは矛盾するものであった。このことを蓮如は「輪廻するもののすることとなり」といい、往生するとは「三界へめぐる心にてあらざれば、極楽の生は无生の生[4]」であるというのである。この点については、さらに他宗派の葬送儀礼における位牌の作法と比較してみると明瞭である。時代は下るが、「慶長十六辛亥年六月八日浅野弾正《長政》殿御葬礼ノ時ノ覚[5]」の中に「位牌ハ龕ヨリ後ナリ《白キヌニテオホヒ候》」とあり、同じく「慶長年中葬礼之記[6]」の近衛殿信尹公葬礼にも「火屋ノ前ニ野卓・打敷有之、荘リハ無之、後ニ鶴・花瓶・香炉・位牌等《キヌニテツヽミタルナリ》」とあって、位牌に薄絹がきせられてあったことが知られる。浅野長政は高野山で、近衛公は東福寺で葬送されたが、この薄絹は亡者の妄執を象徴していて引導作法の時に除かれたものであった。蓮如における位牌否定の理由がここにみられよう。蓮如自身の葬制については、すでに佐々木孝正氏が具体的に検

図1　蓮如上人寿像（岡崎市勝蓮寺蔵〔文明16年下付〕）

討されたので触れないが、この位牌否定は真宗本来の信仰的立場が表出されたものであった。

蓮如以後、今日にいたるまで本願寺の葬制において位牌はまったく用いられていない。第九代実如の葬送・中陰儀礼を詳細に伝える「実如上人闍維中陰録」(7)をはじめ、玄智の『大谷本願寺通紀』(8)にみえる各歴代法主の葬制などをみても見当らない。しかし、近世になると本山側のこの位牌否定の態度にもかかわらず、一般末寺や門徒間ではしだいに位牌が立てられ普及したようである。元禄十一年（一六九八）に完成した慧空の『叢林集』(9)巻七には、

当家天子尊牌ノ外御代々ヲ初テ牌ヲ立テ給コトヲ不レ聞、然ニ辺夷ノ寺ニハ陰シテ牌アルヨシ不レ可レ然事也

とみえる。玄智の『考信録』(10)（一七七四年）巻二には、

位牌ノ事モ。寿像ニ同シク供養スルナラハ。ソノ理コレニ准スヘシ。其余ハタ、法名忌日ヲ記スル標マテトシ。或法事ノ節コレヲ傍ラニ置モ。タ、某ノ志ノ法事ナルヲ示ス為ノ備ヘトイフヘキニヤ。爾ルニ位牌ヲ本尊ノ正面ノ卓上ニ安スル輩アリ。コレ本山ニ。天皇ノ位牌ヲ安シ給フ式ヲ僭セルモノニシテ。尊儀ヲ觝突スルノ甚シキナリ。誤作ナラハ速ニ改ムヘシ。故作ナラハ大不敬ニ坐ス。

と厳しく注意せられている。が、位牌を本尊正面に安置することを厳誡しているのであって、「法名忌日ヲ記スル標マテ」の趣意としてならば位牌が認容された様子である。それだけ門徒間に位牌が一般化してきたといえよう。「天皇ノ位牌」すなわち位牌については、すでに『天文日記』(11)の天文七年（一五三八）七月二十一日の条に安置された記事がある。宮殿の壇上向って左に先帝の尊儀を安置し、右方に今上皇帝の尊牌が安置されたが、この天牌の意味は、

本寺阿弥陀堂ニ位牌ヲ立タマフコト是亦各別ノ儀式ナリ当寺勅願所ノ標識《シキ》トシテ先帝ノ菩提ヲ祈リ当今ノ安全ノ守護シ玉フ故ニ毎日本堂ニシテ十方諸仏所護念経ヲ読誦シタマフコノ所以ナリ余例ニ同スヘカラス又仁王経ニ所謂仏法ハ王法ノ尊宗ニ由テ威ヲ増シ王法ハ仏法ノ加護ニ由テ益ヲ普クス

とあるように、[12] 王法と仏法の関係から外護の恩に酬いるためとされた。同様に、延宝八年（一六八〇）六月六日はじめて本堂左壇に東台猷厳四廟の神主が安置されている。[13] 本山においては天牌・神主と位牌とは別のものとされ、十八世紀中ごろでも位牌否定は変わっていない。『大谷本願寺通紀』巻九に、明和三年（一七六六）大坂十二講によって再構された内仏殿を記して、

戸口有二獅子吼額一、中間有二真実閣一（中略）前安二舎利塔一、内有二祖師霊骨一、右脇安二先師父像一、北設二横壇一、安二蓮宗主像於小龕一、緇衣緇袈裟、持二水精珠数一、絶無二位牌等一、

とある。また同書巻四第十七法如代の天明二年（一七八二）に、

七月十四日、阿茶君歿義千代、去年九月十七日、為二摂政九条尚実公猶子一更二名阿茶君一、羅二腫病一而歿、然以レ臨二佳節一、以二十六日一為レ忌発レ喪（中略）於二集会所一、修二斎七仏事一唯安二画仏一、供二香華等一、不三別安二霊牌等一

とあって、葬儀・葬後に位牌が用いられていない。しかし、一般門徒に対してはこのころからかなり寛容的態度となり、法名・忌日の覚えとしてならば認容するようになったと思われる。『故実公儀書上』[14] 中、文化三年（一八〇六）大久保家へ出された「石塔尋之儀」に「当本山ニ於テ。石塔之儀ハ。形ニ定法無二御座一候事故。施主存寄次第。為レ建候事ニ御座候」と述べた後、

一、位牌ノ儀ハ本山免許ノ品ニテモ無二御座一候ヘ共。施主存寄ニテ建置度モノハ。任二其意一候事。

と解答している。文政八年（一八二五）秋、初稿を起した仏光寺派信暁の『山海里』には、

台座を蓮華の形ニ作り屋根を宮殿の形に拵なり。これも日本の風儀としてならひ久しき事なるべし。

とあり、[15] 今日の繰り出し位牌の形態が普及していたことがわかるが、その成立となればかなり前と推定できる。

さて、これまで真宗における位牌の否定と普及をみてきたが、この位牌はどのようにして成立し、いつごろから一般化するようになったのであろうか。また、位牌とは何なのであろうか。このことを位牌の起源と歴史、そ

して位牌の民俗儀礼を通してみてみよう。

位牌の起源と成立については、儒家において祖先や両親の存命中の位官・姓名を四〇センチほどの栗木に書いて神霊に托させる風習から成立した木主・神主・虞主といわれるものと、日本民族が神祭や魂祭に用いた神霊を憑り付かせる神道の霊代（依代）とが習合したものであるとするのが現在の定説である。(16) 五来重氏は、斎木《いわいぎ》から神道の霊代へ、そして儒教の神位牌の形態と文字をかりて位牌が成立したとされている。また、「位牌が受容される前は仏木《ほとけぎ》であり、その前はイキツキ竹のような杖や棒であったという推定が成り立つであろう。この杖や棒をもう一歩遡らせると、常磐木の枝のヒモロギとなる」とも述べてみえる。(17) 仏教固有のものでないことは確かである。慧空はこれについて、

和漢三才図会十九云。霊牌釈氏書二戒名一。安二仏龕旁一者。俗謂二之位牌一。与二儒門神主一同義也。文コノ説ハ。位牌の字拠ヲ知ラサリシト見ユ。（中略）又経済録六十四云。先祖父母ヲ祭ルニ。神主アリ神牌アリ。神主ハ亡者ノ正体也。影像ト同シ義ナリ。神牌ハ亡者ノ神霊ノ居所ヲ記スフダ也。何レモ木ニテ作ル物ナレトモ。其儀別也。其制同シカラス。題名モ。神主ニハ某ノ神主ト書シ。神牌ニハ某ノ神位ト書ス。神牌ヲハ神板トモ云。今ノ世ニ位牌トイフ是也。文按スルニ位牌トイフハ。神位ノ神牌トイフヘキヲ。略シテ位牌ト称セルモノニヤ。

といい、(18) 神主と神牌を別義と区別しているが形態的にはさして変わっていなかったようである。神主・神牌・位牌が木片に書かれたものであるのに対して、真宗では「紙牌」と称せられるものがあった。東本願寺の宝物で第五代綽如筆による「善如上人霊位」といわれるものがあり、真中に「南無阿弥陀仏」、右側に「物故本願寺三世善如上人霊位」、左側に「明徳第二暦二月時正初日書之」とあって、すでに十四世紀後半にその存在が知られる。(19)法名を紙に記して先亡の名を標しておくことは、その後さして問題もなく行われたと思えるが、『真宗帯佩記』(20)

巻下に、

今家ニ法名ヲカケ。供物焼香スルコト。昔ハナキニヤ。古記ノ中ニミヘス。第十三世ノ御時。本山ニソノ式マシマセルヨシ。古老モ記セラレタリ。近代ハ末寺ニモソノ式ヲ倣フ類アリ。コレ儒者ノ木主ヲ立テ。他宗ニ位牌ヲ立ルノ通式ニ準スルカ。

とあって、しだいに礼拝供養の対象となっていった。紙牌は現在の在家仏壇に掛けられる法名軸に繋がるものであるが、何よりも法名が木片でなく紙に書かれたことに特徴があり、樹木を依代とした日本人の伝統的霊魂観念からしていま一つ普及せず、門徒間にも位牌が立てられるようになったと考えられる。

では、位牌はいつごろから出現し流行するようになったのか。わが国最古の紀年銘を有するものとして、中尊寺に「鎮守府将軍藤原秀衡朝臣」（表）「文治三丁未年十二月二十八日卒」（裏）と記された位牌が存するが、干支の位置と雲形頭部の円相の位置から鎌倉初頭の文治三年（一一八七）とは考えられず、室町時代後半ないしは戦国末期以降と解せられている。次いで古い紀年銘のものに岐阜県多治見市永保寺に元亨三年（一三二三）のものがあるが、頭部と台座を欠失しているという。(21) 完形のものとしては、元興寺極楽坊で発掘された位牌の中に雲型位牌で表面に「物故正崇禅門 明鏡禅尼覚霊位」裏面に「應安四年辛亥七月十六日酉剋帰舜七十歳 貞和三年丁亥三月廿二日　逝去五十二歳」と紀銘のものが発見され、形・彩色・型式から制作年代も応安四年（一三七一）に近いころとされている。このほか、素地のままの白木位牌も発掘され、貞和より永享年間（一三四五～一四一四年）の紀年銘を有するもの三四点、干支あるいは月日のみ認められるもの一二点、墨書の判読不可能なものと断片三一点が発見された。そして、紀年銘のあるもので二一点が応永年間（一三九四～一四二八年）であった。(22) こうした遺品からして、位牌はすでに十四世紀南北朝時代には使用されていたことがわかる。成立年次は不詳であるが、南北朝時代の初めに定型化され流布した『曾我物語』には、大磯の虎が高麗寺の山奥に入って柴の庵を結び九品往生ののぞみで一向専修の行をしている様子を、母も姉も、なく〳〵庵室の体を見まわせば、三間に作たるを、二間をば道場にこしらへ、阿弥陀の三尊を東むきにかけたてまつり、浄土の三部経・往生要集・八軸の一乗妙典も机の上におかれたり。(中略) 仏の御前に、六時に花香あざやかにそなへ、二人の位牌の前にも、花香おなじくそへたり。

と描写している。(23) 中世における出家遁世者で位牌を中心にした追善菩提供養の姿をみることができる。この事例は浄土系における位牌の存在を示しているが、中世後期に葬祭的比重を高めて地方発展をはかった禅宗によって位牌は流行しだした。十五世紀中ごろの『塵添壒嚢鈔』巻一六に「但シ位牌ト云言、禅家ニ好用ル儀歟。正道ノ古所ニ无事也ト云ヘリ」とあり、また『諸回向清規』(一五六五年)巻第四には臨済宗の在家の位牌書式が成文化されている。そして、十六世紀にはかなり普及したとみえるが、それでも位牌を立てる者は武士を中心とした上級階層と考えられ、一般庶民への普及は江戸時代に入ってからであろう。本章の最初に蓮如による位牌否定と、それにもかかわらず近世になって一般末寺・門徒間に位牌が出現したことを述べた。こうした事実は、真宗内だけに限らず位牌流行の歴史的動向と軌を一にしており、真宗側の対応であったといえる。すなわち、蓮如時代に社会的に位牌が武士階層を中心に広まり、江戸時代に入って門徒をも含め庶民層に一般化したのであった。

さて次に、位牌とは民俗信仰にとって何であり、真宗はこれを否定することによって何をどう変容させようとしたのか、この点を少し考察してみたい。

日本人の伝統的霊魂観・他界観念からして、位牌はそこに霊魂がとどまるものとされ、死者霊の象徴性を有していることは周知の通りである。位牌は大別して順修牌と逆修牌に分けられるが、いま順修牌の民俗的儀礼についてみれば、これは葬送儀礼と葬後供養において展開される。葬送に際して白木の位牌が立てられるが、これには祭壇に安置される内位牌と野辺送りに用いられる野位牌がある。野位牌は死後ただちに枕もとに供えられ、イハイモチの呼称があるように葬列で家の相続人が持って墓所に行って供えられ、忌み期間中この場所で供養の対象となる。[24] 野位牌と同様死者の枕もとに立てるものとして一本花があるが、佐渡ではこれをイハイカクシといい、福岡県大島では必ず椿の枝、滋賀県高島郡では椿または柾木の花のない枝であって、この一本花は葬列に加わり墓まで持っていった。[25] 内位牌は葬儀終了後の一定期日を経て檀那寺に納められ、各家の仏壇には黒塗・金箔などの恒常性をもった塗位牌が祀られることになる。そして、トムライアゲ・トイアゲ・トイキリといわれる三十三年・五十年回忌を経て、この塗位牌は海川に流されたり寺院・墓に納められる。いま、位牌の祀られる場所と形態変化のプロセスを図式化してみると図2のようになるが、この一連の過程の中に日本人の霊魂観と他界観が表出され、儀礼が生み出されてくることになる。位牌が死者霊魂の依代であるかぎり、安置される墓所・仏壇・寺院が霊魂常在のところと意識されることになった。そしてもっとも重要な点は、この過程が死霊→新仏→ホトケ→先祖→神となる浄化儀礼であることである。[26] 最終年回であるトイキリは、死者霊魂が個性を喪失して家の先祖・神と昇華する時期であり、祖霊は正月・盆・春秋彼岸など年に数回来訪することから歳時習俗儀礼が生み出されることとなった。

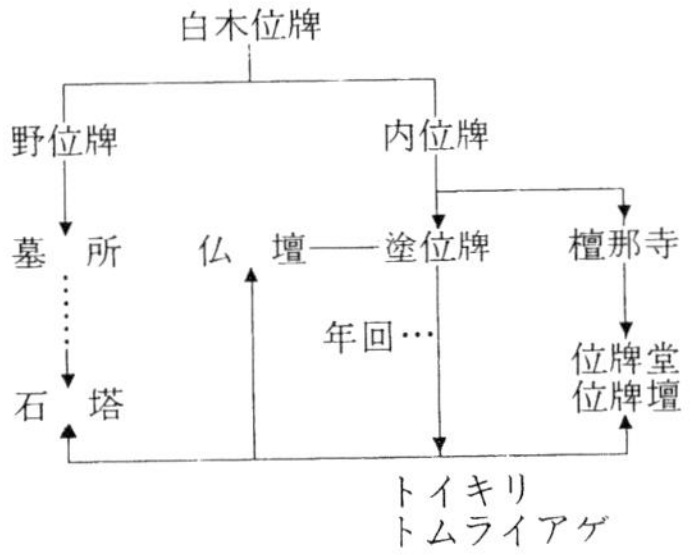

図2　位牌祭祀のプロセス

いま、真宗が位牌を立てないことは、この日本人の霊魂観と祖霊を中核にして展開される民俗儀礼を否定することといえよう。本質的には、先祖とよばれるものを認めないということであった。教団にとって真宗寺院の存在意義がどこまでも聞法道場とされ、位牌堂・位牌壇を出現させず菩提寺院化することを拒否する理由は、この祖霊否定の一点に起因するといってよい。仏壇に位牌が安置されて位牌壇となることを嫌うことも同様である。[27] 祖霊信仰を肯定して基底にすえると、墓と仏壇と寺院は三位一体の関係を当然現出させることになり、寺院の本質が墓であることになる。真宗はこうした習合を許さなかったといえよう。

以上の、真宗の反民俗性を門徒習俗の中にみてみるとどのような状態になっているであろうか。まず、もっとも よく真宗の反民俗性と祖霊否定を示している事例として、最初に触れておいた無墓制の門徒習俗がある。児玉識氏の報告された特徴をまとめてみると、

(1) 最近まで墓は一切なし。

(2) 死者は焼場で火葬されると、骨は一部西大谷納骨のためにとるが、残りは湖中に投棄されたり焼場に放置される。骨に対するタブーも執着もない。

(3) 位牌・過去帳は各家になく、葬儀においても法名を重視せず。

(4) 盆・彼岸などに墓参の習慣はなく、先祖がそのようにして祀られるべきだという意識もない。

となる。これほどまで徹底化した姿ではないが、岐阜県旧徳山村櫨原では新盆・初盆などという事はなく、盆には赤飯か牡丹餅・索麵を作るくらい。また家の位牌に鏡餅を供えるだけで、道場でも三昧（火葬場）でも何事もなく行く人もないという。同村本郷でも石塔を持つ家だけが盆に石塔の前で餅を撒くが、他にはとりたてて行事らしいものはない。[28] 飛驒白川村木谷では、仏壇や仏具類を磨いて、十三日からお花とオブク様を供え、他にはお墓を掃除するだけで墓には何も供えず、墓前で読経もしないという。[29] こうした盆儀礼の簡素化と、墓軽視の習俗は、伝統的祖霊信仰が門徒にあってはかなり希薄になり変容していることを示している。

ところで、真宗の反民俗性は現実的にどこまで可能であったのか。門徒の先祖観がどのように変容したのであろうか。真宗と民俗の問題となる焦点はここにあるといってよい。位牌が立てられ仏壇に安置されても、図2にみる民俗的儀礼との連関性を失なっている限り、一般の位牌と同一視できないともいえる。しかし、教義上からの位牌否定にもかかわらず門徒間に位牌が立てられ普及したことは、逆に日本人の祖霊信仰が如何に強いかの証

明であり、またこれまで潜在化していた習俗が顕在化したともいえよう。この二つの解釈が成立する典型的な事例が「法名基」である。大谷本廟では収骨時に納骨者持参の位牌にかえて、この法名基が収められることになっている。また、真宗大谷派名古屋別院の本堂須弥壇下に、法名基奉安所として安置されている。各個人の希望によって上げられるが、法名基と称せられながら形態的には位牌と同型である。黒塗と金箔の二種類があって、表面には「法名釈保永 釈尼妙文」（黒塗）・「春日井家先祖代々」（金箔）の形式で刻まれてあった。葬後供養における民俗儀礼との連関性を有しない点からすれば、天牌が位牌でないとされたように法名基も位牌でないと言い得る。しかし、「〇〇家先祖代々」となっていることからすれば、明らかに家と不可分に結びついた祖霊信仰の表象であり位牌といえるのである。法名基と称して、位牌の形式を模しながらも内容的には換骨奪胎しようとする真宗の立場と、名称はどうであれ依然として従来の位牌と同じ先祖の表象としていこうとする門徒の立場が未昇華のまま混在しているといえよう。

　真宗門徒の先祖観が変容してきていることも事実である。その一つにトイキリ（最終年回）意識の希薄化がある。奈良県生駒市南部にある旧南生駒村一一ヵ村は、融通念仏宗地帯で六斎念仏の盛んなところであるが、この中に浄土真宗寺院が一ヵ寺あって、その真宗の家では回りが三三年か五〇年を最終年回としているにもかかわらず百回忌までする。[30] どこの土地が明記されていないが、『民俗学辞典』には「真宗のさかんな村などは百年・百五十年の後までおこなうのだといっている」とされているし、現在でも真宗寺院側が門徒に百年・百五十年忌を毎年通知して執行しているところは全国各地に多い。美濃徳山村櫨原では、五十年忌をトイジマイとしてその後年回を行うことはないとされながら、五十年忌をすましても命日だけには法事をなしているので旧家ほど先祖を祀らねばならぬ日が多い、とされていた。こうした門徒の年回意識は、伝統的な最終年回をもって個々の霊は個性を失ない先祖一般と融合するという祖霊観と、その浄化儀礼としてのプロセスが変容されていることを意味する。[31]

ここから、真宗門徒が「先祖」という時、そこには民俗的祖霊信仰が基盤になりながらも「真宗的な先祖」となっていることを考えねばならないであろう。

以上、真宗における位牌否定から位牌の歴史と意味、さらに門徒習俗との関係をみてきた。次に死霊の象徴としての位牌を否定した真宗は、何を以って位牌の代わりとなし葬後儀礼を行おうとしたのかが問題となる。そこには、真宗的な先祖観が表象されていると推定できるからである。

二　御影と祖先祭祀

真宗において位牌に代わるものが何であったのか。このことを本願寺の葬送儀礼および葬後儀礼の中に探ってみよう。

第九代実如は、大永五年（一五二五）二月二日辰剋に示寂し七日に葬礼が行われたが、『実如上人闍維中陰録』は、往生前後の様子から葬礼・灰寄・中陰にわたって次第を詳細に記録している。いま、その細かな経過については述べないこととするが、とくに往生直前に臨終仏が掛けられ、葬礼終了後になるとこの臨終仏から実如の寿像に掛けかえられて中陰儀礼が行われていることに注目してみたい。

往生直後の様子を『闍維中陰録』には、

一、本尊臨終仏御亭九間ノ西三間ノ中ニ。カケ被レ申候。此間御寝所也。本尊ノ御前トヲリサマ。障子ノキワヨリ。問中許ヲキテ。横ニ頭北面東ニフトンヲシキ。ソノマ、置被レ申。八ノ時分本尊ノ御前ニ打置ヲオキ。モクメニヌリタル。御堂ノ南ノ座敷ニアル打置也。三具足ヲカル。鍮石ノ鶴亀也。花ハ樒。赤蠟燭ヲ灯サレ御勤アリ。

と述べている。この本尊臨終仏は、同日六ノ時分に危篤状態になったとき長柱に掛けられたものであるが、「代々ノ臨終仏ハ。御土蔵ニアルヘキ由御意候間。則代々ノ臨終仏ト金紗表補絵也外題ニ候ヲ取出」とあるところから本願寺に代々伝わる臨終仏であることがわかる。この後、沐浴をして御堂に向い諸人が遺骸拝礼、また御亭に戻り、本尊左方に頭西面南にして石枕をし廻りに屏風を立てている。四日には御亭本尊前に花束六行がおかれ、五日に再度御亭の奥の三間の座敷の押板のきわに遺骸を安置し直し、臨終仏も掛け直された。この間、朝勤・逮夜勤が、正信偈舌々・和讃三首・短念仏百返・回向などで行われている。こうして二月七日未剋に葬礼、二月八日卯剋に灰寄となったが、臨終仏は葬所に行かず御亭押板に掛けられたままである。そして、葬所から帰って御堂での葬帰りの勤行が終って後、臨終仏はのけられ寿像が御亭押板の真中に掛けられている。また、『闍維中陰録』には、

一、御亭ノ押板ニハ。アサキノ金襴ノ打敷ヲ葬所ノ卓ニシカレ候打敷也直ニシカル。花足十二合。鍮石ノ三具足。花ハ樒也。
　御寿像ノウラニ。拾骨ノ桶ヲオカル。

とあり、遺骨が安置された。遺骨は三七日が過ぎても五〇日間はこのまま安置され、三月二十日に「御堂ノ仏壇ヲ上一枚ノケヲサメラ」れ、その時に御亭の寿像もこれまで蓮如の御影が懸かっていた御堂北ノ押板の真中に掛けられている。

図3　実如上人御影
（碧南市蓮成寺蔵）

ここに寿像といわれているものはもちろん実如の肖像画のことであるが、「御在世より容貌を写し有志の懇願より御免御下げ渡しを御寿像と云ふ。御遷化後の御影は[32]」とある区別からすれば、正確

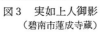

には御影と呼称さるべきものであるが、五〇日の儀礼として遺骨が御堂仏壇下に納骨されるまでは寿像であり、この寿像が御堂に安置されると御影であると意識されていたようである。とにかく、同一肖像画が臨終仏を介在して寿像から御影へと呼称が変化している。こうした事が何を意味しているかは後に述べることとして、いま少し本願寺の葬送・中陰儀礼および命日・年忌などの葬後儀礼に寿像・御影と呼ばれる肖像画が重要視されていた事実をみてみよう。

『闍維中陰録』にみる第九代実如の葬制は、第八代蓮如の制定したものに順じたものであり、以後、本願寺歴代の葬制も基本的には同様に踏襲された。文禄元年（一五九二）十一月二十四日示寂の第十一代顕如の葬送・中陰を記す『祖門旧事残篇』(33)には、「顕如上人ノ画像ハ。対面所ニ安ジ荘厳ス」「五十日ヲ年内ニ御沙汰アリ。即御亭ニテ読経畢テ斎食。ソレ過テ御堂掃除。顕如上人ノ画像掛リ。御骨ハ須弥壇ノ内へ納メテ勤行アリ」とある。また同書に「御影前北ノ間ニ。信楽院殿（顕如）尊像。南ノ御代ノ間ニ。信受院殿（証如）尊像」とあって、第十代証如も同様であった。『大谷本願寺通紀』をみてみると、第十二代准如「於二対面所一設二霊位一」・第十三代良如「設二霊位於小広間一花束二十四合・樒一本花・双花・両鶴亀毎日三時修二念誦一」・第十四代寂如「設二霊位於集会所一、三日朝至二十五日一於二祖堂及霊前一修二法事一」・第十七代法如「於二集会所一、設二霊位一、修二仏事一」とだけあるが、寿像が掛けられ裏には遺骨が安置されていたとみてよい。

歴代法主以外の本願寺一族ではどうであろうか。蓮如の継室であった蓮能は永正十五年（一五一八）に没しているが、『蓮能御往生記』(34)によると拾骨後、「勤行スキテ御堂ノ扃ノ内押板ニ本尊ヲ懸。三具足。花ハ樒也。打敷花足六合首骨ノ桶ヲモ扃ノ内ニオカル、也」とあって蓮能の肖像画はみえない。御堂とは別に御亭にも中陰壇がつくられたが、本尊が掛けられ三具足・花樒・打敷・花足二合とだけある。しかし、慶長十四年（一六〇九）七月五日の『小童阿茶往生記』には、中陰が八日から始まるのに「影像不出来」であるとあり、翌九日に出来上ったので本尊に取りかえ掛けたとある。また、慶長十九年十二月二日往生の「興門様《二男也》御児様号御コウ」にも同様の記事がみえる。(35) ここには、中陰中に影像がなければ制作して掛けられるものとされていた意識がみえよう。このように葬送・中陰儀礼に使用された寿像・影像とよばれる肖像画は、また命日・年忌などにも使用された。

山科御坊御影堂について『本願寺作法之次第』をみると、中央開山聖人の右南押板に如信以下存如までの代々御影一幅が掛けられており、四日（如信）十九日（覚如）二十日（従覚）二十九日（善如）二十四日（綽如）十四日（巧如）十八日（存如）の命日には、すでに灯明が点ぜられ焼香されている。この代々の御影について西本願寺に伝わる山科八幅といわれる御影を当ててみることもできるが、それよりもの代々御影は、証如往生以後慶寿院殿祐誓によって二幅にされた連座御影とみた方が適当であろう。(36) そして、山科八幅の御影はその命日・年忌に掛けられたものとみたい。一方、開山左方北の押板には蓮如と蓮祐禅尼の御影が掛けられていて、やはり命日には勤行されていた。実如の中陰五〇日の儀礼で、御亭にあった寿像がこの蓮如と蓮祐の真中に懸けられたことは先にみた通りである。

ところで、ここで本願寺歴代の御影とそれ以外の者の御影との区別についてみてみたい。歴代法主肖像画が図4のように寿像→臨終仏→御亭寿像→御影堂安置の御影→連座御影と変化していくことは、浄土真宗の法統伝持者として正統性を持つものであるが、他の者は一時期御影堂に御影が安置されても結局ははずされている。そこで、寿像・御影の安置される場所を御影堂以外にみてみると持仏堂が浮かび上ってくる。『本願寺作法之次第』に、

山科の御坊にては、実如の御時は、五日の朝と廿五日の朝とは御堂の朝勤の後やがて南

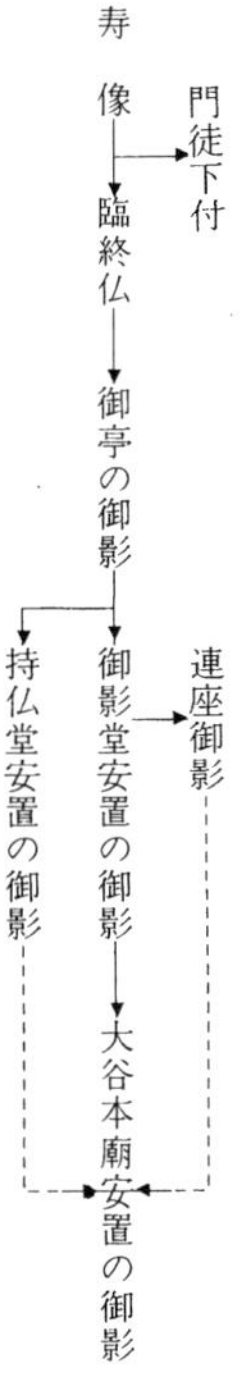

図4　本願寺の歴代御影祭祀プロセス

かるゝ。

殿御亭の亭にて勤候。一家衆。内陣衆ばかり、御堂衆二人被参候。廿五日は蓮如御影かゝり、三具足灯台を

とあり、また、

両脇三尺余押板に、一方は蓮如の御影に三具足灯台以下如常、一方には蓮祐禅尼の御影かゝり、三具足以下あり。五日の朝と廿五日の朝と毎月勤行に御出候て、実如上人御調声あり。

とある。(37)「南殿御亭の亭」とは、永正十三年（一五一六）御亭の池を中半埋めてつくられた、横二間長三間半・こけら葺の持仏堂をさしている。これより前、持仏堂といわれるものは蓮如によって大坂御坊に建立されていた。本尊は興正寺門徒寄進による厨子入の木像で、両脇には蓮如・蓮祐の御影がかけられていた。証如代には、実如御影・如祐御影・円如御影が掛けられている。また、『慶長拾一丙午四月日興門様ノ御児様御往生ノ記』には「持仏堂荘厳」「御身ハ絵像ノ五百ノ御身也」とあって、(38)准如代にも持仏堂に影像が掛けられていた。御影堂がどこまでも本願寺歴代に象徴される法統伝持の場所として道場の意味を持つのに対し、持仏堂はその背後にあって一族の御影が掛けられ、命日には勤行される私的な内仏であったといえる。そして一般的にはこの持仏堂こそは死者の菩提が弔われた場所であり、中世末から近世初頭にかけて成立した無名民間寺院の一つの祖型であった。(39)この意味において、大谷本廟が准如・良如を経て寂如により諸堂が整備されていく中、ここに祖廟壇下の諸骨とともに先主像や祖師等身像・連座御影などが安置されていくことは注目される。

以上、実如を中心として本願寺における葬送・中陰・葬後儀礼で寿像・影像・御影とよばれる肖像画が重要視されていることをみたが、これは真宗が位牌を否定して立てないことによるといえよう。逆に、他宗派にあっては真宗の肖像画に相当するものが位牌ともいえる。ここでわが国絵画史上における肖像画の歴史をみてみると、古くから死者儀礼と結びついていた一面があった。

上代において、わが国最古の肖像画遺品である阿佐太子筆聖徳太子御影は、太子没後に太子と等身の仏・菩薩像として法隆寺釈迦三尊や夢殿救世観音が造像されたと同じ情況で制作された追慕像・礼拝像とみることができる。[40]『扶桑略記』延暦十六年条（七九七）には、「四月丙子。僧正善珠卒。年七十五。皇太子（平城）図二其形像一置二秋篠寺一。」とあって、[41]善珠法師の死後その肖像画が制作され信仰対象として寺院に安置されている。また、和歌山県高野山善門院蔵の勤操僧都像は藤原時代中期とされるが、賛文から天長四年（八二七）入寂した勤操の肖像を木像で作成したことが知られ、この画像は木彫像をもとに描かれたと推定されている。藤原時代から鎌倉時代にうつる時代には、この追慕像としての影像が盛んとなったようであり、『栄花物語』には後一条天皇像がゆかりの菩提樹院に安置されていたことがみられるし、[42]四天王寺、和歌山の満願寺、根来の大伝法院には鳥羽院御影、京都大覚寺に後宇多天皇像、大徳寺に後醍醐天皇像などが伝持されていることは、平安時代後期から天皇御影が因縁ある寺院にかかげられたことを示している。とくにこのうち、後醍醐天皇像は、その悲劇的生涯から没後鎮魂の意味で多くの影像がつくられた。

中世における肖像画の展開では、禅宗における頂相が挙げられる。頂相とは、禅宗においては悟道の究竟も個人的な以心伝心によるものとの考えから、師が自らの肖像画に自賛を添えて弟子に印可するという伝法の証として重要視されたが、いま一つ頂相の機能としては禅僧の葬儀に際して仏堂正壇に位牌とともに安置され、掛真として使用されたことが見逃せない。つまり、位牌と影像が禅宗にあっては一対の意味を持っていた。そして、鎌倉・室町時代を通じて禅宗発展とともに帰依者たる武士階層を中心に、位牌と影像が浸透したであろう。その時、師資相伝の証としての意味よりも葬儀と葬後供養に不可欠なものとして広まったとみられ、このことは中世禅宗の布教伝道が葬祭儀礼を足がかりとして行われたことと関係していよう。今日伝存する著名なものは、武家像とよばれて益田兼堯像（益田家）北条早雲像（早雲寺）多賀高忠像（芳春院）三好長慶像（聚光院）などがあり、また足利歴代将軍としては義詮・義満・義持・義教像があるが、これらは没後に記念像として尊崇のために画かれたもので供養像ということになる。

近世になると、これまで肖像画像主が天皇・公家・上級武士・高僧祖師であったのに対して階層的広がりがみられ、初期には供養像としての女性肖像画が目立つ。(43) この多くは没後に追慕像・遺像として祀られたもので、武田信虎像（山梨大泉寺）武田信虎夫人像（山梨長禅寺）織田信長像（愛知長興寺）細川照元夫人像（龍安寺）前田利家夫人像（桃雲寺）浅井長政夫人像（持明院）などである。そして、これらの肖像画は、中世末期から近世初頭における一般民間寺院の成立と「家」観念の顕在化と相俟って、菩提寺院に納められたのであった。

さて、死者儀礼と結びついた肖像画について概略みてきたが、ここで改めて真宗における寿像・御影といわれる肖像画の意味と、さらに第一項に論じた位牌と祖先崇拝観についての関係に論及しなければならない。

真宗の御影の意味するところは二つある。一つは、いうまでもなく真宗の法灯伝持と歴代法主顕彰であり、いま一つは大谷家という「家」と住持職である本願寺の世代としての系図である。『教行信証』後序文には、親鸞が師法然から『選択集』付属と真影図画を許されたことが記され、真影には法然の真筆をもって「南無阿弥陀仏」の名号と、

若我成仏十方衆生称我名号下至十声若不生者不取正覚彼仏今現在成仏当知本誓重願不虚衆生称念必得往生

の賛銘が書かれた。(44) 親鸞は自らこの付属と真影図画について、「是専念正業之徳也、是決定往生之徴也」と語り、そして親鸞も弟子に『教行信証』付属と真影図画を許している。したがって、この肖像画は安心決定の証として図画され、本願念仏の伝統に参加されていくという法統伝持の意味を有していて、親鸞以後の歴代御影も基本的にこの意味から外れることはない。しかし、本願寺の血脈相承からして必然的にこの御影は、また大谷家と、本願寺の世代系図を意味しているともいえる。そして、世代系図とは要するに「家」と祖先を具象化しているもの

に他ならないから、御影は祖先信仰の表象化されたものとしての意味を持つことになる。ここに真宗の祖先崇拝観が示されているといえないか。つまり、真宗にあって祖先といわれるものは、どこまでも現在に生きる自分に先立って念仏生活をし、弥陀の本願に摂取せられて往生をとげ、本願念仏の伝統に参加せられた先達者ということである。民俗信仰における祖先観が、どちらかといえば一定の浄化儀礼を経過して昇華された祖先神としての神観念を志向するのに対して、真宗の祖先観は純粋に仏教本来の立場に立って「仏」＝覚者を志向しているといえよう。三代覚如は『改邪鈔』に、「仏法示誨の恩徳を恋慕し仰崇せんがために三国伝来の祖師先徳の尊像を図絵し安置することまたつねのことなり」(45)と述べているが、歴代御影はこの「祖師先徳」に連なるものということができる。臨終に際して画仏といわれる本尊臨終仏が掛けられ臨終念仏が行われることは、一面、来迎引声とも解せられるが、現世から来世へという結節点をあらわしていて、完全な仏となり祖師先徳になることを象徴的に表現しているともいえる。

位牌と御影の関係についていては、本章の最初に、位牌に代わるものが御影ではないかという観点から葬送中陰儀礼・命日・年忌など葬後儀礼の中にみようとした。その中で御影の重要性が指摘できたが、翻って肖像画の歴史をみた時、死者に対する追慕像・供養像が位牌出現以前の上代から天皇・公家・高僧祖師に存在し、鎌倉時代以降、禅宗にあっては掛真として位牌と対をなすものであった。真宗の御影は、まさに禅宗における位牌が否定されて頂相と掛真（同一画で本来は寿像）が選択されたといえるかも知れない。頂相は宋画の影響をうけた肖像画であり、一方、御影は大和絵という伝統絵画の中に形成された似絵の流れをひくもので、両者はその様式を異にするものであるが、宗教画としての類同性は明らかである。したがって真宗の御影は、表面的には法統伝持の証として頂相的意味をもち、また中陰儀礼には掛真のごとく掛けられたが、裏面には上代以来の追慕像と位牌に代わるものとしての意味を持っていたといえよう。

次に、一般真宗門徒における位牌と御影の関係を論じておきたい。ここに門徒の御影というのは、亡者の肖像画をさすこととしておく。本山である本願寺歴代御影は、宗祖親鸞に直接つながる血脈相承の故を以って、法統と大谷家という「家」の世代（祖先）の意味を共存させることができ、そこから真宗教義に立った真宗的祖先、つまり本願念仏に摂取せられた先達者として顕彰・報恩の意味に転換することができた。門徒にあってもこの本山歴代御影に準ずればよかったわけであるが、しかし、門徒の御影の場合第一の法統伝持の意味は実際的には持つことができず、第二の意味である家の世代を示す像とならざるを得なかった。さらに、教団は門徒自身が自らの御影を描き安置することは禁止したようである。『考信録』巻二に、

亡者ノ像ヲ画テ。コレヲ道場ニ掛テ位ヲ仏祖ニ配セシメ。甚シキハ本山ノ儀ヲ僣シテ。仏祖ヨリ厳重ニ供具ヲ飾リ。各別ニ礼誦念仏スル類。往々ニコレアリ。師長父母等ノ恩所ニ於テハ。報恩ノ孝志ヨリ真ヲ写シテ。

図5　真宗寺院住職の影像
（金沢市専光寺蔵〔天正8年〕）

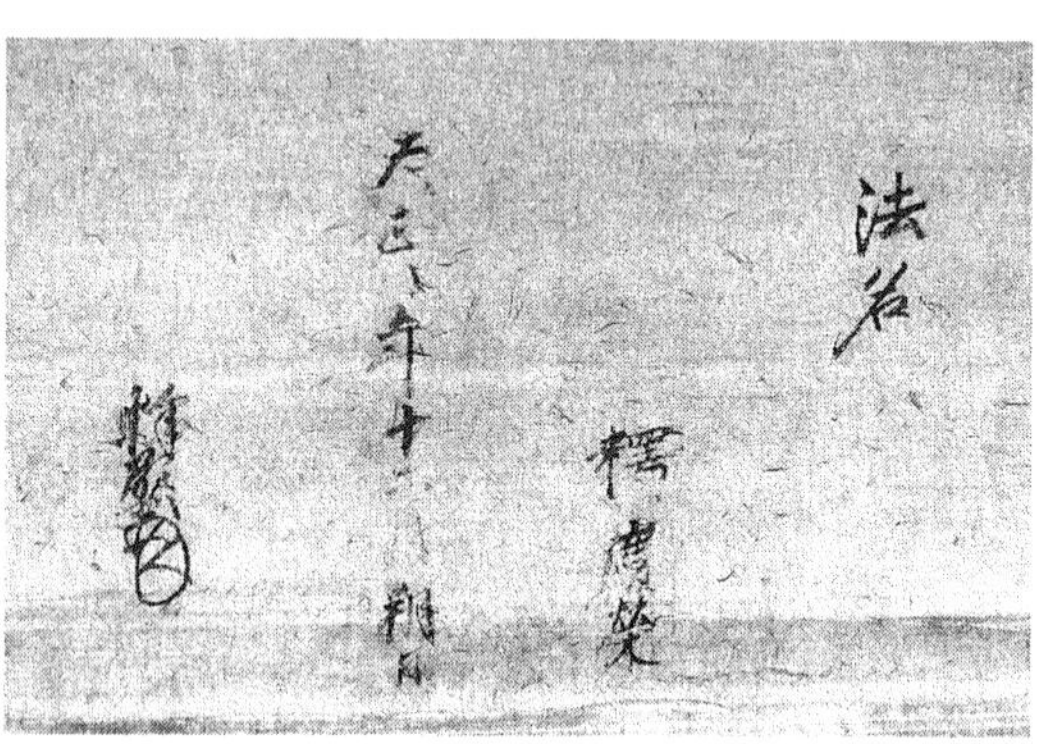
図6　同上の裏　法名紙を貼付

随分供養ナトヲ作スハ。サモアルヘキ歟ナレトモ。漫ニ男女ノ形ヲ画テ。本尊ヨリモ超テ礼供等ヲナスハ。何等ノ意楽ナリヤ。

とあって、門徒の御影である「亡者ノ像」が厳しく批判されている。また、享保八年(一七二三)江戸網野玄好・妻妙好によって納骨堂接待所が再建され、茶所持仏堂に玄好・妙好両画像が安置されたが、安永元年(一七七二)にいたって疑端が生じ、九字十字名号に変えられている。(46)こうした批判は、逆に近世真宗門徒間に死者の像を描き礼誦することのあったことを示しており、『叢林集』と『考信録』にやはり位牌が批判されていたこととあわせて考えると、十八世紀前後から門徒の「家」観念が顕在化して、祖先信仰が広く真宗信仰にみられるようになり表面化したと推察できる。しかし、教団は門徒に御影に代わる先祖の象徴としての儀礼祭具を与えなかったのであり、ここに位牌が普及した理由があった。門徒の御影と位牌に代わるものを上げるとすれば、今日の永代経に使用される短冊型の紙位牌や、法名軸であろうが、これについてはすでに述べた。

最後に、特異な事例ではあるが、御影と位牌が一体化して門徒の真宗的先祖観が顕著に表出している滋賀県神崎郡能登川町伊庭妙楽寺の「絵系図詣り」をみてみたい。妙楽寺は、元文四年(一七三九)本派本願寺へ転派するまで仏光寺派に属し、妙楽寺本絵系図の伝承されていることで有名である。現在は掛幅化されていて、上段に了源・了明夫妻・中興第一世了念・心妙夫妻・中段に了室・性空・性正・性円・下段に釈正尊・釈正信の都合一〇名が配せられているが、かつては一組ずつが二段に横に朱線でつながれていたとみられる。(47)この他、歴代一代毎の掛軸肖像画(御影)もみられるが、いまここで「絵系図詣り」と称せられるのは妙楽寺住職家の絵系図でなく、村内一三〇戸の門徒各家に伝わる一巻ずつの絵系図である。

毎年八月十一・十二日の午前中に各檀家はこの絵系図を携行し家族中そろって寺に参詣する。内陣入口の金障子間には三つの台が設けられていて、巻子本または折本型式の門徒絵系図が順次広げられ、住職の讃仏偈読経に

図７　妙楽寺歴代の絵系図

図８　絵系図まいりの様子

図９　伊庭妙楽寺門徒の絵系図

あわせて焼香する。妙楽寺本堂での読経回向が終わると、今度は同寺境内にある手次の誓願寺・法光寺・浄福寺にまた参詣して同様の読経回向があげられる。この門徒絵系図は、古くは応永三年の紀年銘のものがあり永禄・天正・文禄・慶長と続いている。その肖像画は、近世以前には法体像が多く、寛永ごろから以後は俗体像が多くなるという。私が実見した時は法体像・紋付袴像に加えて稚児像があり、最近のものにいたっては肖像画は描かれておらず、蓮台の上に法名・忌日・俗名が記されただけであった。また、肖像画の代わりに位牌の絵が画かれているものがあった。表紙には、「先祖累代系図」「○○家系図」と記されている。

仏光寺派における絵系図制作の意図は、その「一流相承系図」に、「コレスナハチカツハ次第相承ノ儀ヲタヾシクセシメンガタメ、カツハ同一念仏ノヨシミヲオモフニヨリテ現存ノトキヨリソノ画像ヲウツシテ、スエノ世マデモソノカタミヲノコサントナリ」とあることに明白である。しかし、妙楽寺門徒の絵系図および絵系図詣りの行事は大きく意味が変質し、生前入信時の画像は没後の画像となり、法体像は俗体像となって先祖祭り化している。妙楽寺では、八月十五・十六日に盂蘭盆会・総納骨追悼法要と法話が行われるが、系図詣りはこれに先立つ寺詣りといってよい。何故、このように絵系図が先祖祭りと結びついたのであろうか。その理由は同寺門徒に墓が一切なく、位牌も葬儀に立てられず、また仏壇にも安置されないということが原因している。墓と位牌が否定され、代わって絵系図が過去帳・位牌の役目となり、祖先祭祀の礼拝対象となったのであった。

注

（1）菊地祐恭『お内仏のお給仕と心得』昭和四十一年、東本願寺出版部。伊藤大了『真宗のお仏壇』昭和五十一年、百華苑。

（2）『空善記』（稲葉昌丸編『蓮如上人行実』五〇）。以下『行実』と略す。

（3）同右書、所収。

（4）『行実』九〇。
（5）本願寺史料集成『慶長日記』昭和五十五年、同朋舎出版。
（6）同右書。
（7）『真宗全書』六四。
（8）『真宗史料集成』第八巻。
（9）『真宗全書』六三。
（10）『真宗全書』六四。
（11）『真宗史料集成』第三巻。
（12）「逢戸山房文庫所蔵恵山書写真宗史料」（『同朋学園仏教文化研究所紀要』第三号、昭和五十六年、一七五頁）。真宗大谷派は、昭和五十七年二月六日に声明作法審議会の答申をうけて、阿弥陀堂の須弥壇から天牌をおろした。
（13）『大谷本願寺通紀』巻三。一般末寺院においてもこのことはみられ、織田顕信氏の御教示によれば、三河においては家康の神儀が安置され、また尾張においては、尾張藩主歴代のものが安置されているという。
（14）『真宗全書』六四。
（15）『真宗大辞典』、位牌の項参照。繰り出し位牌の形態は近世になって成立したものであろうが、慶長から慶安にかけての浄土宗関係の版本末にこの形態と類似した木牌記が描かれている。
（16）藤井正雄編『仏教儀礼辞典』など参照。
（17）五来重『仏教と民俗』昭和五十一年、角川選書、一一四頁。同「葬と供養」（『東方界』一一五、一一六号）。
（18）『考信録』巻二。
（19）藤島達郎「蓮如上人について」（『同朋仏教』二、三号）。同「本廟物語り」（『同朋新聞』昭和五十七年十月号）。
（20）『真宗全書』六四。
（21）久保常晴「位牌」（新版『仏教考古学講座』第三巻、昭和五十一年、雄山閣出版）。
（22）『日本仏教民俗基礎資料集成』四、元興寺極楽坊Ⅳ、昭和五十二年、中央公論美術出版。
（23）日本古典文学大系『曾我物語』岩波書店、四一七頁。
（24）注（16）に同じ。

(25)　民俗学研究所編『綜合日本民俗語彙』第一巻参照。
(26)　ロバート・J・スミス、前山隆訳『現代日本の祖先崇拝』上、昭和五十六年、御茶の水書房、九〇頁。
(27)　五来氏は、「仏壇の中に位牌をまつってはならないと指導する宗派があるのは、こうした日本人の宗教意識を無視したものといわれてもいたし方ないであろう」(「葬と供養」五八)と批判されてみえる。
(28)　桜田勝徳『美濃徳山村民俗誌』(『日本民俗誌大系』第五巻、中部Ⅰ、昭和四十九年、角川書店)。
(29)　江馬三枝子『白川村木谷の民俗』(『日本民俗誌大系』第一一巻、未刊資料Ⅱ)。
(30)　赤田光男『祭儀習俗の研究』第三章第二節「生駒の葬送儀礼と郷墓単墓制」昭和五十五年、弘文堂。
(31)　民間の同族団においても百回忌あるいはそれ以上の年回が行われるが、それは同族の始祖を中心とする先祖祭りであり、個々霊の神、先祖への昇華が前提となっている。門徒の年回意識とは大きな違いがあるのではなかろうか。
(32)　『真宗大辞典』、寿像の項。
(33)　『真宗全書』六四。
(34)　同右書。
(35)　注(5)に同じ。
(36)　藤島達朗氏は、山科八幅の御影が「代々の御影御前は、灯明四日十九日廿日(如信覚如従覚)……(以下略)」(『行実』四七九)の「代々の御影」と解してみえるが(注(19))、この記事にみえる御影は他の箇所に、「右南押板代々御影一幅如信以下存如迄」(四七一)「代々御影二幅になり申候事は、証如御往生候てより慶寿院殿鎮永の御料簡候。前は一幅に六代御入候つる事に候」(四七二)「代々の御影は只一幅也」(四九六)とあることから山科八幅とは別のものである。
(37)　『行実』四九九、五〇一。
(38)　注(5)に同じ。
(39)　竹田聴洲『民俗仏教と祖先信仰』昭和四十六年、東京大学出版会。
(40)　肖像画の歴史については、宮次男「肖像画」(原色日本の美術『面と肖像』第二三巻、昭和四十六年、小学館)をはじめ、河出書房新社『日本歴史大辞典』毎日新聞社『重要文化財』絵画Ⅰ〜Ⅴ等参照。
(41)　『国史大系』第六巻。
(42)　『栄花物語』下(岩波古典文学大系)に、「御堂には故院の御影を書き奉りたり。似させ給はねど、御直衣姿にて御脇足におしかゝりておはします、いとあはれなり」とあり、「いかにして写しとめけん雲居にて飽かず隠れし月の光をうば君」と歌われている。

(43) 大和文華館『大和文華』女性肖像画特輯、第五六号、昭和四十七年。
(44) 定本『親鸞聖人全集』第一巻。
(45) 『真宗聖教全書』第三巻列祖部、六六頁。
(46) 『大谷本願寺通紀』巻四、五。『考信録』巻二。
(47) 柴田実「伊庭妙楽寺の絵系図と系図まいり」(井川博士喜寿記念会『日本文化と浄土教論攷』昭和四十九年)。『歴史読本』二一巻一号、昭和五十一年。

第二節　「無墓制」と真宗の墓制

一　「無墓制」について

1　「無墓制」の問題点

これまで民俗学の墓制研究において、「単墓制」「両墓制」という語が使われ、研究が進められてきた。「単墓制」は、「埋め墓」「詣り墓」という「両墓制」に対する語として用いられてきた。ところが、このところ「無墓制」という語が使用されて研究や報告が行われている。「無墓制」とは、「墓のない風習」「墓をたてない習俗」のことであるが、土井卓治氏は「墓がないというのは、石塔がないというだけでなく、埋葬した場所もなくなる。

埋葬地点がなくなるわけではないが、そこを個人の記念にするというわけにはゆかない。盆にも彼岸にも詣る対象はなく習慣もない。こうした場合、これをどう呼称したらよかろうか」という。(1)さらに『葬送墓制研究集成』第四巻の第五編題名が「無墓制について」となっていることに対して、橋本鉄男氏が「一般にはもうそれは葬送墓制研究の上でテクニカルタームのように理解されてしまうのではないか」(2)と警告していることを紹介して、土井氏は「無墓制という語以外の語を使うか、またはその概念規定を明確にさせないと後々混乱を招くことになるであろう」と述べている。たしかに「無墓制」に対する研究者のとらえ方・概念規定は一様でなく、混乱を生じている。それでいて「無墓制」という語は一人歩きを始めつつある。

本節は、こうした「無墓制」に対してこれまでの報告事例からどのような習俗であるのかをとらえ直し、「単墓制」「両墓制」の下に進展してきた墓制史研究における「無墓制」の投げかけた問題を指摘することにある。さらに、「無墓制」が真宗門徒地帯に多く見られることから、真宗における「墓」のあり方を通して「石塔」や「納骨」といった問題を考えようとするものである。

「無墓制」とは、どのような習俗であろうか。この語に対するとらえ方や概念の問題について触れる前に、その実態について見ておきたい。まず、これまで「無墓制」や「墓がない」ということで報告されたり論じられてきたもの、および筆者調査の関係地帯をほぼ県別市町村単位で報告者別に列挙すると次のようになる。そして、報告内容から火葬・土葬の区別、真宗と関係があるか、寺院なり本山に納骨をするか、火葬場での遺骨処理、といったことを分けて記してみた。個々の事例内容については、煩瑣になるので「四　『無墓制』関係地帯の報告概要」として掲載したので参照されたい。

さて、これまで「無墓制」あるいは「墓がない」ということで報告されたものの内容を比較してみると、報告内容の項目が一定しておらず不明な点が多い。「墓がない」ということを報告者がどのようにとらえているかに

表1　「無墓制」関係地帯一覧表

番号	場所		火葬・土葬	真宗	納骨	遺骨の処理
1	山口県	大島郡大島町笠佐島	火葬	○	○	野ざらしにする
2		光市五軒屋	火葬	○	○	放置する
3	鳥取県	東伯郡羽合町上浅津・下浅津	火葬	○	○	湖中へ投棄する
4	岡山県	和気郡日生町頭島	火葬	○	○	
5	兵庫県	姫路市飾磨区今在家	火葬	○		
6		姫路市保城	土葬			
7		多紀郡篠山町泉	土葬			
8	大阪府	河内長野市旧高向村滝畑	火葬		○	掻き捨てる
9	滋賀県	神崎郡能登川町伊庭	火葬	○	○	
10		神崎郡永源寺町甲津畑	土葬			
11		近江八幡市沖ノ島・北元町・玉木町・南津田	火葬	○	○	山林へ捨てる、胴骨は埋める
12		伊香郡西浅井町塩津浜	土葬			
13		高島郡安曇川町横江・今在家・北舟木	土葬	○		
14		高島郡今津町天増川	火葬	○	○	
15		犬上郡多賀町大君ヶ畑	火葬	○	○	
16		同　萱原	土葬			
17		米原町榑ヶ畑・磯	火葬	○	○	
18		坂田郡伊吹町甲津原	火葬	○	○	火葬場の縁に放り上げておく
19		同　寺林		○		
20		蒲生郡日野町鎌掛		○		
21		蒲生郡蒲生町桜川東・西	火葬	○		
22		東浅井郡びわ町南浜	火葬	○		
23		滋賀郡志賀町北小松	土葬	○		
24	三重県	阿山郡大山田村下阿波	土葬	○	○	
25	愛知県	碧南市大浜・棚尾	火葬	○	○	
26		岩倉市川井町	火葬	○	○	灰といっしょに放置しておく
27		一宮市千秋町浅野羽根・小山	火葬	○		焼場の横に放置

28	岐阜県	岐阜市加納新町	火葬	○	○	
29		揖斐郡旧徳山村	火葬	○	○	火葬場に寄せて放置
30		揖斐郡坂内村広瀬	火葬	○	○	
31		揖斐郡藤橋村	火葬	○		
32	福井県	三方郡三方町佐古・田名	火葬	○	○	竹藪の中に捨ててしまう
33		勝山市北谷町小原・木根橋	火葬			灰捨て場へ投げる
34	石川県	石川郡尾口村	火葬	○	○	火葬場に積上げて捨て来る
35		石川郡白峰村	火葬	○	○	骨を埋める
36		江沼郡山中町真砂				
37	長野県	下伊那郡清内路村	火葬	○	○	まわりに放置

よって異なっている。一番の問題点としては、火葬と土葬の場合が区別されずに「墓がない」、ということで報告されたり論じられてきたことではなかろうか。村瀬正章氏が最初に「無墓制とよべないだろうか」といって報告された愛知県碧南市大浜・棚尾地区は、[3]葬法の区別が明確に述べられていないが火葬が主であったと思われる。一二二九戸のうち、五七・九%にあたる七一二戸の家が「墓がない」という。そして、七一二戸の家では墓のないことについて「必要がないから」「(遺骨を) 本願寺に納めるから」「檀那寺に納めるから」などの理由を挙げている。宗派的にみれば、六〇〇戸が浄土真宗でもっとも多く、続いて浄土宗四七・禅宗一八・真言宗一一・創価学会一八などであった。浄土宗・禅宗・真言宗の中には、土葬のところもあったかも知れないが、真宗門徒で「墓がない」といっているところは火葬である。児玉識氏は、真宗史の立場から門徒地帯の風習として鳥取県東伯郡羽合町上浅津・下浅津や山口県大島郡大島町笠佐島の事例を報告されて論じられたが、[4]いずれも火葬であった。上浅津・下浅津の真宗香宝寺門徒は最近まで墓がなく、東郷湖畔のヒヤ（火葬場）で火葬すると本山納骨用として骨の一部を拾骨する以外は全部湖中へ投棄してしまい、墓も位牌・過去帳もないという。笠佐島の門徒も同じ風習で、骨に対する執着もタブーもみられない。この他、滋賀県神崎郡能登川町伊庭、近江八幡市沖ノ島・

北元町・玉木町・南津田、愛知県岩倉市川井町、岐阜県揖斐郡旧徳山村、揖斐郡坂内村広瀬、福井県三方郡三方町佐古・田名、石川県石川郡尾口村・白峰村などの事例はどれも火葬の場合であった。(5)

ところが、森岡清美氏が「墓のない家——墓制の一側面——」(6)（後に「真宗門徒における『無墓制』」と改題）という題名で論じられた三重県阿山郡大山田村下阿波の事例は土葬であった。村内二ヵ寺の内、正覚寺門徒は遺体を埋葬した翌日にハイソマイリをすると寺の納骨塔へ骨（遺髪）を納めるだけで、以後墓参を行わない。これに対して、臨済宗の神憧寺檀家は七日ごとに埋葬地へ墓参し、境内にある石塔へも墓参するという両墓制の形態であるという。同氏は両者を比較して、門徒が墓参の対象となるような石塔をつくらないのは経済的な理由からでなく、真宗教義と本山納骨の儀礼から「石塔をつくらない文化型」があるからであり、また本堂が「集合詣り墓」の機能を果たしているとされたのであった。これは興味深い論考で、村瀬氏の報告を受けてのものであった。この森岡氏の「墓のない」という事例に対して、田中久夫氏は有馬シンポジウムで「反転して論議は埋墓の実態を究明する方向へ進んだ。この段階で最上孝敬氏から森岡清美氏の『墓のない家』（『社会と伝承』九―一、昭和四十年六月刊）という『墓のない』、いわゆる無墓制という表現が『埋墓』の存在との関係で否定された」といい、さらに「こうして、今、ようやく、死体は遺棄していたという結論に近づいてきた。このようなときに、近江美濃の真宗地帯での死体遺棄の風習が天野武氏らによって、無墓制の名のもとに報告されてきた。これは有馬シンポジウムで否定された表現であった。無墓制というとき『墓』とは何かがまず論じられなければならない。私は、今、仮にこのような墓制を遺棄墓制とよんでいる」と再度述べている。(7)

火葬と土葬の場合を区別することなく「墓がない」といってみたり、「無墓制」という表現が出てきたところに、混乱が生じてきたのではなかろうか。土葬の場合は、遺体を遺棄するようにして埋葬して石塔も建てないのであるが、「埋め墓」との関係で「墓がない」ことにはならない。これまでの「無墓制」関係地帯の報告をながめてみると、その多くは火葬の場合である。火葬場で遺体を荼毘したあと本山納骨用の骨を拾骨する以外は、他の遺骨を「野ざらしにする」「湖中へ投棄する」「灰と一緒に縁に放り上げておく」「放置しておく」のである。そして、石塔を建立しないので、村の中に「埋め墓」も「詣り墓」（石塔）もない形態であった。なぜ石塔を建てようとしなかったのか、これは確かに一つの特徴であると言えよう。ただ、このことだけを以て「墓がない」とすることは、土葬の場合を含むことになって混乱を招くことになってしまう。宗派との関係でみれば、真宗地帯がほとんどである。これは真宗門徒の多くが火葬であったことによるものであろう。が、真宗門徒＝「無墓制」ということにはすぐにいえない。近江などでは明治初期に火葬が禁止されて土葬になったと報告にあり、門徒の村でも土葬であったところはある。また、他宗派であっても火葬で石塔がなければ、同様な形態を現出することになる。しかし、現状の報告事例では浄土真宗地帯に多かった。そして、いまだ報告されていないだけで、こうした所は「門徒の村」に多かったのである。

2　「無墓制」の概念について

「無墓制」という語をどのようにとらえたらよいのであろうか。改めて、この語の持つ問題点を概念規定や「両墓制」との関係から考えてみよう。

各地からの報告事例をみてきて、どうもよくわからなくなり混乱を生じさせる原因は、田中氏が指摘しているように「墓がない」というときの「墓」とは何かが曖昧な点にある。例えば、「墓」だから参る（墓参）ということから「参（詣）る」「参（詣）らない」ということを重視してしまうと、三重県阿山郡下阿波のように土葬の場合も「無墓制」ととらえられてしまう。家単位の遺体埋葬地が分からなくなり、忘却されてしまうからである。しかし、家ごとの「墓」がなくなり墓参するということがないにしても、遺体を埋葬した「墓地」は実態として存在しているので、「参(詣)らない」からといって「墓がない」ということはおかしい。考えてみると、これは両墓制で「参(詣)る」からマイリバカの石塔が「墓」だとしていることと表裏の関係にあると言えないだろうか。石塔の下に遺骨など何もなくても、「参(詣)る」から「墓である」ということと逆の関係になる。実は、ここに「無墓制」あるいは「両墓制」という語の曖昧さがあったのではないか。もっといえば、「墓とは何か」のとらえ方が厳密でなかったといえよう。周知のように、これまでの両墓制研究において、何を以て「両墓制」とするかについて種々議論がなされてきた。詣り墓について、とくに石塔を指標とすべきであるのか、あるいは村の中の仏堂や納骨する霊場までも「詣り墓に代わるもの」ということで見ていくのか。反対に、埋葬場所と石塔建立地がわずかに離れている事例なども「両墓制」になるのか。両墓制概念の極大化と極小化ということが指摘されている。新谷尚紀氏が、両墓制は埋葬墓地と石塔墓地を異にする墓制であると定義して、遺体(遺骨)に石塔という新しい要素が付着したのであり、その付着の仕方によって単墓制になったり両墓制になったというのは、(8)単純に「参(詣)る」からマイリバカの石塔が「墓」だとするところから一歩抜け出た見解である。

では、問題の「無墓制」を定義づけるとすればどのようにとらえたらよいのか。松崎憲三氏は「所謂無墓制(無石塔墓制)」、また「無墓制とは、火葬であれ土葬であれ、遺骨を収納し墓参するための石塔、石碑や木牌を建立した一定の墓地をまったく持たない習俗をさす」と述べている。(9)田中久夫氏は先に触れたように「遺棄墓制」と呼んでいる。最近、大桑斉氏は田中氏のこの用語について、「遺棄されたのなら墓ではないから『遺棄墓制』というのも奇妙なことである。『墓制』という言葉にこだわるかぎり、田中のいうような遺骸は遺棄されるものという本質を捉えることはできない。遺骸遺棄制とでもいうべきであろう」と批判している。(10)いろいろな意見が出ているのであるが、ここで今一度、報告事例に戻ってみると図10のように土葬の場合は無石塔で遺体放置、火葬の場合は無石塔で遺骨放置であった。ともに、無石塔(石塔を建立しない)を特徴としているから「無石塔墓制」と言えるかも知れないが、繰り返すように土葬の場合には家単位・個人ごとの埋葬地はなくなっても共同埋葬地としての墓地はあるから「墓がない」とはやはりいえない。ところが、火葬の場合は遺骨が放置される場所（火葬場など）を「墓」や「墓地」とはとらえられないのではないか。寺院や本山に納骨される場所も「墓」や「墓地」とは単純にいいがたい。したがって、厳密な意味で「無墓制」を定義づけるとすれば、(1)火葬、(2)無石塔、(3)遺骨放置ということになる。(11)「遺棄墓制」「遺骸遺棄制」という語は、遺体・遺骨が放置されるという特徴からとらえたものであるが、「遺棄する」とはどういうことであったのか、もっと明確に論じられる必要がある。埋め墓の景観は遺体遺棄の姿をとどめているものかもしれないが、遺体を土中に埋めることはそれに先立つ葬送の儀式があったし、埋葬することで墓地が成立してきた。火葬と土葬という葬法の変遷もある。こうした点から歴史的に「遺棄」ということと「無墓制」との関係が究明されねばならないであろう。(12)図11は、死体遺棄ということから石塔と火葬・土葬の関係を単純に図式化してみた試案である。

図10「無墓制」の形態図

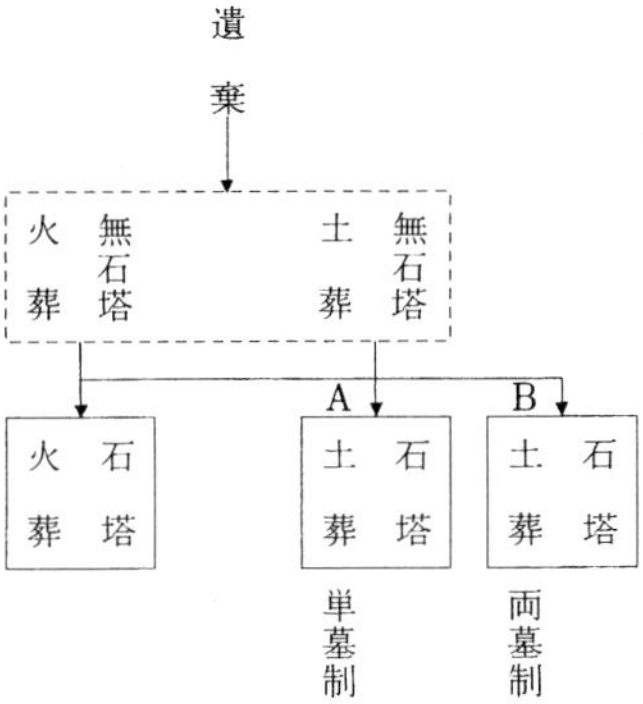

図11　石塔と火葬・土葬の関係図（試案）

「無墓制」あるいは「墓がない」ということで報告されてきた事例は、これまで両墓制研究で石塔を中心として、マイリバカの発生、および石塔発生以前のマイリバカは何かという追及の中で、もう一度「墓とは何か」を問い返した。そして、(1)遺体埋葬地（ウメバカ）に着目させ、(2)石塔とは何かを、さらに(3)土葬だけでなく火葬の場合はどうであったのか、ということを検討する必要を教えてくれたのであった。

二　近世真宗の墓制

1　墓碑銘の類型

「無墓制」は真宗門徒の村に多く見られる。一つの村の中に真宗寺院と他宗派寺院がある場合などは、門徒は遺骨の一部を本山納骨用として拾骨する以外は火葬場に放置してしまい、石塔は建立しない。これに対して、他宗派寺院の檀家は単墓制・両墓制をとっていて石塔を建てたりしている。宗派による葬制・墓制の違いが見られる。田中久夫氏は「墓がない」と問題提起するよりも、むしろ逆に、なぜ墓石（石塔）を建立するようになったかを考えた方がよいと指摘しているが、(13) ここでは反対に「無墓制」ではなぜ墓石（石塔）を建立しないのかということから、「石塔とは何か」「墓とは何か」を考えてみたい。とくに、真宗にとって石塔・墓とは何であったのか、という問題である。また、「無墓制」の特徴の一つに本山納骨するから「墓はつくらない」ということがあったが、真宗における納骨儀礼は歴史的にみてどのようなものであるのか探ってみたい。

真宗門徒はどうして石塔を建てないのか、石塔とは門徒にとって何なのか、という問題を考えるときに手掛かりとなるのは、やはり現在の真宗墓地にみられる石塔であった。次に示すのは、西大谷本廟（京都市東山区五条）・本徳寺（兵庫県姫路市亀山）・専光寺（石川県金沢市本町）・本宗寺（愛知県岡崎市美合町）・慈光寺（愛知県岡崎市下青野町）・西蓮寺（愛知県安城市東端町）・本誓寺（岩手県盛岡市名須川町）といった墓地に見られた石塔の墓碑銘である。悉皆調査はできなかったが、特徴的な墓碑銘をいくつかに分類してみた。

A　法　名

B　南無阿弥陀仏

C　倶会一処　天明九年（一七八九）・文化六年（一八〇九）・嘉永七年（一八五四）・大正五年（一九〇六）・昭和三十二年（一九五七）・昭和三十四年――西大谷　文政八年（一八二五）――本徳寺　安政四年（一八五四）――専光寺

D　骨塔　収骨墓（天保五年・一八三四）　村井家骨塔（昭和八年）　骨墓（明治二十七・三十・大正十三・十五年）――慈光寺　骨塔・骨堂（弘化三年・一八四六）　霊骨塔（文政六年）――本宗寺　蔵骨塔（享保二年・一七一七）　納骨塔（文政十一年・天保十年・明治十年）――西大谷　骨堂――本誓寺

E　墳墓　累代墳墓――慈光寺　辰巳氏一類墳（享保十二年）　祀墳（嘉永元年）　加賀上宮寺墳墓・長崎大光寺墳墓――西大谷

F　塚　寛政二年（一七九〇）・文政十年・文政十一年・天保十四年・嘉永五年　徳円

図12　西大谷本廟墓地景観

図13　西大谷本廟の石塔墓　納骨型①

図14　西大谷本廟の石塔墓　納骨型②

図15　西大谷本廟の石塔墓　納骨型③

図16　西大谷本廟の石塔墓「倶会一処」

図17　西大谷本廟の石塔墓
「蔵骨塔」

図18　西大谷本廟の石塔墓
「納骨塔」

図19　西大谷本廟の石塔墓
「上宮寺墳墓」

図20　西大谷本廟の石塔墓
「祀墳」

図22　西大谷本廟の石塔墓
「釈惣墓」

図21　西大谷本廟の石塔墓　法名連刻

図24　西大谷本廟の石塔墓
「門徒惣墓」

図23　西大谷本廟の石塔墓
「総門徒之墓」

図25　本宗寺（愛知県岡崎市美合）の石塔墓「骨堂」

図26　本宗寺（愛知県岡崎市美合）の石塔墓　納骨型①

図27　本宗寺（愛知県岡崎市美合）の石塔墓　納骨型②

図28　本龍寺（愛知県安城市和泉）の石塔墓　納骨型③

図29　本誓寺（岩手県盛岡市）
の石塔墓　「骨堂」①

図30　本誓寺（岩手県盛岡市）の石塔墓　「骨堂」②

図31　金沢専光寺墓地景観（石川県鶴来町）

図32　金沢専光寺墓地　親鸞廟所

図33　金沢専光寺墓地親鸞廟所裏側

図35　金沢専光寺墓地の石塔墓　納骨型

図34　金沢専光寺墓地の石塔墓「南無阿弥陀仏」

図37　金沢専光寺墓地の石塔墓「大悲往還」

図36　金沢専光寺墓地の石塔墓　納骨型「霊碑」

寺之塚――本徳寺　先祖代々塚――専光寺

G 惣墓　釈惣墓（正徳元年・一七一一）総門徒之墓――西大谷　総墓正龍寺――本徳寺　惣骨（文化四年）――本誓寺
普会塔・累世合祀（天保十年）青山家累代集霊塔（寛政九年）親縁墓（明治四十四年）――西大谷

H 他　本願力（明治三十六年）大悲往還（昭和十一年）涅槃城（昭和十年）霊碑（大正十三年）帰寂　証誠　仏累代之墓（昭和四十四年）――専光寺
墓（慶応元年・一八六五）塔（文政十二年）廟・永田妙善寺　回帰――本徳寺
再臨（昭和三十七年）謝恩（昭和六年）――西蓮寺

真宗墓地の石塔を見ていくと、死者のA法名を記した一般的なもの、あるいは「南無阿弥陀仏」のB名号やC「倶会一処」と記すようなものが多いが、この他にD～Gといった形態のものがある。Dの「骨塔」「骨堂」は遺骨を収めるところ、「骨墓」「収骨墓」は遺骨を収めたところが「墓」として意識され出したことを表している。Eの「墳墓」やFの「塚」は、石塔以前の墓の形態が墳・塚であったことを示しているといえよう。Gの「惣墓」では、「総門徒之墓」「総墓正龍寺」などとあるように、家を単位としない寺門徒の共同納骨所としてのものであった。Hのその他としては、「本願力」「大悲往還」「謝恩」といったように、いかにも真宗的な銘であるが

図38　金沢専光寺墓地の石塔墓「本願力」

新しいものに見られる。真宗墓地の石塔を特色づけるのはD～Gの墓碑銘のもので、石塔そのものの形態が共同納骨できるような石棺型のものである。なかには、まったく墓碑銘を記さず遺骨を納めるだけのようなものもあった。また、「倶会一処」「骨塔」「惣墓」と銘は違っていても、門徒にとって石塔とは遺骨を納骨する所という意味では同じと言えよう。とにかく、「家」の「先祖」の「墓」としての石塔とは異なっているのである。そこで、こうした墓碑銘がどうして門徒の石塔に記されるようになったのかということであるが、これは真宗門徒の本山納骨や門徒墓の成立から考えてみる必要がある。

2　本山納骨と門徒墓の成立

いつから本山納骨が行われるようになったのか。門徒は石塔墓をつくるようになったのか。現在、本派本願寺は西大谷に廟所を構えて納骨を行っており、真宗大谷派は東大谷と御影堂須弥壇下に納骨している。しかし、これはそれほど古いことではない。西大谷本廟が成立して整備されてくるのは、慶長八年（一六〇三）十月、幕府によって鳥辺野延年寺山（東山五条）に廟所が移転させられ、慶長十一年十一月に仏殿が建立されて移徙法要が勤まってからである。東大谷本廟も寛文十年（一六七〇）に祖廟を移転してからであった。本廟が成立すると、その周りに門徒が墓塔を建立しようとした。『大谷本願寺通紀』（一七八五）巻九に、(14)

総墓　寛文元年二月許㆓京九条西光寺築㆑塚、爾来宗徒墓塔逐㆑年弥増有㆓長崎伊予守元仲墓㆒〇旧来至㆓安永元年壬辰㆒凡八千所〇凡無㆓自墓㆒者蔵㆓之祖廟之側㆒、然非㆓毎㆑度埋㆒㆑之、毎年、夏集㆓聚年中方来諸骨㆒、穿㆓祖墳後辺地㆒、而合㆓葬之㆒耳

とあって、寛文元年から安永元年（一七七二）の間に「凡八千所」になったという。「自墓」のない者は祖廟の側に毎年夏に合葬されたというから、門徒による本山納骨が盛んに行われだしていることがわかる。年代がいま少し下がる文政六年（一八二三）の『上檀間日記』八月十七日には、

一、惣骨者是迄之通骨持参いたし候ハヾ、先志之御礼銀銭とも講中受取詰番帳記いたし、切手並受取書相渡
収骨為レ届、右切手御堂江持参之上、同所ニ而詰合之者江相渡可レ申事
但御堂方ヘ日々講中壱人ヅヽ、立会可レ申事
一、惣骨切手受取帳面幷切手共、日々御堂ヨリ骨役所江持参之上、立会勘定可レ申事

という覚書があって、(15)門徒の納骨に関しての制度が確立していたことが知られる。一般門徒の本山納骨は、十八世紀ごろから始まり、しだいに制度化されたものと思われる。『考信録』（一七七四年）巻五に「大谷ヘ諸門侶ノ遺骨ヲ蔵ムルコトハ。信解宗主ノ世ヨリト申伝ヘタリ。ソノ以前ハ。多ク高野ヘ蔵メシ事ナリシソト」とあって、(16)信解宗主とは第十四世寂如（一六六二〜一七二五年）のことである。『考信録』は続いて、諸国の門徒が遺骨を納めるときは三十日番の僧が受け取って祖廟の後に安置しておき、毎年集まった骨を歴代廟基の後に埋めている。俗説に、祖廟の下に大きな穴があってその中に骨を入れたり、あるいは毎年一処に積んで焚棄していると言われているが、それは誤りであることが述べられている。骨というものは、年久しくなれば自然と朽ち果てるのでしだいに埋葬の余地はあるのだといい、骨を納めていた箱を焼くのであって骨を焚棄しているのではないという。

このように門徒の本山納骨が盛んになり制度化されてくる状況の中で、地方の寺院はどのようになってきたのか。各地にある大寺（中本山）や末寺も本山と同じように廟堂を構え、墓地が成立し、そして門徒の石塔がつくられようとしてきたのであった。寛政から文化年間（一七八九〜一八一八年）の記録である『故実公儀書上』には、次のようにある。(17)

末寺之内自坊ニ廟堂不相成幷大谷納骨謂

一、当本山末寺之寺院ハ何れの寺々ニても別段ニ自坊之廟堂を構へ、其末寺門徒〻之納骨不相成寺法ニ御座候。其謂ハ惣而門末祖師之御弟子門徒故、我往生之師ニ而往生を助リ候。其恩を思ひ、其徳を慕ひ流を汲

図39　本徳寺（兵庫県姫路市）　西山大谷廟所景観

て、本源を尋るの道理ニて本山祖師之御廟へ納骨仕候。是則門末一統祖師之御弟子門徒故之儀ニテ、中山ハ其弟子門徒を預リ候もの故之儀ニ御座候

墓碑銘のところでみた金沢専光寺や姫路市の英賀本徳寺の墓地などは、正しく「自坊之廟堂を構へ、其末寺門徒ゟ之納骨」に該当する形態であった。専光寺墓地は鶴来町にあって、いつごろ成立したのか詳しくわからないが、親鸞聖人の廟所といわれる納骨所を中心として、小高い山の斜面に石塔が立ちならんでいる。英賀本徳寺は明応年間に蓮如の弟子下間空善の布教によってできた道場を基にして、永正九年（一五一二）に本願寺宗主第九代実如の息実玄・実円の下向によって成立した寺院である。亀山御坊といわれ、播州における念仏弘通の一代拠点であった。この本徳寺の墓地は姫路市飾磨区山崎字西山にあって、正式には「本徳寺西山大谷廟所」というが、通称「西のお山」といわれている。延宝九年（一六八一）、本徳寺第九代寂円が姫路城主松平大和守へ願い出て、山崎山の南斜面に廟所を開き、実玄以来の歴代御骨を納めたのであった。そして、正徳四年（一七一四）には、本尊と歴代絵像を安置する廟堂も建てられている。廟所が設けられる

図40　本徳寺墓地の石塔墓 「廟」

図41　本徳寺墓地の石塔墓「塚」①

図42　本徳寺墓地の石塔墓　納骨型①

図43　本徳寺墓地の石塔墓「塚」②

図44　本徳寺墓地の石塔墓「墓」①

図45　本徳寺墓地の石塔墓　「墓」②

図46　本徳寺墓地の石塔墓　「総墓」

図47　本徳寺墓地の石塔墓　納骨型②

と、以後、これを中心として一般門徒の墓所としても利用され出した。現在、墓石数は二二六〇基、寛文・享保・延享年間といった紀年銘の石塔から現代のものまで立ちならぶ。また、納骨型をはじめさまざまな石塔の形態があり、近世真宗墓地の典型的な景観がみられる。(18)「中山ハ其弟子門徒を預リ候もの」であるが、地方の大寺に廟所ができると、これを中核としてその末寺や門徒の石塔が建てられ、墓地が形成されてきたのであった。真宗の本末関係・手次関係は、本山―中本山―末寺―門徒となっている。本山に廟所ができて本山納骨が制度化されてくると、地方寺院も同じ姿をとってきたのであった。墓碑銘の類型で見たように、中本山などの大寺は本山廟所（西大谷）に寺門徒の納骨型惣墓・墳墓をつくり、さらに地方の一般末寺や門徒は中本山の廟所につくっていく。そして、門徒の墓碑銘に「骨塔」「骨堂」「収骨塔」とまで記されるようになったのであった。これは教団の本山納骨集中化に拠るものであり、真宗門徒にとって石塔とは遺骨を納めるところ、納骨するところであったのである。

ところで、こうした本山納骨集中化という状況の中で、門徒は家ごとに石塔を建てだしたりもしている。いわゆる墓参の対象となる先祖祭祀としての「墓」である。(19)『故実公儀書上』に「文化三寅年（一八〇六）十月四日、大久保家へ出」したものとして、次のものがある。

石塔尋之事

一、別紙絵図面之通、石塔百姓之身分ニ而ハ不相成事ニ候。無之百姓ニ而も由緒有之院号・居士等付候程之分ハ、右石塔不苦候哉之事

一、位牌之儀も右同様差別も在之候哉之事

右之通御尋ニ御座候

一、当本山ニおいて石塔之儀ハ形チ定法無御座候事故、施主存寄次第為建候事ニ御座候。尤別紙之内、惣丈

五尺六寸八分と申形之石塔ハ見当リ不申候

一、位牌之儀ハ、本山免許之品ニ而者無御座候得共、施主存寄ニて建置度ものハ任其意置候事

一、居士号之儀ハ、宗法ニおいて免許之号ニ而ハ無之候。施主存寄次第御座候事

一、院号之儀、寺法ニ而重き事ニ而、於本山重キ寺格并学徳之僧侶等江ハ差免候。且武家方ハ格別ニ御座候得共、其外ヘハ容易ニ免許無御座候

これによると、「石塔百姓之身分ニ而ハ不相成事」といいながら、「院号・居士等付候程之分」の百姓ならば建ててもよいとしている。本来、真宗は位牌を否定しているのであるが、[20]これについても「施主存寄ニて建置度ものハ任其意置候事」とまでいっている。ここには死者の象徴である位牌と石塔が同じ祭祀対象として観念されていることが読み取れるし、百姓身分の者まで「墓」としての石塔をつくりだしたことがわかるのである。

3　教義上の墓制論

さて、このように一般門徒にあって祭祀対象としての「墓」（墓としての石塔）がつくられるようになってくると、真宗教義の上から問題となってきた。

まず、大谷派初代講師となった恵空（一六四四～一七二一年）撰の『叢林集』（一六九八年）巻七には、[21]「一墳墓ノ事当家非ニ曾無レ之、御代々ノ御墓アリ、凡ソ墳ヲ立ル本ヲ云ニ」と最初に述べられて、『西域記』『寄帰伝』から引文している。そして、いわゆる高僧知識に「墳墓ヲ樹テ」仰ぐことはもちろんであるが、他の末弟凡俗の類が有徳の人のように廟塔を立てるのはいわれないこと、ただし儒教では父祖の宗廟を立てて仰ぐという礼があることに言及している。続いて、

サレハ三国共ニ諸人ニモ塚アルベシト見ヘタリ、今田舎ノ諸宗ノ人骸ヲ埋テ土ヲカキアゲタル体是ナルベシ、

サレハ仏法世法共ニ万民共ニ塚ヲ設ル義マヅ勿論也、然トモ当流ハ皆火葬ニテ拾骨ヲ御本廟ニ許入レ給上ハ別ニ人々塚アルヘキヤウモ無シ、無徳ノ身ナレハ自ラ律文ニモ叶ヒ又上下差別ノ世法礼儀ニモ応合ス、古来然ナル所ニ近来東西御両家共ニ志アル門徒ニハ御本廟ノ地ニ許シテ令レ作レ墓、畳ニ塼石ニ植ニ松柏一、田舎所々ニモ例准シテ往々《トコロ》為レ之、頗ル本末ノ道ヲ乱リ徳否ノ分ヲ忘レタルニヤ、又其ヲ見テ事々敷謗ル人アリ是又還テ愚ナルベシ、既ニ許シ給テ在レ之上ハ尤不レ可レ謗、況ヤタ、真俗ノ通儀タルヲヤ、不レ可レ存ニ別心一

と語っている。当時、田舎では遺体を埋葬して「土ヲカキアゲタル体」の塚がつくられていたが、真宗門徒は火葬であり本山納骨するから、このような塚は必要ないのだという。ところが、西大谷・東大谷廟所に門徒の墓をつくることが許されてから、田舎でも例准してつくられるようになってきた。これは本末の道理を乱すものであるという。「塼石を畳み松柏を植える」とあるから、塚の上に丸石をいくつか置き、その上に墓上植樹する、という形態であった。こうした「墓」がつくられるようになったことが、問題とされているのである。

大谷派第三代講師である慧琳（一七一五〜一七八九年）撰の『真宗帯佩記』（一七六四年）では、葬処で勤行することが問題とされている(22)。仏像もないところで何に対して拝むのか、という問いであった。慧琳は「葬処ノ勤行ハ仏法ノ通式ナリ怪ムニ足ズ。葬処ニ於テ拝スルニ至テハ、当流ノ先輩ノ中ニ死骸ヲ拝スルノ説ヲタテ、コト〳〵シク弁セラレタレトモ穏カナラサルカ。又一説ニ法界身ノ弥陀ヲ拝スルナリト。幷ニコトヤウニ聞ユ。当流ノ正意没後ノ葬礼ヲ以テ肝要トスルニ非ス」と述べて、

往生ノ沙汰ヲハ手ガケモセスシテ没後葬礼ノ助成扶持ノ一段ヲ当流ノ肝要トスルヤウニ談合スルニヨリテ祖師ノ御己証モアラハレス。道俗男女往生浄土ノミチヲモシラス。世間浅近ノ無常講トカヤノヤウニ諸人オモヒナスコトトコ、ロウキコトナリ。カツハ本師聖人ノオホセニイハク某親鸞閉眼セハ加茂河ニイレテ魚ニアタフヘシト云云。コレスナハチカノ肉身ヲカロンシテ仏法ノ信心ヲ本トスヘキヨシヲアラハシマシマスユヘナ

リ。コレヲ以テオモフニ、イヨ〳〵喪葬《ソウ》ヲ一大事トスヘキニ非ス。モトモ停止スヘシ。

という有名な『改邪鈔』の文を引用している。そして、当流においては仏法の信心を本としていて、葬送の勤行によって未来の昇沈が決まるというものではないといい、最後に「ソノ後ハタ、諸宗ノ通式ニ準シテ、葬処ニ至テ一家ノ作法ヲ以テ焼香勤行シテカヘルマデノ無味ナルガ一家ノ意ナリ。古老ノ鈔物ニ蓮如上人ノ仰ニ、今生死骸ノナコリナレハ正信偈一遍ヨミテサラバ〳〵トイフテカヘル意ナリ」トマコトニ今家ノココロエカクノコトクナルヘシ」と結んでいる。「某親鸞閉眼セハ加茂河ニイレテ魚ニアタフヘシト云云」というのは、「無墓制」でなぜ墓をつくらないのかということの理由に村人があげるものであった。

葬処で勤行すべきかどうかの問題は、墓所で読経すべきかどうか、という問題に引継がれていく。堂衆として声明に詳しく宗史の研究を行ったり大谷本廟の輪番にもなった玄智（一七三四〜一七九四年）は、『考信録』巻二で、

理準スルニ宗徒ノ如キハ祖宗父母師長等ノ恩所ノ墓ヘハ遺体ノアル処ナレハ、タ、世間ノ報恩孝養ノ念ヲナシテ礼謁スヘシ。然ラスンハ孝子ノ情ニ非ルヘシ。殊林百十六・六受戒ノ人ノ父母叔伯等ノ亡霊ヲ礼スヘキ事ヲ明セリ。理マタ同シ但シ供花読経等ハ諸宗主ノ霊廟ニモソノ儀コレナキウヘハ末徒モ挙行スヘキニ非ス。（中略）

大谷山ノ門下ノ諸墓ニ於テ、施主ノ請ニ応シテ輪番ノ僧参テ読経念仏セルコト、久シキ流例ナリシカ、安永元年壬辰二月、不肖輪番ノ時、此儀頗フル宗意ニ応セサルニ類シ、且ハ事務ノ妨ケトモナル故ニ、上書シテ向後墓所読経ノ式ヲ改メテ仏前ニテ行ン事ヲ乞シニ、四月二十三日所乞ノ如ク其言云。一於大谷納骨年忌幷新塚等願之節、墓所之読経相願候者江者、訣能々申聞、御堂に而相勤候様可被相心得候。墓所読経之儀者、御宗意心得違之端ニ茂可相成哉ニ付、向後右之通取扱可被申候事。安永元年辰四月、竜谷山輪番中、長御殿書付ヲ以テ命セラレシヨリ旧儀廃セリ。墓所供花ノ事ハ別ニ命アリテ守塚人ノ売花ヲ禁セラル。

と記している。(23) ここでは「墓」というのは「遺体ノアル所ナレハ、タ、世間ノ報恩孝養ノ念ヲナシテ礼謁スヘ」きものであるが、墓前での供花・読経は宗意に合わないものであるとしている。「守塚人ノ売花」ということから、「塚」が墓参される「墓」として一般化している姿がよくわかるであろう。

真宗門徒は、いったい墓をつくってもよかったのであろうか、それともつくるべきでないとされていたのであろうか。『真宗護法篇』には識語に「文化十四（一八一七）丁丑春二月周防真覚釈観道誌」とある「塚墓建不第十三」という項があって、賛否二説があるとしている。(24) まず塚墓は建つべきでないという説で、今家においては火葬して遺骨を大谷に納骨するのが寺法となっている。人が死ぬと心は浄土あるいは余所に生じるので、遺骨は蟬の抜殻のようなものにしかすぎない。これに心を寄せるべきでない。だから、火葬にしようと水に流そうと（水葬）あるいは埋葬して野に捨てようとも、いずれでもよい。宗祖は、自分が死んだら鴨川に流せと言われたではないか。だから、

然ル則ハ塚墓何ニカセン。モシ塚墓ヲキツキテ。参リ拝スル者ハ。父母等墓下ニ在リト思フニヨル。是大ナル自力ナリ愚痴ナリ。スヘカラク墳墓ヲ除カシムベシ。又カリニモ墓ヲ立ツルハ土葬トスルニヨル。是自力ヲナスノ元タリ。故ニ火葬トナシテ。遺骨ヲ大谷ニオサメシムヘシ。乃寺法ニカナヒ。自力ノ執情ヲハナル。誰カコレヲ背カンヤ。

という説である。第二説は、墳墓を建てるか建てるべきでないかということは、一概に定めることができないという。その理由は、火葬して大谷に遺骨を納めるのはよいが、

然ルニ定リタル火葬ノ場所アル所ハ。墓ニモ及ハストイヘトモ。所ニヨリ或ハ道ノカタハラ。或ハ田畠ノ端ニテ。火葬ニスルトキハ。ソノ骨ヲ捨ツヘキ所ナシ。ヤハリ道ノカタハラ。田地ノ中等ニ散在シテ。人コレヲ足ニカケ犬コレニ尿スル等。マコトニ体骨狼藉タラバ。諸人ノ誘リナカランヤ。王法ノ咎メナカランヤ。

設ヒ一所ニ埋ミカクストモ。モシソノシルシ墓ナクンハ。人シラスシテホリイタサン。

ということになるので、簡単には定められず、所と人によるのだという。犬などに掘り出されてもいいというならば、それは人倫の道を壊すものである。また、遺骨を大谷に納骨するのは孝慈の念よりするのであって、「モシ蟬脱皮ノ如クナラハ」どうして煩わしく祖廟に納めることがあろうか。公の学者などは、祖廟に納めるとき骨を仏前に置いて誦経すること、別に塚墓を建てること、また本山代々の墳墓が建てられて別当職が参詣すること、諸国に所々墓所あることなどに対して大きな声で罪過を責めている。こうしたことで善いのであろうか、と問いを発している。「信心ノ領不領ハ墓等ニハヨラサルナリ」ということが、結局ここでの結論となっている。

さて、このようにながめてくると、十七世紀後半から祖廟周辺だけでなく地方にあっても石塔が建てられるようになり、それは死者を祀る対象としての「墓」の性格を帯びてきた。その中で、絶対他力の阿弥陀一仏信仰を標する真宗教義からして、墓所に供花・読経したり、墓下に父母などがいるかのように思ったりして礼拝の対象とすることは、真宗の宗意・宗風からしておかしい。世間一般に準じて墓を建てることは仕方ないという説もあったが、反対に本山納骨するから墓は必要ないとする説も見られたのであった。「無墓制」が真宗門徒の村に多かったのは、こうした真宗の墓制観と教団・坊主の規制と関係していることは明らかであろう。

三　「無墓制」と中世真宗門徒

1　中世真宗門徒の納骨と骨堂

火葬で遺骨を放置してしまい石塔を建立しない、こうした「無墓制」は葬送・墓制研究の中で、どのように位置づけられるのであろうか。土井卓治氏は石塔を建てないことについて、庶民に石塔建立の風があったのを教義や坊主の指導によって強力に抑圧したものなのか、それとも石塔造立の習慣のない時代を伝えているものなのか、という問題提起をされている。[25] 近世における本山納骨や石塔については前章でみたので、ここでは大谷本廟が成立する以前、つまり中世においてはどうであったのか検討してみよう。

まず、中世真宗門徒が納骨を行っていたのかということであるが、『天文日記』[26]に「取骨」ということが見えている。該当する記事を列挙すると、次の通りである。

〔天文五年七月〕

二日　◇治部卿（正闡坊息也）従先日親父骨取あげ度よし被申候。唯今被上候間、置所なく候へども、先御堂へな□(ら)□(べ)て置□□(申候)。□(于)時百疋あがり候。是ハ恒例なりと御□(堂)衆申候。

〔天文五年七月〕

九日　◇就実恵(顕証寺前住カ)逝去之儀、兵衛督今朝斎取沙汰候。――従藤向百疋来。取骨あがり候へども、おさめ所無之候間、先々御堂ニ取ておかれ候。

〔天文十年九月〕

十日　△◇自鹿苑院、法安寺地子銭之請取来。

△◇斎を瑞泉寺母、井波了如死去の志として、彼息中より被調之候。仍汁三、菜十一、菓子七種。坊中食之。

――△◇取骨令納堂、仍百疋来。

〔天文十一年一月〕

十一日　△◇同取骨ハ朝勤過テ也。時者卯刻云云。

〔天文十一年十月〕

十一日　△◇為斎超勝寺実顕（今日相当于百ヶ日）之志、息刑部卿実照調備之也。――◇取骨収之。

〔天文十八年八月〕

廿二日　◇為斎於丹後法眼《国》心勝死去之志、松千世調之。仍汁三、菜十一、茶子七種也。――◇志者予千疋、内陣一家衆二百疋ヅヽ、惣一家ニハ五十疋ヅヽ、坊主衆ハ弐十疋ヅ、也。

◇取骨浄照坊収之。礼百疋此方へ来。

〔天文二十一年三月〕

五日　◇山門西塔院へ――（略）

◇為斎於瑞泉寺親修誓坊卒去之志、調備之也。――◇日中之時（承）取骨納之。

〔天文二十三年六月〕

卅日　◇為斎於本善寺証祐逝去之志、――◇取骨納之。

最初に掲げた天文五年七月二日の記事は、同年三月二十一日に正闡坊が死去しており、百ヵ日ということで息が父親の骨を納骨しようとしたものである。当時は石山本願寺が本山であった。ところが、置き所がなく御堂にならべられたという。同じ月の九日の記事にも同様な事が述べられている。しかし、天文十年九月の井波瑞泉寺了如の骨は「取骨令納堂」とあって、困った様子はない。以後、「取骨収之」などと記されている。この記事からだけすれば、具体的なことはわからないが天文五年から天文十年の間に、何らかの遺骨を納め安置する堂などができたということであろうか。ただ注意すべきは、納骨者が瑞泉寺・超勝寺・丹後法眼心勝・本善寺というように、一家衆寺院をはじめ一部の有力僧侶や下間などの家臣に限られていたことである。一般門徒の納骨に関する記事は出てこない。(27)

蓮如・実如・証如という、一四〇〇年代あるいは一五〇〇年代における真宗門徒が、納骨していたかどうかは不明である。「無墓制」の報告にあった「納骨するから墓はない」という「納骨」は近世の大谷本廟成立以後のことであった。考えてみれば、蓮如のころから本山は大谷祖廟・吉崎・山科・石山・鷺森というように転々としていた。一向一揆も起きている。したがって、門徒が本山納骨できるような状況でなく体制も整っていなかったであろう。とすれば、遺骨は放置するか埋葬して墓上植樹する程度でしかなかった。あるいは、他の霊場といわれるところへ納骨していたかも知れない。

中世真宗門徒の納骨や墓制についてはわからないが、石山本願寺において限られた階層の僧侶やその一族の者達にしても、納骨儀礼が行われて遺骨を納める所があったことは着目すべき点であろう。骨は御影堂下に納められたかも知れないが、あるいは「骨堂」とよばれるような堂であったかも知れない。というのは、東本願寺の場合、東山に廟所が設けられる前には境内の西南に歴代の御骨を納めた祖廟が存在していたし[28]、仏光寺では慶長十二年（一六〇七）の仏光寺影堂奉加帳に「影堂骨堂仏供所悉く破壊す」とある[29]。永正三年（一五〇六）に没した蓮如の弟子願正の墓は現在山形県天童市高擶にあって、「清池の骨堂」と呼ばれている。また、天正九年に没した熊坂専修寺真智の墓は納骨塔型式であった。近世真宗墓地の石塔墓碑銘には骨塔・骨墓とあったり、わざわざ「骨堂」とあるものまであった。滋賀県安曇川の真宗勝専寺境内には正面に「南無不可思議光如来」（塔身）・「灰墳墓」（台座）と陰刻された一基の石塔を安置する骨堂がある[30]。このように真宗には「骨堂」とよばれるものが残っているが、これは中世納骨儀礼にみられる「骨堂」の流れを汲むものである。「骨堂」とは「納骨堂」のことであろうが、古くは「御骨御堂」[31]かも知れない。元亨三年（一三二三）の金沢称名寺絵図には骨堂が描かれている。骨堂に関する研究と報告では、新潟県蓮華峰寺の骨堂、奈良市中町大神家の骨堂、奈良市般若寺町の骨堂、同西大寺奥院の骨堂、新潟県中蒲原郡村松町正円寺の歯骨堂などがある[32]。称名寺絵図のものは東端に、三基の五輪塔らしきものと卒塔婆の立ちならぶ中に描かれている。蓮華峰寺のものは、「小比叡山手鑑」（宝暦十一年、一七六一）に「一、骨堂　弐間四方／此者飛騨之工立候」とあって、埋納穴周辺部からの出土品などから室町時代後

図48　清池の骨堂
（山形県天童市）

図49　清池の骨堂
願正の廟所

図51　熊坂専修寺　真智の墓①

図50　清池の骨堂　周りの石塔

図52　熊坂専修寺　真智の墓②

図53　光徳寺（岩手県花巻市）の
石塔墓「骨堂」①（天保8年）

図54　光徳寺（岩手県花巻市）の
石塔墓「骨堂」②（文政元年）

図55　光徳寺（岩手県花巻市）の
石塔墓「骨堂」③（天保5年）

図56　西大寺奥院　骨堂全景

図57　西大寺奥院　骨堂内部の木製五輪塔

半から納骨習俗が始まったのではないかとされている。大神家骨堂は、小堂（覆屋）は消滅してしまっているが、『大神家家譜』には「八尺四方ノ堂」と記載されているという。堂内中央に永禄七年（一五六四）の紀年銘を有する五輪塔が置かれ、これについて同家譜の六代源政定のところに「永禄七年甲子三月五日之夜　我ガ夢中ニ父道西ノ霊形出現而　父母之石塔建立イタスベキ旨霊言ス　依レ之則堂内収骨之上ニ五輪塔ヲ建立而」とある。寛永十八巳十月十二日寂の八代源長政には「尤別立之火葬ニテ遺骨ハ骨堂ニ収　依テ石塔ハ別在之」とあって、石塔を別に建立し始めていることは興味深い。西大寺奥院の骨堂は、約七尺四方の堂で、内部には五輪塔の台座が残っている。歯や骨を納めた小さな木製五輪小塔を格子に打ちつけたもので、墨書銘に永正・大永・天文・永禄・天正・文禄・慶長・元和の年号があった。新潟県中蒲原郡の正円寺歯骨堂は、板碑・蔵骨器の発見された旧所在地(通称大御堂)にあったらしく、中世、大御堂山・山王山を中心に、盛んに造塔・納骨が行われていたという。このような骨堂は、高野山や善光寺・熊野などが中世において霊場化して納骨されるようになると、地方の寺院も同様な性格を帯びて霊場化し、納骨するために作られた堂であった。中世における高野山奥之院近くには、発掘調査によって納骨堂またはそれに類する施設が存在したと予測されている。(33)

高野山の骨堂については、『野山名霊集』(宝暦二年刊、一七五二)巻第三に「骨堂　諸人の遺骨をおさむる所、八角宝形の堂なり、今の堂は播州姫路松下河内守元綱朝臣の建立なり」(34)とあり、『紀伊国名所図会』巻之六には、「骨堂　御廟の右、壇下にあり。八角造の堂なり。今ある所は、元和年中松下河内守元綱朝臣の造立なり。天下の緇素、その遺骨を所々の霊区に置くといへども、此堂にをさむる事尤多きは、古くよりの例にして」(35)とある。近世初期に再建された骨堂であった。

このように骨堂をみてくると、石山本願寺の中にもこうした性格の堂があったと推定してもよかろう。さらに言えば、本願寺は骨堂にみられる中世納骨儀礼を取り込み、近世になると東山に廟所を構えて新しく近世的な納骨制度を作り展開させたのであった。

2　中世の真宗門徒と石塔

中世における真宗門徒の間では、石塔は造立されていたのであろうか。鎌倉時代の極末期から南北朝にかけての人物で長泉寺別当孤山隠士による『愚闇記』(36)は、当時の念仏衆達の姿を記している。

次ニ為二人追《ツイ》善一、率都婆ヲ不レ可レ立教化ス、夫率都婆者地水火風空ノ為二五躰一大日如来ノ三摩《サマ》耶形也、三摩耶形(ハ脱)ト梵語也、標識《ヘウシヤ》ト翻《ホン》ス、其平等ノ本誓ヲ顕ス形体也、又宝篋印塔ハ如来ノ全身聚集《シユシフ》ノ形像也、去者功徳ノ中ノ最尊上ノ善根也、法華経曰、童ノ子戯《タハフ》レニ砂《イサ》コラ聚《アツ》メ塔《タフ》ト成《ナ》セル、既ニ成仏ノ為《ナ》レルト因《イン》ト説リ、況ンヤ木石ノ塔婆不ニル其ノ功力空一ラ哉、

五輪塔は地水火風空で大日如来、宝篋印塔は如来の全身を聚集した姿をあらわし、これを造立することは最上の善根である。木石塔婆を立てるのでも功徳があるのに、どうして、念仏衆は卒塔婆を立つべからずと教化している、という問いである。これに対して『愚闇記返札』(37)では、次のように答えている。

次ニ死人追善ニ必率塔婆ヲ可レ立ト云事、一往シカナリ、ツラ〳〵正教ヲ聞ニ、率都婆ト云ハ是大日如来ノ分身、満月世尊ノ垂シヤク也、慧風アヲク時ハ、早ク暗暝ノ霧ヲ払ヒ、法水ヲソヽク所ニ忽ニ煩悩ノ垢ヲスヽク者也、何ニ況ヤ、建立センモノ滅罪生善ノ益無レ疑、謁仰ノ輩ラ、転禍具福ノ徳究リナシ、爰ヲ以テ諸経ノ論ノ中ニ広ク讃シテ、偏ニ此ノ理ヲ明ス処也、此理不レル知ニハ非ス、去レトモ而モ宗義各別也、依テ強《アナカチ》ニ依用セサル処也、自宗之内ニ於テ、先ツ学ノ者ノワ同ク受ト雖異義蘭菊也、然ニ当流相伝ノ心ハ、率都婆ノ造立ヲ好マス、其故ハ彼都婆ハ大日遍照ノ覚体五智五仏ノ表カ、然ニ此宗ノ阿弥陀仏ハ般舟三昧経ニ言ク、三世諸仏依念仏三昧成等正覚ト宣リ、三世ノ諸仏皆念ニ弥陀一ヲ故ニ成仏スト見得タリ、其外十方ノアラユル所ノ諸仏菩薩皆無量寿仏ノ所開ノ分身ニ不レル非ト云事無シ、率都婆ノ功徳モ尤トモ何ソ惣ノ万徳所帰ノ名号ヲ唱テ、亡者ノ増進証果ヲ不レ祈、一徳ノ率都婆ヲ造立センヤ、シツシテ称名ヲ傍ニセバ、豈流ヲクンテ源ヲ不レ知ニ異ランヤ、是率都婆ヲ謗ルニ非ス、満徳ノ根源ヲ知リテ分流ヲコトセバ、屋舎ヲ執シテ一中ヲ不レ取者也、但シ称名功徳除罪障存亡利益難思議ト説、追善ナレハ名号ノ外他事ヲマシエス、此義重テ難アラハ具答ヲ加エヘシ、

長い引用となったが、率都婆を立てる功徳はもっともであるが、「宗義各別」であって真宗にあっては「率都婆ノ造立ヲ好マ」ない。阿弥陀仏・名号は「満徳ノ根源」であって、死者の追善供養や滅罪生善のために「一徳

ノ率都婆ヲ造立」する必要はないと語っている。木製であれ石塔であれ、率都婆が死者に対する追善供養塔であったところに、他力信仰から追善とか供養ということに異なった考えを持っていた真宗教義から率都婆・石塔は否定すべきものであった。このような真宗の率都婆・石塔に対する否定は、高田専修寺派十世真慧の法嗣であった真智（一五〇四〜一五八五年）の『愚問賢答記』(38)にもみえる。

五輪率都婆之事

西林房ノ義云、五輪ハ大日如来也、大日ノ五智ハ因分ノ五智也、於二一流一不可及二造立一也云云、此事思カタシ、既ニ関東ノ本寺ニ造立アルウヘハ(ママ)、末流ニ造立スマシキコト、子細アルヘキ事カ、如何、又率都婆ノ事墓シルシノ為トテ、檀那情(ママ)セ黙止シカタキニツキテ、念仏幷ニ三経ノ要文ナト書テ、亡者ノ墓ニ立ヘキ事如何、

賢答云、相伝云、前ノ位牌ノ義ニ准スヘシ、但シ智照ノ大日弥陀ノ二仏ニツイテ、因分果分ノ旨ヲ立ル、是私ノ義ニアラス、（以下略）

ここには「率都婆ノ事墓シルシノ為トテ」とあるように、率都婆が死者に対する供養塔でなく墓標としての意味になってきていることが看取できよう。石塔が供養塔から墓塔となってくるのであった。蓮如の墓は「二十七日遺骨を収む、某日墳を築いて山科の原に瘞め、松を樹て記となす」とあるように墓上植樹の形態であったが(39)、こうした墓上に石塔（墓塔）を建てないことは、本願寺第十二代准如までそうであった。また、先に触れた英賀本徳寺歴代廟所の墓は、塀によって囲まれた内部を見てみると正方形に切石で区画されているのみで石塔が建っていない。歴代住職は代々、夢前川の河川敷のサンマイで火葬にされると拾骨された骨がここに埋葬されるのみである。門徒が周りに墓塔を建てていく中にあって、歴代住職家は墓としての石塔を拒否してきたのであった。

図58　本徳寺歴代廟の景観

図59　本徳寺歴代廟の内部

蓮如は『御文』で「いはいそとばをたつるは、輪廻するもののすること也」とも語っている。真宗が広まるのは蓮如以降の十五世紀中ごろからであったが、この時代は石塔が供養塔から墓塔に性格を変化して、庶民階層まで盛んに造立され出した時であったと思われる。その中で、真宗は教義的に供養塔であれ、墓塔であれ、石塔を否定し、こうした石塔軽視観は近世を通じて今日にいたっているのである。もちろん、真宗門徒の中には他と同じように遺体や遺骨の埋葬上に石塔（墓塔）を建てるところも多かった。しかし、火葬したあと遺骨を放置したままで石塔も建立しないとするところもあったのである。これが「無墓制」ではないのか。『参州一向宗乱記』

には「去ば、一向宗の風格は、手の舞、足の踏事も、皆是報仏応化の妙用にして、自力にあらず、しからしむるは、不可思議光如来御はからひ也と解して、墳墓を築く事をせず、其寺を先祖の廟堂として、雑行雑修の心を打捨て、一心一向に、身命を阿弥陀如来に抛の宗門也」とあるが、(40)中世真宗門徒の墓制観を端的に表現しているものであろう。真宗は石塔・墓塔は否定したが、納骨儀礼は認めていった。そして、近世教団体制の確立する段階で、中世納骨儀礼を近世的な形で継承したのであった。つまり、「無墓制」は石塔造立が社会的に一般化してくる中にあって、石塔造立の習慣のなかった時代を伝えているものである。そして、この「無墓制」を今日まで伝承させてきたのは、石塔を否定して納骨儀礼を選択した真宗の墓制観であった。

「無墓制」という語をどうしたらよいのであろうか。ここまで、他に適当な用語がなかったので、わざわざ括弧付きで仮に用いてきた。一応の定義らしきことと問題点を指摘してみたが、これですべて解決されたとは考えていない。もともと「無墓制」という語は、「両墓制」や「単墓制」に対するものではなく、「墓」に対するものである。民俗学の墓制研究者によって「両墓制」の概念が異なっており、「墓」そのものの解釈や定義も曖昧なところに、さらに「無墓制」が用いられるようになると一層の混乱を生ずることになるのかも知れない。

最後に、残された課題についていま少し述べておこう。一ノ谷遺跡の発掘をはじめとして、このところ中世墳墓の具体的姿がわかりつつある。そして、中世においてかなり火葬が行われていたことも判明してきているが、遺骨はどのようにされたのであろうか。一部の骨は拾骨されて霊場や寺院などに納骨されたであろうが、残りの骨は遺棄していたのか。もしそうだとすれば、「無墓制」にみられた火葬で遺骨放置という習慣は、何も真宗だけに限られるものでないことになる。真宗が全国的に浸透したのが十五世紀半以降であるので、それ以前の姿が真宗という中に伝承されてきたのであって、必ずしも「無墓制」が真宗特有のものでなかったことになる。有名な「摂津尼崎墓所掟」には社会階層による葬法の違いがみられるが、下層のものは拾骨もされていない。こうした社会階層と宗派による葬法・墓制の違いも今後検討されねばならないであろう。

四　「無墓制」関係地帯の報告概要

1　山口県大島郡大島町笠佐島

2　山口県光市五軒屋

笠佐島には現在でも墓がまったくない。死者はいずれも火葬に付したあと骨の一部を西本願寺の京都大谷本廟に納骨するだけで、他の大部分の骨はそのまま野ざらしにされる。骨に対する執着心はまったくない。骨を薬として飲む風習が五、六〇年前まで広く行われていたという。各家々には位牌・過去帳・神棚などはまったくない。また日柄・方角などのタブーもない。（児玉識「周防大島の『かんまん宗』〔＝真宗〕とその系譜」）

周防室積に五軒屋と呼ばれる集落があるが、ここにもまた墓がない。現在二〇軒の家があり、真宗長安寺または明楽寺の門徒で、火葬した骨は西本願寺へ納骨する分を一握り取るだけで、あとはそのまま放置する。位牌・神棚はなく、迷信も少ない。（児玉識「真宗地帯の風習」）

3　鳥取県東伯郡羽合町上浅津・下浅津

両地区とも真宗香宝寺檀家で、真宗信仰が強い。この地区の家はいずれも墓がなかった。死者が出ると東郷湖岸辺に作られたヒヤ（焼き場）で火葬に付し、骨は一部を本山西本願寺大谷本廟へ納骨するために取っておくだけで、他は全部湖中へ投棄していた。現在は寺内に納骨堂を作り納めている。したがって、各家々には最近まで詣り墓もなければ埋め墓もなく、盆や彼岸に墓へ参るという風習はまったくなかった。位牌・過去帳もない。（児玉識「真宗地帯の風習」）

4　岡山県和気郡日生町頭島

以前は遺骨はすべて京都大谷に納め、家には位牌も置かず盆の祭りもしなかった。近い年代まで、いわゆる石塔の「お墓」を建てることがなかった。（橋本鉄男「ムシロヅケノ溜」中で三浦秀宥氏の話を紹介）

5　兵庫県姫路市飾磨区今在家

飾磨区今在家の善宗寺門徒は火葬であるが、最近まで石塔を建てる習慣がなく、「墓がなかった」という。（蒲池）

6　兵庫県姫路市保城

7　兵庫県多紀郡篠山町泉

兵庫県姫路市に流れ込む市川の流域も墓石を建立せぬ村がもとは多かったのである。浄土宗の村、姫路市保城もそのような村の一つである。また、同県多紀郡篠山町泉でも埋葬地はもちろんどこにも墓石を建立しない。──なお、この付近の多くの村々は曹洞宗で両墓制のところであることを付言しておきたい。（田中久夫「浄土教と墓制」）

8　大阪府河内長野市旧高向村滝畑

滝畑では明治六、七年（一八七三・一八七四）ごろまで火葬を行っており、焼骨はみな掻き捨ててしまったという。茶毘の前に両鬢の毛髪を切りとって左の鬢は高野山に納め、右の鬢は内墓に埋めたという。（宮本常一「河内国滝畑左近熊太翁旧事談」）

9　滋賀県神崎郡能登川町伊庭

妙楽寺門徒には墓がない。火葬すると境内にある納骨堂に納めるほかは、すべて西大谷へ本山納骨する。八月十五・十六日に盂蘭盆会・総納骨追悼法要があるが、これに先立って八月十一・十二日に各家の絵系図を持参し

て寺に参詣する「絵系図まいり」がある。なお、村中の浄土宗檀家は寺院境内に石塔を持っている。（蒲池）

10　滋賀県神崎郡永源寺町甲津畑

一六五世帯、六一〇人、総農家一二〇戸。従来、埋葬地は祀りの対象と考えられず、墓をつくり参るという風習はみられなかった。（志水宏行「滋賀県の宗教環境にかんする覚え書き」『大谷学報』六五―二、昭和六十年）

11　滋賀県近江八幡市沖ノ島・北元町・玉木町・南津田

沖ノ島では、はっきりと火葬で墓を立てない習俗をつい最近まで伝えていた。西福寺・願証寺は、いずれも真宗本願寺派である。コツヒロイに箸渡しなどはせず、胴骨は銘々の持山に埋めるが、頭の骨はオコツオサメといって、何年かして西大谷にへ納めるまで家の仏壇に祀っておく。焼き残りの骨灰は、周囲の山林に捨てて始末する。胴骨を埋める持山を俗にハカと呼んでいるが、小さい五輪塔がいくらか散在するほかは、塚らしいものはなにもない。いわゆる墓らしい形跡はないのである。（橋本鉄男「ムシロヅケノ溜」）

北元町の西本願寺八幡別院や玉木町蓮正寺の檀家の半数以上は現在も墓を持っていない。墓を持っている家でも粗末であるし、墓詣りの風習もあまりないようである。（児玉識「真宗地帯の風習」）

南津田については、志水宏行氏が「滋賀県の宗教環境にかんする覚え書き」で掲げている。真宗大谷派寺院二ヵ寺、仏光寺派一ヵ寺があり、神棚をもたない家が多い。

12　滋賀県伊香郡西浅井町塩津浜

塩津浜では、埋葬地には木の墓標だけでよく、墓石を立てるものではないという。そして、早く遺体は腐る方がよい。穴堀の人たちは、これは誰それの手、これは足などと「オモシロヤ」に掘っていたという。出てきた骨は、後に一緒に埋められる。（田中久夫「浄土教と墓制」）

13　滋賀県高島郡安曇川町横江・今在家・北舟木

横江は村内に位置する天台寺院（無住）の檀家一八戸は境内に墓をもつが、村外の真宗寺院の門徒二〇戸の場合は、埋葬後、埋葬地をかえりみることもなく、また詣り墓もつくらない。（志水宏行「滋賀県の宗教環境にかんする覚え書き」）

今在家は、真宗門徒七〇戸、天台宗檀家二〇戸。現在は土葬で共同墓地をサンマイといっている。天台宗の檀家は寺の境内地に石塔を立てる両墓制である。サンマイは家別の区別もなくて、順送りに堀返しの埋葬で、当座は木の墓じるしを置くが、数年もたてば朽ちてしまって誰のものともわからない。つまり、真宗の方は石塔も立てないので忘却されることになる。

北舟木は土葬であるが、戦前までは墓じるしだけで石塔はなかったようである。また、移転のためにサンマイ（埋葬地）を掘りかえすと、大量の粉炭と骨灰が出土し、明治の初期まで火葬であったらしい。（橋本鉄男「ムシロヅケノ溜」）

14　滋賀県高島郡今津町天増川

天増川の七五％が真宗浄慶寺の門徒で、遺骸を焼き場で火葬に付した後、一周忌などに西大谷へ納骨している。したがって、墓碑を作らないのが原則で、天増川の上流にかつて存した村々も同様な風習であったという。これに対して、村人の二五％は曹洞宗宝泉寺檀家で、村内有力一族であった山本氏一族であった。山本氏一族は墓碑建立をしていた。（滋賀県民俗学会『湖東・湖西の山村生活』）

15　滋賀県犬上郡多賀町大君ヶ畑

大君ヶ畑では、村山の野天のヤキバで火葬にする。翌朝、ハイソウといって骨上げをおこない、その後にハイソウヅトメといって寺の住職や葬いに世話になった人々を招待する。そして、それが済んで重親類で寺へ詣るのをハイソウマイリといっている。この村は墓をたてないので、オコツは本山にオコツオサメするだけである。古老たちの話では、この村は惟喬親王にお墓をたてずじまいだったので、村人も遠慮することになった、という伝承がある。（橋本鉄男「ムシロヅケノ溜」）

16　滋賀県犬上郡多賀町萱原

萱原には、真言宗の寺と臨済宗の寺の二ヵ寺がある。両墓制がみられるが、墓石で一番古いのは昭和十四年銘のもので、大正ごろは共同墓地に埋めっぱなしにしていた。基本的には墓石を建立し祀る風習を持つことのない村であり、その上、埋葬地へも近寄ることのない村であった。（田中久夫「浄土教と墓制」）

17　滋賀県米原町榑ヶ畑・磯

榑ヶ畑では、火葬をして本山に納骨するので、家には戒名を書いたお札を仏壇に納めるだけで墓はない。その理由として「惟喬親王の系統なので、その印の字を書いたものを残しておくと悪いというので墓をつくらないのだ」という伝承がある。（滋賀民俗学会『米原町榑ヶ畑の民俗』）

磯では現在火葬単墓制であるが、昔は火葬骨を一～三年忌のときに本山へ納めるのみで、村中には墓地がなかった。字ヒガシラに火葬場があり、ここで火葬して本山へコツオサメをするのが普通で、いわば無墓制地区であった。（『琵琶湖総合開発地域民俗文化財特別調査報告書』）

18　滋賀県坂田郡伊吹町甲津原

甲津原では、「落人が隠れ込んで素性がわかる」というので墓をつくらないのだという。寺側の教化によってつくらないというのではない、と村人はいう。全戸真宗大谷派の行徳寺門徒。寺の門前に五輪塔や宝篋印塔の残欠、あるいは石仏などが、二〇から三〇体ほど集められているが、これは散在していたものを寄せたのだという。火葬場はサンマイといい、昔から火葬という。火葬にして拾骨すると、残りの骨は灰といっしょに縁に放り上げておく。一年に二～三人は亡くなるので骨がだんだんたまっていく。小さいころ、腕の骨などが転がっていると放り投げたものだという。拾骨は、歯・頭骨の一部を拾骨した。麻の木の箸で拾って、小さな骨壺にいれる。そして、三年忌ごろまで仏壇にいれておき、本山へ納骨する。位牌は、短冊型の法名軸という。（蒲池）

19　滋賀県坂田郡伊吹町寺林

寺林では昭和五十五年（一九八〇）までは、ほとんどの家は墓をもたず、墓参りの風習もなかった。真宗大谷派寺院一ヵ寺。現在は家ごとに区画された共同墓地を所有している。（志水宏行「滋賀県の宗教環境にかんする覚え書き」）

20　滋賀県蒲生郡日野町鎌掛

真宗本願寺派寺院二、真宗大谷派寺院一、臨済宗妙心寺派寺院一。大谷派と臨済宗（無住）の寺院は境内に墓地を持つが、本願寺派の寺院には墓地がなく、門徒の多くは墓をつくらない。（志水宏行「滋賀県の宗教環境にかんする覚え書き」）

21　滋賀県蒲生郡蒲生町桜川東・西

桜川東には本願寺派寺院一、西には真宗大谷派寺院一がある。両村は土葬が主である町内にあって、唯一火葬を採用している村であり、野焼の火葬場を共有している。村人は、お盆に所属寺院へ参ることを「墓参り」と称する。（志水宏行「滋賀県の宗教環境にかんする覚え書き」）

22　滋賀県東浅井郡びわ町南浜

ここには今でも在所の内にサンマイ（火葬場）がある。一方姉川沿いの堤の下に新規の墓地が設けられ、真新しい石塔ばかりがならんでいた。火葬は明治以前から続いてきたようで、どうもつい最近まで墓はたてなかったものらしい。この辺りは長浜在といい、真宗勢力のきわめて強い所である。（橋本鉄男「ムシロヅケノ溜」）

23　滋賀県滋賀郡志賀町北小松

現在土葬でシャンマ（三昧）は埋葬地になっているが、それは明治の初期に火葬が禁止されてからのことであり、それ以前はそこがヤキバであったという。一部の禅宗の檀家は別として、大部分の真宗門徒は墓はなかったということを聞いた。ちなみにここは古い漁師や石工の村である。（橋本鉄男「ムシロヅケノ溜」）

24　三重県阿山郡大山田村下阿波

正覚寺（真宗本願寺派）と神幢寺（臨済宗）がある。宗派にかかわらず土葬であるが、正覚寺檀家は、埋葬翌日にハイソマイリをして寺へ骨（遺髪）を納めると、以後埋葬地へ行かない。これに対して神幢寺檀家は、ハイソマイリ以後も埋葬地へ墓参する。また、神幢寺境内には詣り墓の石塔が建立されているが、正覚寺には総檀家の納骨塔はあっても先祖代々の墓と称すべき設備はない。そこで、盆・彼岸・永代経の追善供養はいつでもただちに本堂へ上がって、本尊の前でなされる。ここに村瀬氏いうところの無墓制があらわになるのである。無墓制というのが妥当でないとすれば、本堂が正覚寺檀家にとって「集合詣り墓」の意味をもっているとしなければならない。（森岡清美「真宗門徒における『無墓制』」）

25　愛知県碧南市大浜・棚尾

大浜・棚尾地区では、一二二九軒中、五七・九％にあたる七一二軒の家に墓がない。墓のない家を宗旨との関係でみると、浄土真宗が六〇〇、浄土宗が四七、禅宗が一八、真言宗が一一となり、圧倒的に浄土真宗の家に墓がない。遺骨は京都の本山に納めるほか、仏壇に納めたり檀那寺に納める。なぜ墓がないのかの理由には、「必要がないから」「真宗であるから」「土地・金がないから」「昔からないから」と答えている。（村瀬正章「〝墓のない家がある〟」）

26　愛知県岩倉市川井町

村の中には、真宗光禅寺と曹洞宗の大昌寺があり、八割が門徒、二割が禅宗檀家である。門徒以外のものは西バカへ土葬したが、門徒は東バカで火葬した。大谷納骨のためオシャリサンだけ拾骨したが、残りは灰といっしょに放置していたという。そうすることが「たてまえだ」といい、「開山聖人のおそばへ行けばいい」と聞いた。したがって、昭和四十七年の土地改良事業まで、門徒には石塔がなかった。位牌はある。（蒲池）

27　愛知県一宮市千秋町浅野羽根・小山

羽根の戸数は昔は一〇〇戸であった。村は禅宗檀家が二軒ある他はすべて門徒、村の中の円林寺と浅井の正宝寺とに属している。禅宗の家は墓をつくり、また門徒でも一、二軒は墓をつくったが、ほとんどの家では墓がなかった。焼き場はあったが、そこで火葬にすると骨は焼き場の横に山にして放置していたという。二〇年ほど前のこと。小山でも同様であったという。（蒲池）

28　岐阜県岐阜市加納新町

真宗の専福寺門徒は火葬であるが、今でも墓がない。なぜ墓がないかの理由に、住職は「殿様がお越しになったときに目障りだから」と答えた。納骨堂を新しく作っている。（蒲池）

29　岐阜県揖斐郡旧徳山村

塚・櫨原・戸入地区は火葬で墓がなかった。戸入の場合、火葬場はサンマイと呼ばれ石組のヒヤがあったが、もえがわるいということで土を五〇センチほど掘り火葬していた。傍らに松の木が一本あり、死花バナが必ず置かれたことから「死ぬと松の木にいくでな」といわれた。骨は本山納骨のために一部拾骨したが、残りは寄せて放置していた。戸入は全戸専念寺（真宗誠照寺派）門徒である。しかし、同じ真宗門徒でも門入地区の門徒（西福寺）は土葬であり、村入り口の川原に埋葬して上に川原石と塔婆が立てられていた。また、本郷地区は門入と同じく川原に土葬していたが、増徳寺の禅宗檀家は寺裏に詣り墓を持つ両墓制であった。（大牧富士夫「美濃徳山村の葬墓制について」・蒲池）

30　岐阜県揖斐郡坂内村広瀬

31　岐阜県揖斐郡藤橋村

坂内村の坂本の本照寺門徒、伝明寺門徒、広瀬の妙輪寺門徒、友徳寺門徒には墓がない。火葬である。しかし、明治以降に納骨塔が作られた。盆の八月十四日に裏盆会が勤まり、この時に門徒は遺骨を持ち寄って親鸞絵像の前に安置して読経する。そして、納骨塔に入れられる。妙輪寺門徒には位牌もない。村内の禅宗檀家は株ごとに墓を持っている。

藤橋村や久瀬村にも墓がないという。（松久嘉枝「岐阜県揖斐郡坂内村の墓制」・蒲池）

32　福井県三方郡三方町佐古・田名

佐古は全戸が真宗本願寺派常徳寺の門徒。サンマイで茶毘にすると歯が三本拾骨されるが、その他の骨はその場所に放置しておく。翌日、家族がサンマイへ行き、遺骨をすぐ側の竹藪の中にすべて捨ててしまう。その後、サンマイへ参るということはなかった。拾骨した歯は三回忌まで仏壇におくが、後は京都大谷本廟へすべて納骨してしまうという。村の中に「ハカノモト」と呼ばれるところがあり、開墾のとき五輪塔の残欠などの石造物が出たという。（本林靖久「無墓制にみる真宗門徒の行動様式」）

33　福井県勝山市北谷町小原・木根橋

次の天野氏「白山山麓の墓制」の報告にあり。

34　石川県石川郡尾口村

35　石川県石川郡白峰村

36　石川県江沼郡山中町真砂

白山麓の村では、蚕飼時にはシビトヤキ（火葬）の匂いが蚕に悪いといって土葬にしたが、蚕飼時以外では火葬にした。土葬のとき、埋葬地に川原石・山石の類を印におくなど簡単なしつらえで、別にマイリ墓を設けようとする意識は乏しかった。また火葬の時でも、火葬したままで小石を積まず埋めるとか、自然の山石を火葬骨を埋めた上へ積むとかしていたという。骨拾いでは、オシャボトケ（ノドボトケ）・ハッコツ（歯骨）の類をわずかに拾うのみで、残部はことごとく持ち帰らぬ作法が古風であった。拾った骨は本山あるいは手次の寺へ納骨する。勝山市北谷小原では、クグツにつめてウラヘナゲルと表現するように、灰捨て場へ投げられた。尾口村深瀬でも火葬場の近辺に埋めずに、積み上げて捨ててくるという。

江沼郡山中町真砂については、北陸大谷高等学校地歴クラブ「墓のない村」（石川県高等学校文化連盟郷土部編『会報』五号）に紹介されているという。（天野武「白山山麓の墓制」）

37　長野県下伊那郡清内路村

清内路村は上と下に分かれ、無墓制は上にみられる。上は戸数約一一〇戸で、寺院は真宗大谷派の清南寺があり、上の全戸が門徒である。下は浄土宗と浄土真宗の寺院二ヵ寺があり、三分の一が浄土宗、三分の二が真宗であると言う。しかし、無墓制ではない。村内は滝の沢・宮平・中平・中切・堀組などと分かれているが、それぞれに焼き場があって、川端で遺体を焼いていたという。これは明治以前の事で、明治になると禁止されたので二キロほど離れた山にレンガ造りで共同の焼き場を作り、近年まで使用していた。現在は、これも廃止して四ヵ町村共同の火葬場ができている。拾骨は一部のみ拾って、ほとんどは周りに置いてきた。拾骨のとき障子紙を持っていって包み、お内仏に上げて還骨勤行をし、三日目には清南寺の納骨塔へ納骨した。現在でも同じ事を行っている。ノコリハイ（残り灰）はブリキ罐の中にいれて持ち帰り、納骨のときいっしょに納める。境内の納骨塔ができる以前は、本堂の続きに納骨する場所があった。上に先祖代々の石があって、納骨穴が一杯になると山に骨を移した。門徒は納骨してしまえば、これでいっさい終りとなる。お参りは本堂の本尊に参り、納骨塔へはお参

りしない。もちろん、盆参りもしない。（蒲池）

注

（1）土井卓治「葬りの源流」（『日本民俗文化大系』二、昭和五十八年、小学館、三〇五～三〇八頁）。
（2）橋本鉄男「ムシロヅケノ溜―真宗門徒火葬習俗覚書―」（『岡山民俗』創立三〇周年記念特集号、昭和五十四年）。
（3）村瀬正章「〃墓のない家がある〃」（『地方史研究』一四巻六号、昭和三十九年）。
（4）児玉識「真宗地帯の風習―渡りの宗教生活を探る―」（『日本宗教の歴史と民俗』昭和五十一年、隆文館）。同『近世真宗の展開過程』第四章第四節「真宗門徒の信仰生活」昭和五十一年、吉川弘文館。同「周防大島の『かんまん宗』（＝真宗）とその系譜」（『瀬戸内海地域の宗教と文化』昭和五十一年、雄山閣出版）。同「浄土真宗と民俗」（『歴史公論』五二―三、昭和五十五年）。
（5）滋賀県近江八幡市沖ノ島・北元町・玉木町・南津田は橋本および児玉前掲論文。福井県三方郡三方町佐古・田名は本林靖久「無墓制にみる真宗門徒の行動様式」（大谷大学哲学会『哲学論集』第三六号、平成元年）。石川県尾口村・白峰村は天野武「白山麓の墓制」（『日本民俗学』九二、昭和四十九年）。その他は、筆者調査などによる。
（6）森岡清美「墓のない家―墓制の一側面―」（『社会と伝承』九―一、昭和四十年）、後に改題して同『真宗教団における家の構造』（昭和六十二年、御茶の水書房）に収載。
（7）田中久夫「新谷尚紀氏の報告に対する意見」（『日本民俗学』一五七・一五八、昭和六十年）。
（8）新谷尚紀「両墓制について」（『日本民俗学』一五七・一五八、昭和六十年）。
（9）松崎憲三『巡りのフォークロア』昭和六十年、名著出版、一六三頁。同「真宗地域の民俗」（『民俗フォーラム』創刊号、国立歴史民俗博物館民俗研究部、昭和六十年）。
（10）大桑斉「墓・寺・先祖」（日本村落史講座七『生活Ⅱ近世』平成二年、雄山閣出版）。
（11）新谷氏は、「埋葬した地点を放棄してしまい、墓地も設けず墓参供養もしない」という「土葬無墓制」を設定してみえる（同氏著『両墓制と他界観』四一頁、平成三年、吉川弘文館）。
（12）この点については、最近勝田至氏が「中世民衆の葬制と死穢―特に死体遺棄について―」（『史林』七〇―三）の中で鋭い分析をしている。中世前期の説話集には、死体を「棄つ」という表現がよく出てくるが、これには第一群の「葬スル」「葬送《はふぶり》（スル）」と第二群の「取リ棄ツ」「棄ツ」「棄置ク」および「置ク」などがあり、死体遺棄または風葬にあたるのは第二群だという。そして、死体遺棄の対象となる死者は「社会の周縁的存在あるいは弱者が遺棄の対象になって」おり、同氏は「風葬→共同墓地への簡単な土葬→両墓制というコースを設定したい」と述べている。

(13) 田中久夫「浄土教と墓制」（『月刊歴史教育』一六、昭和五十五年）、後に同氏著『仏教民俗と祖先祭祀』昭和六十一年・永田文昌堂に収載。

(14)『真宗史料集成』第八巻、五〇三頁。

(15) 細川行信『大谷祖廟史』昭和六十年再版、真宗大谷派宗務所出版部、二五〇頁参照。

(16)『真宗史料集成』第九巻、六一二頁。

(17)『真宗史料集成』第九巻、七二二頁。

(18) 筆者調査と本徳寺資料による。

(19)『真宗史料集成』第九巻、七五〇頁。

(20) 拙稿「真宗の民俗性と反民俗性―位牌と御影にみる祖先崇拝観―」（本書第一章第一節）。

(21)『真宗史料集成』第八巻、二五七頁。

(22)『真宗史料集成』第九巻、七〇三頁。

(23)『真宗史料集成』第九巻、四七八～四七九頁。

(24)『真宗全書』五五巻、三二八～三三〇頁。

(25) 注(1)に同じ。

(26)『真宗史料集成』第三巻。

(27) 遠藤一「臨終・葬送・納骨―戦国期真宗における死の作法と浄土の実質的展開―」（龍谷大学『大学院紀要』人文科学　第九集、昭和六十三年、後に同氏著『戦国期真宗の歴史像』永田文昌堂に収載）では、「すでに戦国期真宗においては、本願寺の御堂（この時期、阿弥陀堂は未再建）へ納骨することが一般的な習慣として成立していたことを示すものと考えうる」と述べている。

(28) 細川前掲書、一九五頁。

(29) 森岡清美「真宗本山と山内院家―近世仏光寺教団の本末関係―」（同氏著『真宗教団における家の構造』所収、七三頁)。
(30)『琵琶湖総合開発地域民俗文化財特別調査報告書』四、三八六～三八七頁。
(31)西口順子『女の力』第二章「骨のゆくえ」昭和六十二年、平凡社。
(32)『佐渡国蓮華峰寺骨堂修理工事報告書』昭和五十九年、第一法規出版。伊藤久嗣「中世納骨堂の一形態―奈良市中町大神家骨堂―」(『帝塚山考古学』一、昭和四十三年)。「西大寺奥院骨堂調査概要」(『奈良国立文化財研究所年報』昭和四十年)。中野豈任『忘れられた霊場』四八頁、昭和六十三年、平凡社。
(33)『高野山発掘調査報告書』昭和五十七年、元興寺文化財研究所。
(34)日野西真定編集解説『野山名霊集』昭和五十四年、名著出版、一二一頁。
(35)『紀伊国名所図会』三巻、歴史図書社。
(36)『真宗史料集成』第四巻、七二〇頁。
(37)『真宗史料集成』第四巻、七二九～七三〇頁。
(38)『真宗史料集成』第四巻、四四頁。
(39)佐々木孝正「墓上植樹と真宗」(『大谷学報』五九―三、昭和五十四年)。
(40)日本思想体系『蓮如一向一揆』二八八頁。

第三節　真宗門徒の葬送儀礼

――オソーブツ考――

一　オソーブツの具体的事例

「オソーブツ」とは、真宗門徒の村などで、葬式になると手次寺から臨時的に借り出される阿弥陀如来の絵像のことである。呼称は「オソーブツ」の他に、ホトケサン・オクリボトケ・ムカエボトケ・ニョライサン・ダイホンサン・リンジュウブツ・ジンジブッタン・リンジボトケなどとも呼ばれているが、ここでは絵像と葬式になると寺から門徒が借り出すという習俗を「オソーブツ」という言葉で代表させて使用することにしたい。寺院から借りてきた絵像は仏壇脇の床の間などに掛けられ、葬式が終了するとまた寺へ送り届けられるのであるが、こうした習俗は民俗学における葬送儀礼研究のなかでも特別問題となることもなかった。したがって、民俗調査においてもこれまで注意して行われず、どこでどのように行われているのか調査が不十分である。いまは、管見の諸事例を上げて見ることにしよう。まず、この習俗の行われている場所と絵像の呼称・種類などを一括して示すと次のようである。

1　ホトケサン　阿弥陀如来　長野県長野市須坂市・勝楽寺
2　オソーブツ　オクリボトケ　阿弥陀如来　三重県員弁郡北勢町・行順寺　三本
3　オソーブツサン　ムカエボトケ・オクリボトケ　阿弥陀如来　三重県員弁郡北勢町川原・養泉寺　二本
4　ムカエボトケ　ニョライサン　阿弥陀如来　三重県四日市市北山町
5　ノブツサン　ムカエボトケ　阿弥陀如来　三重県四日市市川島町・西福寺・歴明寺
6　ダイホンサン　阿弥陀如来　岐阜県大垣市野口
7　オソブツ　阿弥陀如来　岐阜県揖斐郡坂内村・妙輪寺

8	五斗如来	前住上人影像	石川県鹿島郡地方
9	臨終仏	阿弥陀如来	滋賀県伊香郡余呉町川並
10	臨終仏	阿弥陀如来	滋賀県伊香郡木之本町杉野
11	リンジュウブツ ジンジブッタン	阿弥陀如来	滋賀県東浅井郡湖北町物部
12	リンジボトケ	阿弥陀如来	滋賀県東浅井郡びわ町・念善寺
13	オソーブツ ゴタイボン	阿弥陀如来	滋賀県東浅井郡湖北町北町伊部・了因寺
14	臨終仏壇	阿弥陀如来	滋賀県東浅井郡湖北町尾上
15	臨終仏	阿弥陀如来	滋賀県西浅井町塩津浜
16	ダイホン リンジボトケ	阿弥陀如来	滋賀県坂田郡伊吹町・観行寺
17	オクリボトケ	阿弥陀如来	滋賀県坂田郡甲津原
18	臨終仏	阿弥陀如来	滋賀県坂田郡米原町・天野川流域・磯
19	リンジ仏サン	阿弥陀如来	滋賀県坂田郡米原町榑ヶ畑
20	総　仏	阿弥陀如来	滋賀県高島郡マキノ町醍醐
21	お総仏	阿弥陀如来	滋賀県高島郡西庄村

この中のいくつかの事例を次に記してみよう。

〈事例1〉　オソーブツサン・ムカエボトケ・オクリボトケ（三重県員弁郡川原・養泉寺）[1]

「オソーブッサンがでかけられる」と表現される。親類の年配の人で「仏壇カタ」あるいは「お給仕がかり」と呼ばれる人（一名）が寺へ迎えに行く。首から掛けて持っていき、三段に作った中陰壇の本尊として掛ける。お通夜と棺前勤行等は仏壇の前で読経される。還骨勤行はオソーブツの前で勤められる。葬式が終わった当日の晩、親戚や手伝いの人に一番膳・二番膳・三番膳と夕飯を出し、その後に最後のお勤めをして夜の九時過ぎにオソーブッサンを壇からはずす。翌日、喪主が首から下げて寺へ返しにいき、修理料と米一升を添えていく。昔は、紋付・羽織で送り迎えをしたものだという。

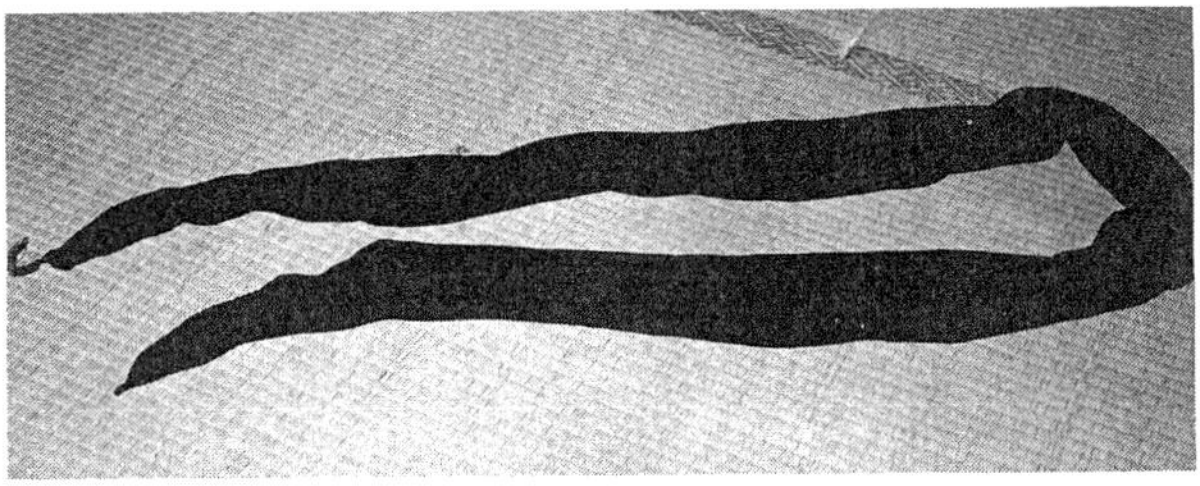

図60　養泉寺　オソーブツを中に入れて首から掛ける袋

　川原は一六〇戸ほどの集落で、一〇軒単位で一七組に別れており、さらに上・下と大きく分かれている。その上・下にそれぞれ「オソーブッサン係」がいて、冥加金（米）を帳面に記録している。

　火葬場は二ヵ所あり、ご本尊といわれるホトケ石がある。これは自然石で「仏」と刻まれたものである。

〈事例2〉ムカエボトケ・ニョライサン（三重県四日市市北山町）[2]

ムカエボトケ・ニョライサンと呼ばれていて、阿弥陀如来の絵像のことである。枕経が済むと、親戚が安乗寺へ行って借りてくる。風呂敷で包んで首から掛けて持ってくることになっており、死者の枕許に掛けられる。祭壇が飾り付けられると、その中の本尊として安置する。棺前勤行は仏壇の前で読み、迎え仏の前では読まない。還骨勤行の時、ニョライさんの前で皆が焼香する。翌日、お礼といっしょに喪主が寺へ返しに行くが、この時三〇〇〇円程度包んで軸の箱の中に入れることになっている。この絵像は、普段は寺の宮殿後側に安置されている。

〈事例3〉オソブツ（岐阜県揖斐郡坂内村・妙輪寺）[3]

死者が出ると、御仏供米を持って寺にいき、枕経を頼む。そして、シカバナを作って準備が出来ると、親戚か取り持ちの者がオソブツ様を迎えにいき、喪家の床の間に掛ける。葬式は寺で行われるが、出棺勤行のときは、オソブツの前で読経する。諷経僧は内仏の前で読む。葬儀が終わって、初七日を勤める前に片付けをし、翌朝、米を持ってお礼に行く。

　五十回忌の時、「最後だからホトケサンをもうしたい」と言われると、寺では本願寺歴代法主の絵像を一幅貸し出し、在家の床の間に掛けたりして法事を行う。掛けた法主の消息を読む。

〈事例4〉前住上人影像（石川県鹿島郡地方）[4]

真宗では式の始まる前寺院より前住上人の影像を迎え仏壇の傍らなる床に掲げ輪灯三ッ具足の飾付けをなす。影像は五斗如来と陰口で呼ばれ、五斗俵一俵を寺へ上げなければお迎えが出来なかったということである。

〈事例5〉リンジュウブツ・ジンジブッタン（滋賀県東浅井郡湖北町物部）[5]

寺（仏善寺）ではソウシキノドウグバコ（葬式の道具箱）に納められた葬具―サンボウ（三方）、クゲ、カヒン（花瓶）、ツル（鶴）や提灯、リンジュウブツなどを管理している。（中略）中陰棚の用意ができると裃を着けて施主がリンジュウブツという掛軸を借りてきてビョウブにかける。（中略・野帰り、精進料理の後）最後にリンジュウブツを取去り、施主は白い裃姿で寺に赴き、掛軸を返し、住職に礼を述べる。〔東物部〕オモシンルイの者が寺へホトケサン（絵軸）を迎えに行く。これはホトケサンムカエと呼ばれる。坊さんと一緒に迎えられたホトケサンは、床の間に葬式が終わるまで、掛けられる。この時に寺から迎えられたホトケサンは、ジンジブッタンという「あみだの絵軸」で、普段は寺の本堂にしまってある。〔西物部〕

〈事例6〉オソーブツ・ゴダイボン（滋賀県東浅井郡湖北町北町伊部・了因寺）[6]

普段は寺の本尊下に安置している。葬式になると寺に保管している葬具を喪家が持っていき、飾付けが済むと、親戚の案内がきて、その時に住職が両手でオソーブツを奉じて持って行き、床の間に掛ける。そして読経する。棺前勤行などはこのオソーブツの前で読み、仏壇の前では読まない。仏壇を閉めてしまうことはない。諷経僧は仏壇の前で読む。お骨が帰ってくる前に、中陰壇に切り替えるので、その時にオソーブツは巻いておき、還骨勤行が済むと、寺に挨拶にくる喪主といっしょに住職がオソーブツを持って帰る。喪主はこの時にお仏供米を持ってくるが、表具代としてお金を包むということはない。

この辺りはどの寺にもこうしたオソーブツがあるという。

〈事例7〉ダイホン・リンジボトケ（滋賀県坂田郡伊吹町・観行寺）(7)

ダイホンゾン（代本尊）、またはリンジボトケ（臨時仏）と呼ばれており、死者ができると通夜の朝に二人でこの絵像を迎えにくる。昔は、裃をつけて来たものだという。通夜のときは、仏壇の前で読経せず、ダイホンゾンの前で読む。葬式が終り、寺参りの時に二、三人が米二升と表具代としていくらか包んで返しにくる。普段、寺では本堂右余間に安置しており、前に門徒の過去帳を一緒に置いている。なお、門徒の家の仏壇には位牌がない。

〈事例8〉オクリボトケ（滋賀県伊香郡甲津原）(8)

「お日さんが御座るとバチがあたる」といって、葬式は晩方に出した。隣の人がオンボ役をする。オンボ役は朝から火葬場の掃除をし、焼くための生木を用意する。焼くためには、一人の人が背負えるだけの量を一荷とし、八荷必要である。生木は、火葬場近くにある共同入会地であるソウ山の木を区長に断って切る。

通夜の晩に全部のシンルイが集まり、書記を一人選んで、役割分担を決めていく。このセンギが済んでから、オモシンルイが寺へオクリボトケを取りにいく。オクリボトケは、床の間に掛ける。通夜のお経はオクリボトケの方で読む。

役割分担で「寺行」三人を決める。一人はリン叩き、一人は傘持ち、一人は曲彔の役である。オクリボトケは、サンマイから帰って喪家でお経を読み、その後、リン叩きがゴエンジュさんといっしょに寺へ返しにいく。

〈事例9〉お総仏（滋賀県高島郡西庄村）(9)

午後になると坊さんが総仏さんの掛軸を持って来ます。床の間に寺から借りて来た四枚折を立てゝ前に戸張をさげ机に打敷をかけてある所へこれをかけ、菊灯に火をともし仏壇の香炉鶴亀を飾って読経します。総仏さんのある間は仏壇は灯明をつけて障子をしめて置きます。総仏さんのある間は読経は総仏の前だけで、仏壇では致しません。栄教寺の方では寺へ借物に行った時に総仏さんを借りて来て借り物を帰す時に持っていく相ですが、長順寺の方では借る時も返す時も坊さんが御供して来ます。お供をして来ると云ふのは持って来て持って帰ることを其様に云ふのです。（中略・野帰り後）暫くすると坊さんが来て、お総仏の前で短い御経を上げお茶を飲んで悔やみを云ひます。それから野帰りの膳を出します。（中略）此食事が済みますと、坊さんがお総仏さんを巻いて箱に納めて持ち帰ります。醍醐では御総仏さんに供へた仏飯はその侭寺へ送ります。寺久保は送りません。蛭口は仏飯を替る度毎に何かにあけて寺へ持って行きます。男連の膳がすみますと女達の後座敷が始まります。此時には寺の奥様を招き主客にします。此間にお寺詣りをします。米二升、導師の御礼、蝋燭三本を持って行きます。短い御経があります。此時七日付をくれます。初七日何日、二七日何日と書いたのです。法名は坊さんが悔みに来たときに総仏さんの前に置いて帰ります。

以上、多少煩瑣になったかも知れないが、オソーブツの行われている場所と具体的内容を列挙してみた。これによって、概略この習俗の実態が理解出来よう。今のところ三重県・岐阜県・滋賀県から北陸地方にかけて行われていることが確認できる。北陸地方では、『旅と伝説』に報告された石川県鹿島郡の「五斗如来」という本願寺前住上人絵像を事例として掲げたが、この地方には「無常仏」といわれて阿弥陀如来の絵像が葬送儀礼に関与しているという。(10) 福井県などにもこうしたものがあると聞いているので、いずれ詳しくわかってくるものと思われる。また、一覧として示した所在の近辺には同様な形態で行われているので、その土地の人々にとってはさして特別な習俗とは見られていない。したがって、調査が進めばもっと多くの事例が集まることであろう。

オソーブツの各事例を次の項目から比較して内容を検討してみたい。

(1)　呼称
(2)　寺院からの借り方
(3)　掛ける場所
(4)　葬儀式と仏壇との関係
(5)　寺院への返し方

(1)　呼　　称

オソーブツと呼ばれる所が多いが、この他にホトケサン・オクリボトケ・ムカエボトケ・ノブツサン・ニョライサン・ダイホンサン・ゴダイボン・リンジュウブツ・ジンジブッタン・リンジボトケなどとも呼ばれている。呼称は一つだけでなく、同じ土地でも二つ三つの別称があって呼ばれている場合もあった。それで、こうした呼称に対してどのような字を宛てるかであるが、ホトケサンは「仏さん」、オクリボトケは「送り仏」、ムカエボトケは「迎え仏」、ノブツサンは「野仏さん」、ニョライサンは「如来さん」であろう。ダイホンサン・ゴダイボンは、「代本尊」の意味であると説明されたが、また絵像の箱書に「大品」とあることから来たものだとも言う。

図61　観行寺（滋賀県坂田郡）のオソーブツ

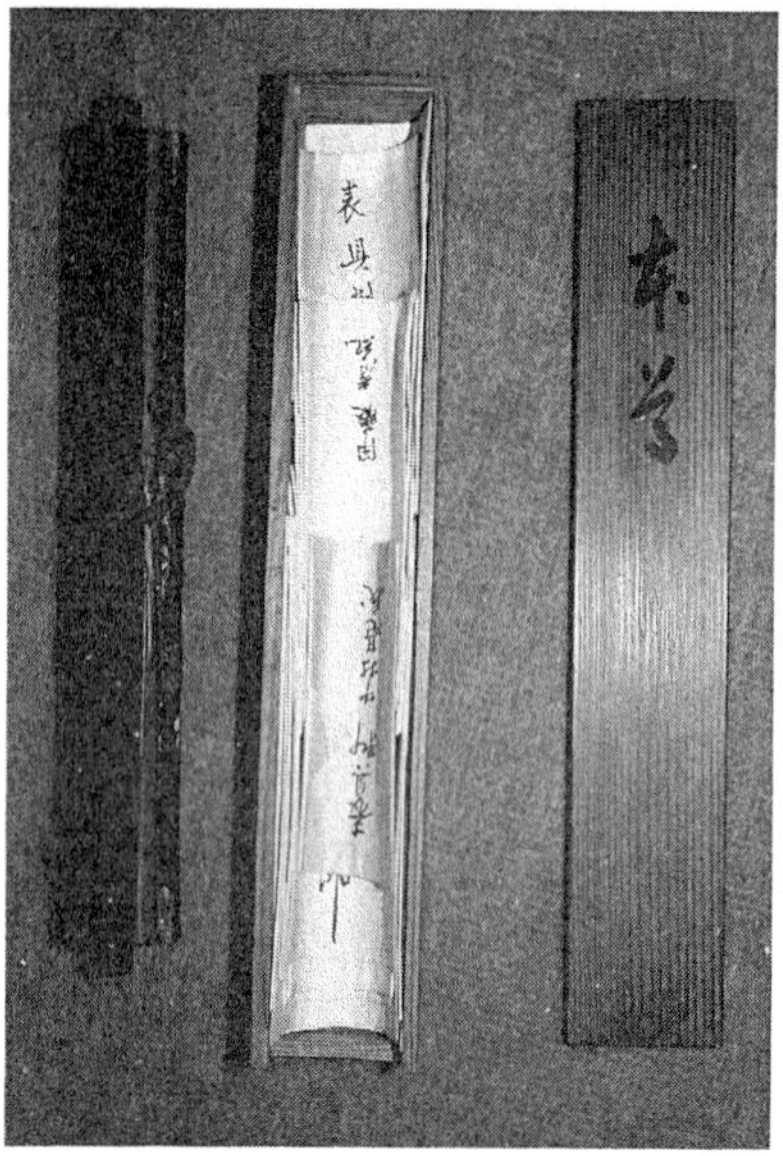

図62　行順寺（三重県員弁郡）オソーブツの箱

リンジボトケは「臨時仏」、ジンジブッタンは「臨時仏壇」となるが、意味的にはリンジュウブツで「臨終仏」「臨終仏壇」と同じである。一番困るのが「オソーブツ」である。「お葬仏」「お送仏」「お総仏」などと説明されたり報告書に記されていて決定しがたいが、後に触れることになる「お惣仏」が本来の字であったと思われる。こうした呼称には、「オソーブツ」という習俗の意味が何かという問題の糸口があるが、この点については次節で述べることにしたい。

(2)　寺院からの借り方

寺院から絵像を借りてくるには、シンルイ・オモシンルイという親戚や同行が寺へ借りに行く場合と、住職がわざわざ持ってくる場合の二通りがある。滋賀県東浅井郡湖北町の伊部では「親戚の案内がきて、その時に住職が両手でオソーブツを奉じて持って行き、床の間に掛ける」とあり、同じ湖北町の物部でもオモシンルイが寺へホトケサンをお迎えに行き住職がいっしょに同道しているから、親戚や取り持ちだけで借りてくるのは崩れた方法であろう。喪主が迎えに行く所もある。いずれにしても、ホトケサンムカエと呼ばれている所があるように、絵像の入った箱を首に掛けたり両手で頂く姿勢で、鄭重に奉じて来るのである。以前は、この係りの同行・親戚は裃を着てお迎えに行った。寺院では、普段はこの絵像を本尊近くの宮殿などに安置している。滋賀県坂田郡伊吹町の観行寺では、門徒の家の仏壇に位牌がないので過去帳といっしょに絵像を本堂右余間に安置していた。

(3)　掛ける場所

迎えられた絵像は、仏壇脇の床の間に掛けられるが、三重県四日市市北山町のように、はじめは死者の枕許に掛けられて、祭壇が飾り付けられるとその中の本尊として安置するという所もある。床の間に掛けられた絵像の前には鶴亀・香炉・花瓶の三ツ具足などが置かれたりするが、滋賀県高島郡マキノ町醍醐などのように専用の白張四枚折の屏風に掛けて菊灯や供笥を飾りつけたりする所もある。

(4)　葬儀式・仏壇との関係

通夜・棺前勤行・葬儀式勤行・還骨勤行といった一連の葬儀次第の中で、オソーブツはどのように関係しているのであろうか。三重県員弁郡や四日市ではお通夜と棺前勤行等は仏壇の前で読経され、還行勤行はオソーブツの前で勤められるというが、滋賀県の東浅井郡湖北町伊部や坂田郡伊吹町などでは、反対に通夜や棺前勤行をオソーブツの前で読み仏壇の前では読まないという。滋賀県高島郡西庄村で「総仏さんのある間は仏壇は灯明をつけて障子をしめて置きます。総仏さんのある間は読経は総仏の前だけで、仏壇では致しません」といっているのは注目される。葬儀の中心が仏壇の本尊ではなくて、オソーブツが中心であることをいっている。岐阜県揖斐郡坂内村では「出棺勤行のときは、オソブツの前で読経する。諷経僧は内仏の前で読む」とあるが、現在も門徒の自宅で葬儀を行わず寺院で葬儀式を行っている所である。

(5)　寺院への返し方

オソーブツは、野帰り後の食事のあと、あるいは還骨勤行が終わると床の間などからはずされる。そして、借りてくるときに住職が同道したりする所では、また住職が持ち帰っている。家族や親戚が返す時は、葬儀翌日のオレイマイリに喪主が首から下げて寺へ持っていき、この時にオソーブツが痛んだときの修理表具代金として若干のお金を絵像の箱の中に入れ、さらに米を持っていく。

このようなオソーブツをみるとき、次のような問題点が考えられる。まず、真宗門徒の葬送儀礼におけるこの習俗の意味は何かということである。各家には仏壇があるのに、わざわざ寺院から絵像を借りてくる。そして、ところによっては仏壇の障子を閉めてオソーブツ中心で葬儀が行われていた。葬送儀礼の本尊が、仏壇の本尊ではなくてオソーブツなのである。となると、門徒にとって「仏壇」とは何なのか、オソーブツという絵像本尊と仏壇との関係はどうなのか、ということになる。また、オソーブツは普段は寺の本尊近くに安置されていて葬式になると借り出されるのであるが、寺の本尊とオソーブツという葬送儀礼の本尊とはどのように関係しているのであろうか。

二　引導仏としてのオソーブツ

ここでは、オソーブツという阿弥陀如来の絵像とこの習俗の意味を考えてみよう。真宗門徒は、どうしてわざわざ寺からオソーブツを借りてくるのであろうか。いままで、真宗門徒の村で葬式になると寺院から借り出される絵像についてのみ見てきたのであったが、もっと広く宗派を問わずに民俗レベルで同様な習俗がないか見てみると、いろいろな種類の絵像が葬送儀礼に関与して寺院から借り出されている。例えば、大阪府岸和田市土生町辺りでは、死者の枕元に逆さ屏風を檀那寺から借りてきて立てたり、掛軸などを借りて来て掛けたという例が多いといい、堺市鉢ヶ峰寺では、十三仏・不動・三尊弥陀・大師などを保存していた家もあったという。同市の別所地方は真言宗であるが、マンダラサンといって、十三仏と両界マンダラの掛け軸を三幅かける。このマンダラは、次の葬式が出るまでそこの家に保管しておくものだといって、和泉・岸和田・河内長野地方には掛け軸をかけたところは多いという。[11] 十三仏の絵像を掛けるところは各地にある。

〈事例10〉十三仏（新潟県佐渡島河原田町）[12]

段に掛ける懸物は私達の様な真言宗では十三仏の三幅物です。位牌は白木作り法名を書いた紙を貼ります。それから白絹で包みます。この包絹は一ト日ずつ上げ四十九日に取り去るのが法だと聞きました。

〈事例11〉十三仏・六地蔵（福島県岩城郡草野村）[13]

檀那寺よりは十三仏の掛物、箱入の六地蔵をもって来て床にかけ安置する。六地蔵を家の中に入れぬ処もある。優待して御馳走すれば始終出たがって村に死人が絶えないから虐待するのであると聞いた。

〈事例12〉十三仏（長野県高井郡小布施町雁田）[14]

葬式の中陰の時に在家で、親類縁者隣組の婦人が十三仏の掛軸をかけ、その前で大念仏を回し念仏する。座中の長老か住職が鉦を叩き音頭をとり、「ナムアミダブツ」を唱え一同唱和する。

十三仏とは不動明王・釈迦如来・文殊菩薩・普賢菩薩・地蔵菩薩・弥勒菩薩・薬師如来・観世音菩薩・勢至菩薩・弥陀如来・阿閦如来・大日如来・虚空蔵菩薩のことであり、これを一幅あるいは三幅に描いたりしている。葬儀のときに霊棺の背後にかけるのが禅宗門系統の古来の習慣というが、[15] 十三仏信仰の浸透によって社会的に広く行われていた。十三仏の絵像は葬送儀礼と深く関与しているが、その中でも葬後供養の儀礼に使用された絵像であった。事例10は、位牌を絹で包んだ位牌袋を七日毎に少しずつ上げて四十九日に取り去るとあるが、十三の仏はこれに対応したものであったといえる。事例12は、中陰のときに十三仏の絵像を掛けて親類縁者や隣組の者が大念仏を行って供養しているが、滋賀県蒲生郡日野町熊野では十三仏講（別名シルコウ）がトキナカマ八戸で組織され、毎年霜月四日を講日として参り合っていると同時に、死者があれば法名を書き加えて枕頭に飾られたりしていた。[16] いずれにしても、この十三仏の絵像は葬式後の一週間から四十九日の期間中掛けられて、死者に対する追善供養の本尊としても使用されるのであり、オソーブツの性格とは少し異なっている。

次に上げる事例は、二十五菩薩来迎図やオソーブツと同じ阿弥陀如来の絵像が葬送儀礼に関与しているものである。

〈事例13〉二十五菩薩来迎図（兵庫県神戸市北区道場町）[17]

死ぬと大福寺にある阿弥陀二十五菩薩来迎図（安政五年の奥書がある）を借りてきて、阿弥陀さんの手に小さい穴があいているので、そこから糸を通し死者の手に持たせる。死者は北枕にして足を曲げて寝かせておく。そして机に線香立て、香炉などをおく。

〈事例14〉阿弥陀絵像（青森県野辺地地方）[18]

殯　代わる〲死水を唇につける。北枕にねかし逆屏風をたて廻す。枕許に刃物なり刀剣なりを置く。屏風には弥陀の像をかけ、その前に机を置いて、四花・早団子・水などをあげる。早団子は秋田仙北あたりではしいぎといふ。

死の直後に寺から二十五菩薩来迎図を借りてきているが、大阪府岸和田市塔原地方では、死にそうで死ねなく苦しんでいる者があると寺から二十五菩薩の掛軸を借りて来て病人の後ろに掛け、皆して千巻経を誦で早く病人をあの世におくるのだという。[19] 同じ二十五菩薩来迎図でも天徳如来と呼称されている融通念仏宗の事例では、

〈事例15〉天徳如来（奈良市大安町辺）[20]

葬式の出る前、融通念仏宗では、「出鉦」といって、鉦講（六斎念仏講）のものが、出棺合図の鉦を叩いて町中回る。この出鉦が鳴ると講中（寺の世話方）が寺へ如来さん（天徳如来といい宗祖良忍上人の絵掛図）を迎えに行き、住持がこれについてくる。そして門前で鉦講が六斎念仏を唱えている間に、住持が出立ちの念仏を唱える。（中略）出棺の際は仏壇に灯は点さない。東九条では仏がはずかしがるからだという。また棺が表に出るとすぐ座敷を掃き障子を閉める。融通念仏宗では門口でまた住持がカド引導をわたす。この間、講中が如来さんを捧げ持って輿の天蓋にもたせかける。このとき死人の魂が如来さんに乗り移るのだという。これから行列が出る。行列が動きかけるとすぐ門を閉める。後ろへ帰ってこないようにという。

とあるように、出棺に際して寺から借りてきて、僧侶が「カド引導」をわたすときに絵像を輿の天蓋にもたせかける儀礼を行い、この時に死者の魂が絵像に乗り移るのだとされている。このような報告の中で、二十五菩薩の絵像が臨時の祭壇に飾られるのかどうか、あるいは、いつ寺へ返されるのか詳しくわからない。しかし、次の事例はまったくオソーブツと同じ形で取り扱われている。

〈事例16〉臨終仏（滋賀県伊香郡西浅井町・菅浦）(21)

葬送儀礼（中略）重親類の男が二人づれで、まっさきに檀那寺に死亡通知に行き、つづいて親類の家、親方の家にいく。この時檀那寺の臨終仏の掛軸を借りてきて、寝間の死者の枕元に掛ける。阿弥陀寺（時宗）の臨終仏は一六一二年（慶長十七）に遊行派引世から下付されたものと伝え、来迎阿弥陀三尊が描かれている。（中略）納棺後、棺は寝間から座敷に移され、床の間に臨時に新設された仏壇の前に安置される。寝間の死者の枕元に掛けていた臨終仏の掛軸も、棺の移動とともに新仏壇の背後に掛けられ、寝間の死者が寝ていた跡には灯明と水を置いておく。

四九日の忌明けをキアケという。「四九のダンゴ」を白米粉でつくり、お参りしてくれた人に七個ずつ渡す。

この日カタミワケをする。僧侶が供養にくる。キアケ翌日に新仏の棚をくずし、その供物はサンマイにもっていき供え、位牌は従来の仏壇に移し、また掛けていた臨終仏は寺にもどす。

さて、真宗門徒以外のところで葬送儀礼に関与する絵像についていくつかの民俗事例を見てきた。十三仏や二十五菩薩来迎図をはじめ不動明王・両界曼荼羅・弘法大師などの絵像が寺院から借り出されたりしていた。こうした絵像は死者を安楽死させるためや魂を送るため、あるいは中陰儀礼における追善供養のためであった。そして、ここまでくると、オソーブツの習俗的意味は明らかであろう。オソーブツの別称にオクリボトケ・ムカエボトケ・リンジュウブツがあり、これはオクリボトケが「送り仏」、ムカエボトケが「迎え仏」、リンジュウブツが「臨終仏」であった。何を「送り」「迎える」のかと言えば「臨終」した死者の魂をこの世からあの世（浄土）へ「送り」「迎える」ことに他ならない。「オソーブツ」が「お葬仏」であり「お送仏」とも説明されていたのも、この習俗の背後に同じ意味を持っているからであった。阿弥陀一仏を信ずる真宗門徒にあっても、死の際である臨終にあっては死者の魂をあの世へ送り届けてくれる仏、迎えてくれる仏が必要であったのである。『旅と伝説』――誕生と葬礼号――に長崎県島原地方の門徒の習俗として、病人が息を引き取ると同時に仏壇に香を炊き、近所の者が一升位の「まくらげし」と称する米と若干の賽銭を持って寺に知らせに行く。この「まくらげし」持ちには死者の魂がついてお寺にいくというので相当重要な役である、などと報告されている。これなどは愛媛県喜多郡蔵川の報告に「斯くて血の濃き者が、霊魂を菩提寺へ連れ行くとて、溝を渡る時は溝があると告げ、橋を渡る時は橋を通るのだと知らしめ、寺に着せば持参の六道銭を一文づつ六地蔵尊に供へて礼拝す。亡霊は本尊の壇下に円き穴ありて、此処より裏面の位牌堂へ飛び越すとのことだ」とあることと同じ意味を持っている。真宗門徒にとっても、教義上からは即得往生といわれるものの、死者の魂をどうするかということは重要な問題であった。

オソーブツなどと呼称されている絵像が死者の魂の送迎と関係しているとすれば、この絵像は一般的には「引導仏」ととらえることができる。そして、葬送儀礼に関与する引導仏としての絵像はなにも門徒に限ったことではなく、他宗派の村や人々にも行われてきたのであった。ただ、真宗門徒の「オソーブツ」が他と異なっていることは、「引導仏」が二十五菩薩来迎図や十三仏ではなくて阿弥陀如来の絵像であることであろう。

三　道場本尊とオソーブツ

「オソーブツ」は死者の魂を送り迎える「引導仏」であったが、この特徴は阿弥陀如来の絵像であり、寺院から借りてきて、また返しに行くことであった。寺側からいえば絵像を貸し出すことになるが、どうしてこのようなことをするのであろうか。

民俗調査においては、葬送儀礼に関与する絵像がどのように取り扱われるかという儀礼は調査報告されても、絵像そのものについては調査されない。本願寺の法物の場合、寺院だけでなく門徒のものまで原則的には本山下付物であり、絵像類には裏書があって下付年次や下付先・願主などが判明する。オソーブツの阿弥陀如来絵像にも、この裏書の残っているものがあり、それによるとかつての道場本尊であったものがある。

岐阜県揖斐郡坂内村の妙輪寺のオソブツは、絹本著色で法量九六・九×三八・七センチ、箱書「壱貫御身　濃洲池田郡北村　碧松寺」とあり、裏書は図63の通りであった。

「碧松寺」とは妙輪寺の古名で、「濃洲池田郡広瀬北村妙輪寺（古名碧松寺）由緒記」によれば、「一、拙寺儀は往昔天台宗同州大野郡横蔵寺、伝教大師開基の末刹たりしが、文明十三年辛丑秋、寺主信正、中興上人の徳香普く遠近に薫し給へるを伝へ聞き、時機相応の浄土他力の宗風を仰き奉るの心萠して山科に往詣し、飽まで彼上人

方便法身尊形
本願寺釈教如（花押）
惣道場
常住物也

図63　妙輪寺（岐阜県揖斐郡）のオソーブツ裏書

の示誨を蒙りて弥陀超世の願意を受得し、且つ上人御自筆の十字の尊号を頂戴して本国広瀬北村に帰り寺の檀上に掛け奉りて其前に於て来会の門徒に対して兼ねて受得せる所の弥陀の願意を演説し、生涯同行化他懈怠なく遂に明応五年丙辰冬往生仕候」とある。現在、妙輪寺の法物には、記録に出てくる蓮如筆の十字名号（紙本墨書、一〇七・〇×四〇・四センチ）と蓮如あるいは実如筆と思われる六字名号（一〇七・一×四〇・四センチ）が伝えられている。太子・七高僧絵像には裏書がなくて下付年次が不明であったが、蓮如御影の裏書は「釈一如／濃州広瀬北村／総道場碧松寺物也」であった。木仏本尊の裏書はなかったが、これらの法物から妙輪寺は十字名号・六字名号を最初の道場本尊として始まり、ついで教如（一五五八～一六一四年）代に絵像本尊が下され、近世になって道場が寺院化するとともに木仏本尊や太子・七高僧・蓮如絵像が下付されてきたことがわかる。オソブツは、この近世寺院として成立する以前の道場本尊であった。

滋賀県坂田郡伊吹町の覩行寺のダイホンゾンは、絹本著色、法量九四・三×三七・三センチ、裏書は別装になっていて、次のようにある。

方便法身尊形
本願寺釈教如（花押）
惣道場

裏書は妙輪寺と同じ教如のもので、形態は下付年次が記されていない簡単なものである。観行寺にも十字名号（紙本墨書、九〇・二×三四・〇《センチ》）と六字名号（八六・九×三二・八《センチ》）があった。

木仏本尊については、

釈宣如（花押）

寛永十八辛巳期八朔

木仏尊像

江州浅井郡

甲賀総道場

観行寺常住物

という裏書があって、寛永十八年（一六四一）に寺号免許から木仏本尊が下されたことがはっきりとしている。この他、親鸞絵像は寛文四年（一六六四）の琢如裏書であった。つまり、ダイホンゾンは寛永十八年に観行寺が寺院成りする以前の道場本尊であったのであり、木仏が本尊として下付されると「本尊」としての役割を終えて、今度は葬式になると門徒へ借り出される「オソーブツ」になったのである。この他、滋賀県東浅井郡湖北町北町伊部了因寺のオソーブツも「方便法身尊形／本願寺釈教如（花押）／願主釈賢海」という裏書があって、元は道場本尊であった。長野県長野市須坂市勝楽寺のホトケサンは、同寺の道場本尊であったかどうかわからないが、実如裏書であった。

オソーブツのすべてが道場本尊であったというわけではない。三重県員弁郡の行順寺にはオソーブツ・オクリボトケといわれる絵像が三本あって、

①絹本著色　四一・九×一九・五《センチ》

裏書「方便法身尊形／大谷本願寺釈彰如（印）／願主釈広慧／釈尼妙勲」

②絹本著色　三六・三×一六・六センチ

裏書「方便法身尊形／大谷本願寺釈闡如（印）／願主釈純悦／釈尼妙宗」

③絹本著色　三五・八×一六・六センチ

裏書「方便法身尊形／大谷本願寺釈闡如（印）／願主釈義誓／釈　」

とあるように、いずれも新しいものである。しかし、葬式が重なるといけないということで、二本用意している寺院などでは、一本はわざわざオソーブツ用として新しく受けたものであったりする。三重県四日市市川島町の西福寺には、一本は闡如下付の新しいものであるが、いま一本は裏書は失われているものの絹本著色・法量七〇・八×三九・九センチ、像高三六・五センチというもので、実如代に下付されたものと推定できる。西福寺と同じ村内にある歴明寺には絵像本尊が三本（仮にABCとする）ある。C本は葬式が重なるといけないということで新しく下付してもらったもので、現在はB本がムカエボトケとして使用されている。AB本とも裏書がなくなっているが、A本（絹本著色・破損甚・八〇・五×三一・一センチ）の方が像高も四九・〇センチあって明らかにB本（絹本著色・切断・五四・五×二〇・九センチ）より古い。AB本とも年次は確定できないが、A本は、B本以前のムカエボトケであったろう。

また、西福寺・歴明寺とも蓮如筆の六字名号が残されており、ノブツサン・ノボトケ・ムカエボトケと呼ばれている絵像本尊は、木仏下付以前の道場本尊（歴明寺はA本）であったと考えられる。

このように、オソーブツは門徒の葬式ごとに使用されることから、痛みが甚だしくなると次の絵像に代わっていったのである。もちろん、すべてのオソーブツが道場本尊であったとはいえず、中には近世あるいはもっと新しい段階で絵像を受けてオソーブツを始めた所もあるであろう。しかし、わずかな調査事例の中でも妙輪寺・観行寺・了因寺など裏書が確認できることは、オソーブツという習俗の成立について「道場本尊」から「オソーブツ」へという一つの流れが推定できるであろう。

さて、このようにオソーブツを遡ると道場本尊にたどり着く。そこでいま一度、「オソーブツ」という呼称について考えてみたい。「お葬仏」「お送仏」という字を宛てることもできたが、本来は「惣仏」または「総仏」ではなかったのか。絵像類の裏書に「惣道場」という表現がよく見られるが、これは一つの村なり一定の地域共同体の中で「惣」結合をしている門徒共有の道場という意味である。そして、この道場を手次として寄り合う門徒すべての本尊が「方便法身尊形」という絵像本尊であり、「惣仏」としての道場本尊であった。

静岡県小笠郡大須賀町軍合町の林正寺に次の記録がある。(22)

印文「祥定」
(印)

遠州横須賀
道了道場惣仏
之儀連々被望
申付　此度
木像之御本尊
被成　御免候条
有難可被存候
仍所願　御印如件
少弐法印
十月十二日

図64　西福寺（三重県四日市市）のノブツサン

頼賑（花押）

遠州横須賀

道了

寺伝によると、道了は三河上宮寺の次男といわれる人物であるが、「道場惣仏」を望んでいたところこのたび「木像之御本尊」が御免になったという御印書である。「惣仏」という表現が注目される。絵像本尊などの裏書に直接「惣仏」といういい方はみられないが、こうした使い方があったとすれば、「オソーブツ」は「惣仏」とするのが一番妥当であろう。

ところで、道場本尊とオソーブツの関係で、もう少し触れておかねばならないことがある。これまで「オソーブツ」ということを、葬式になると門徒が寺院から絵像本尊を借りてきて終わると返しにいくという習俗、および絵像そのもの、ということでとらえてきた。しかし、オソーブツといわれる習俗には、いまひとつ別な形態の習俗がある。例えば広島県三原市深町下組の福善寺（尾道市長江）門徒である国安家では、「オソーブツさん」といって阿弥陀の絵像を、当番で家から家へ回していたという。広島辺りでオソーブツといえば、葬式には関係なく、門徒の家々を巡る絵像あるいは回す習俗のことを指すという(23)。いま、こうした形態の「オソーブツ」については未調査であるので詳しくわからないが、葬式に関係なく門徒間に絵像本尊を巡行させるという習俗は各地にあり、愛知県安城市小川町では次のような裏書をもつ絵像を九部落に巡行させ、部落ごとに法名をかけて御座を勤めている。部落内は各戸をまた巡るという(24)。

大谷本願寺釈□□（実如カ）

方便法身尊形　　明応二年癸丑三月六日

三□□（河国カ）幡豆郡志貴庄

野寺本證寺門徒□（三）川□（国）
□□（願主）釈□□（了明）
釈慶応（後筆）

これなどは、同町志茂にある蓮泉寺の道場本尊であったものである。やはり、道場が寺院化した後で門徒間に巡行するようになったのであろうが、葬式に関係するようになった「オソーブツ」が寺院と門徒宅の間を往復する「動座習俗」であるのに対して、門徒間を回るものは循環構造をもつ「巡行習俗」[25]となっていることは興味深い。どちらの形態にしても、「オソーブツ」が門徒の「惣仏」であったことからすれば、こうした習俗が成立した理由の一端が理解できるのではないか。

注

（1）筆者調査　昭和六十二年七月。
（2）筆者調査　平成元年八月。
（3）筆者調査　昭和六十二年四月。
（4）『旅と伝説』誕生と葬礼号、昭和八年七月、六四頁。
（5）武蔵大学日本民俗史演習調査報告書『湖北物部の生活と伝承』。
（6）筆者調査　昭和六十三年十月。
（7）筆者調査　昭和六十二年七月。
（8）筆者調査　昭和六十二年十一月。
（9）『旅と伝説』誕生と葬礼号、一〇六～一一〇頁。
（10）西山郷史「真宗と民間信仰の研究―能登のコンゴウ参り習俗を通して―」（『日本民俗学』一六七号、昭和六十一年）。
（11）『近畿の葬送・墓制』明玄書房、一七四頁。

(12)『旅と伝説』誕生と葬礼号、五四頁。
(13) 同右、五二頁。
(14) 仏教大学民間念仏研究会編『民間念仏信仰の研究』資料編。
(15) 藤井正雄編『仏教儀礼辞典』九五〜九六頁、参照。
(16) 井阪康二「阿弥陀如来の光背にある十三の化仏の持つ意味」(『御影史学』一一、昭和六十一年)。
(17)『近畿の葬送・墓制』明玄書房、二二〇頁。
(18)『旅と伝説』誕生と葬礼号、三七頁。
(19)『近畿の葬送・墓制』明玄書房、一七三頁。
(20) 同右、二七八〜二七九頁。
(21)『琵琶湖総合開発地域民俗文化財特別報告書』一、六八一〜六八二・六八八頁。
(22) 青木馨氏の御教示による。
(23) 福善寺住職の御教示による。
(24) 小山正文氏の御教示による。
(25) 松崎憲三『巡りのフォークロア』六九頁、昭和六十年、名著出版。

第四節　オソーブツと真宗仏壇の成立

一　仏壇研究の問題点

各地におけるオソーブツの民俗事例と歴史的意味については前節で論じたところであるが、本節ではこのオソーブツに関わる問題として真宗仏壇との関係やその成立について述べてみることにする。というのは、「総仏さんのある間は仏壇は灯明をつけて障子をしめておきます。総仏さんのある間は読経は総仏の前だけで、仏壇では致しません」といっている事例があるように、(1) 葬儀の中心がオソーブツであって仏壇は無視されてしまうのは何故か。喪家には仏壇があり本尊があるのに、どうしてわざわざ寺院からオソーブツを借りてくるのか、そこには仏壇の本尊とオソーブツの本尊とに性格的な違い、門徒の仏壇に対する意識とオソーブツに対する意識の違いが認められるのではないか、ということである。道場が寺院化していく過程の中で、本仏本尊が安置され始めると絵像本尊がオソーブツ化したとすれば、反対に道場が収縮して成立してくるのが仏壇である。したがって、これはまた真宗仏壇そのものの成立過程の問題でもあろう。

そこで、こうした問題を考えるに当たって「真宗仏壇の成立」ということから迫ってみたいが、その前提としてどうしても触れておかねばならないのは仏壇成立の問題である。仏壇というと日常的なごくありふれたものであるにもかかわらず、これがどのようにして成立してきたのか、どんな宗教的意味を持っているのかという研究は必ずしも多くない。これまで主として民俗学の分野から論じられてきたが、そのときの主な観点は、仏壇というものが決して仏教信仰の普及によって成立したものではなく、先祖崇拝という日本人の民俗信仰や家における神仏を祀る場所との関係から論及されてきた。すなわち、なぜ家の中に神棚と仏壇を併存させて祀るようになったのかという問題から、日本人が季節ごとに訪れる先祖の霊を祀る年棚・魂棚（盆棚）との関係が論じられ、家の祖霊が神格を得て同族神となり、さらに仏格を得たものが仏壇に祀られるようになった。一方、仏格を得ることのできなかったものは、地神・屋敷神などのカミとして残存したのではないか。そして、仏壇は臨時的に祀られる祭壇である年棚・魂棚などが常設化したものである、というのである。(2) こうした盆棚から仏壇へという変遷に加えて、竹田聴洲博士は庶民の仏壇は本来の持仏堂が収縮ないし矮小化したものであって、持仏堂―仏間―仏壇という順序が民俗的変遷の跡だったと考えられた。竹田博士のこの指摘の裏には、一般無名民間寺院の成立形態という大きな問題視角と一連の研究成果があって、持仏堂・村惣堂の発展したものが寺院となり、反対に収縮したものが仏壇ではないのかとの主張である。(3)また、位牌の安置場所としての仏壇ということから、ナンドや台所に仏壇をおく事例に着目し、家の表側の部屋におく型と裏側の部屋におく型の二つがあって、仏壇安置の場所が裏の部屋から表の部屋に変化しながら、死霊に対する忌観念の衰退や先祖祭祀という信仰が普及した、という指摘もされている。(4)

こうした民俗学からの仏壇成立に関わる研究について、最近、建築学の分野から大河直躬氏は鋭く批判された。同氏は、「具体的にどの時期にどのような形式の仏壇や神棚が使用されはじめたのか明らかにしているわけではない」と述べたあとで、

また、最近の民俗学の入門書のなかには、盆の日に臨時に設けられた精霊棚が常設化されたのが仏壇であるとか、持仏堂や仏堂が個々の家にとりこまれて縮小化したのが仏壇である、というような説明が見られるが、このような説明も、仏壇の成立過程を正しくとらえているものとは思えない。なぜなら、盆の精霊棚（盆棚）は、仏壇の成立以後も、仏壇とは別に設けられることが広く行われている。また、持仏堂や仏堂は、仏の彫像や絵像を安置して礼拝するのが本来の役割であり、祖先の位牌の安置と礼拝を本来の役割とする仏壇とは、利用目的にも、形式的にもかなりの相違がある。

という。(5)そして、民家の復元などから日本の住居で仏壇が出現する時期や形式を検討して、初期の仏壇は統一された形式をもっていなく、位牌壇・床の間・押板・戸棚・密教寺院の間取り形式などの種類があり、これら既存の形式を利用したと考えられた。位牌や厨子を置くことによって仏壇になり、十七世紀末期から十八世紀前期にかけてのころに今日みるような形式が成立したという。大河氏の所論を受けて、森孝男氏は仏壇と盆棚の併存してきたことについて盆棚は施餓鬼棚・閼伽棚の形式が受容されたもので「仏壇と盆棚は、それぞれの起源と、祭

祀の対象となった祖先の霊の性格が異なるものであった」と論じられた。しかし、仏壇については「仏壇の形式はともかく、機能については持仏堂に源流があるのではなかろうか」といっている。(6)

さて、仏壇の成立に関わる研究を概略みてみたが、一番の問題点は「仏壇」をどうとらえるか、なにをもって「仏壇」としているのか、ということである。大河氏が「祖先の位牌の安置と礼拝を本来の役割とする仏壇」というとき、それは「庶民にとっての仏壇」という意味であろう。仏壇とは本来、信仰の帰依する本尊を安置して礼拝するものである。また同氏は「持仏堂や仏堂は、仏の彫像や絵像を安置して礼拝するのが本来の役割」というが、持仏堂や仏堂が「仏の彫像や絵像を安置して礼拝する」以外の意味を持って建立され存在したのではないか。民俗学が仏壇成立について追及してきたのは、仏壇を成立せしめた民俗信仰の本質であり仏壇成立以前の祖型である。仏壇成立の変遷は、あくまでも類型的形態変化の姿である。確かに、盆棚などがそのまま屋内に取り込まれて仏壇になったという説は検討されねばならないが、持仏堂が収縮して仏壇が成立したのではないかということは、持仏堂が仏壇の前姿形態としての祖型であると考えられる。以下、真宗仏壇の成立から論じてみよう。ただ、一言断っておきたいのは、真宗の仏壇は他宗派のものと異なって仏像や絵像の本尊を安置する「本来の仏壇」と見られ、これまで仏壇成立に関わる研究対象にはならなかった。しかし、そうした真宗信仰にもとづく一面と同時に先祖祭祀の祭壇としての性格も持つようになったのである。

二　『門徒本尊控帳』の分析と本尊祭祀形態

真宗仏壇の成立や祭祀形態あるいは本尊の性格をみるに、愛知県一宮市の正福寺（真宗大谷派）所蔵『門徒本尊控帳』を分析しながら考えてみたい。(7)これは表紙に「寛永弐暦　乙／御本尊之帳　正福寺／九月廿五日　丑」

とあり、正福寺住職が門徒宅の本尊を調べて書き上げたもので、年代的には大永四年（一五二四）から元禄十五年（一七〇二）までの裏書が記録されている。記載形式を示すと、

本願寺釈教如
上宮寺下
正福寺門徒
願主釈道和

方便法身尊形
御文廿九通
教如判
六字一幅
イチエ
善兵

という書き方で、方便法身尊形九三点、親鸞聖人御影二点、蓮如上人真影二点、教如上人真影二点、木仏尊像一点、名号三点、持仏堂祝三点、合計一〇六点が記録されている（表2参照）。「コタエソコナイ」という表現がみられることから直接住職か代理の者が調査しており、裏書だけでなく在所名・俗名・御文や名号の有無、あるいは所蔵者などの移動に関わる注記もみられる。そうしたものの例をいま一つ示すと次のとおりである。

寛永十六年卯三月廿五日岩井
本願寺釈宣如
正福寺門徒
願主釈正欽《キン》

方便法身尊形

奥田
　茂兵衛

ホリノウチノ弟
　権蔵ニ渡ス

したがって、この本尊下付年代や注記を考えることによって、当時の門徒の家に本尊（絵像本尊）といっしょにどのようなものが安置されていたのか、具体的には本尊と脇掛け・御文の状況が知られるであろう。

そこでいま、(1)下付者と下付物の関係、(2)本尊である方便法身尊形と御文の関係、(3)名号と本尊等との関係、(4)注記、(5)願主と在所名という五つの角度からこの史料を分析してみよう。

まず(1)下付者と下付物の関係であるが、これは表2のようになる。この書上げの中には後に触れるように現在寺院として成立しているものも含まれているが、

表2　下付物と下付者の関係

		下付者										合計
		実如	証如	顕如	教如	宣如	琢如	常如	一如	真如	不明	
下付物	方便法身尊形	1	8	3	13	30	4	11	22	1		93
	木仏尊像					1						1
	親鸞聖人御影					2						2
	蓮如上人真影					2						2
	教如上人真影					2						2
	名号					1					2	3
	持仏堂祝								3			3
	合計	1	8	3	13	38	4	11	25	1	2	106

表3　方便法身尊形と御文の関係

		方便法身尊形							合計
		証如	顕如	教如	宣如	琢如	常如	一如	
御文	証如								
	顕如								
	教如	1	1	4	2				8
	宣如	1		1	8				10
	琢如					2			2
	常如								
	一如							1	1
	不明			1	1				2
	合計	2	1	6	11	2		1	23

図65　山中温泉蓮如堂の仏壇祭祀形態（方便法身尊形は証如，名号は蓮如と伝実如）

宣如代（一六一四〜一六五三年）に本尊下付されたものが多く、ついで一如代（一六七九〜一七〇〇年）下付となっている。教如・宣如・琢如・常如・一如下付をあわせると一〇六点中九一点で八五・八％となる。一〇六点という少ない点数ながら、門徒の家の本尊がこうした年代に下付され安置されだしたということは、寺院の場合と比較すると興味深いものがある。尾張真宗寺院四四〇ヵ寺の法宝物を書上げた『僧侶明細帳』（明治十一年）によると方便法身尊形は、蓮如二四・実如五四・証如三五・顕如一九・教如一六・宣如二一点で、以後は下付されることがほとんどなくなっている。代わって木仏本尊が、顕如二・教如六・宣如一五七・琢如一五・常如九六・一如二八点と下付されている。つまり、蓮如・実如・証如・顕如といった十五世紀後半から十六世紀にかけて創建された道場が、宣如から常如にかけてのころに木仏本尊・寺号許可を受けて寺院化しているのであった[8]。正福寺の門徒に本尊が多く下付され出すのも宣如代からである。ただし、寺院が道場から寺院成りで木仏本尊であったのに対して、門徒は絵像本尊であった。

(2)方便法身尊形と御文の関係は、表3のようになる。法主のいつの代に下付された方便法身尊形に対して、だれの判による御文が備わっていたかを見たものである。教如下付の方便法身尊形に同じく教如判の御文のものが四点、宣如下付の方便法身尊形に宣如判の御文のものが八点である。点数が二三と少ないのでなんとも言えないが、教如のころから絵像本尊下付と同時に御文も下付していたのではないかと推測できよう。

(3) 名号と本尊等との関係は表4である。これは名号に関する注記のあるものを抽出して整理したもので、本尊である方便法身尊形と名号との関係、あるいは本尊・御文・名号とのセットの具合―祭祀形態を見ようとしたも

表4　名号と本尊等との関係

No.	下付物	下付者	年号	手次関係表示	裏書地名表示	願主	在所	俗名	御文	名号	他
07	方便法身尊形	証如	天文六	上宮寺門徒	尾州海西郡櫟 江庄堤内雀森	道覚・ 尼妙真	坂田	次左衛門		1	正保二年(名号)
57	方便法身尊形	証如		上宮寺門徒			江戸	九郎右衛門		2	名号寛永十三六条へ 参モトム　権七へ渡
03	方便法身尊形	教如		上宮寺門徒		浄了	西ノ河	六右衛門	教如判二八	1	
10	方便法身尊形	教如		上宮寺下 正福寺門徒		道和	イチエ	善兵	教如判二九	1	
13	方便法身尊形	教如		上宮寺門徒 正福寺下		定龍	ハナカイ	小兵衛	御文	1	
37	方便法身尊形	教如		上宮寺門徒 正福寺下		恵誓	イナバ	久左衛門	教如判二七	1	六切十字(寛永十四)
09	方便法身尊形	宣如		上宮寺門徒 正福寺下		明厳	コセ	勝右衛門	宣如判二九	2	寛永二十岩井 六字・九字
20	方便法身尊形	宣如	寛永十四	正福寺門徒		道西	南方	次郎左衛門	御文	有	
23	方便法身尊形	宣如		上宮寺下 正福寺門徒		乗念	ヨコノ(横野)	喜右衛門	宣如判二二	2	今ハ五ツ屋兵左ニ有
24	方便法身尊形	宣如		上宮寺下 正福寺門徒		宗意	ホウリウ新田(法立)	宗八	教如判二四	2	
30	方便法身尊形	宣如		上宮寺門徒 正福寺下		空心	南方	次郎右衛門	宣如判七	有	忠助ニ有 お文は久蔵六字共に
41	方便法身尊形	宣如	(寛永十五) 岩井	勝福寺門徒		道喜	ハリデン(割田)	次左衛門		1	八切之六字
42	方便法身尊形	宣如		正福寺門徒		行春	二郎丸	金右衛門		1	八切之六字
56	方便法身尊形	宣如	(慶安二) 岩井	正福寺門徒		栄玄	戸塚町	新十郎		実如	
89	御名号持仏堂御祝		(午二月)				富田町	甚太郎			惣吉より名号譲
32	六切之六字						山崎大塚村	小三次内儀			
35	八切之六字						フルミチ(古道)	半助			
53	八ッ切六字		(正保三) 請取				毛受	勝左衛門			慶安元年花井町徳右 女房へ渡

のである。番号は私に付したものであるが、(9) No.09は本尊が宣如下付で、同じ宣如判の御文二九通、そして六字名号が備わっていた。注記には「新門様ノ　御名号二幅寛永廿暦未九月十八日岩井／六字ニハ蓮華有、一幅ハ九字／コセ　勝右衛門」とあり、裏書そのものに下付年次は記されていないが、「岩井（祝）」とあることから寛永二十年（一六四四）に方便法身尊形を本尊に、六字名号・九字名号を両脇掛けとして安置したことがわかる。「岩井」という表現は、他の箇所にもしばしば見られ、今日の仏壇開きに相当するものであろう。No.09と同形態のものにNo.23と24がある。ただし脇掛けは六字名号二幅であった。No.41と42は宣如下付の本尊に対して「八切之六字一幅」とあって、片方のみの脇掛けであったようである。No.89・32・35・53は、本尊が方便法身尊形の絵像ではなく名号を本尊として祭祀した形態である。「御名号持仏堂御祝」とあることがはっきりと示している。この場合、脇掛けはなくて名号のみを安置したものであろう。「八切」という表現がみられるが、これは大きさを表すもので、『門徒本尊控帳』に記された大きさを表すものを纏めて列挙すると次の通りである。

No.66	方便法身尊形		大永四年	三百ノ御身
36	方便法身尊形	証如	天文六年	五百ノ御身
37	方便法身尊形	教如		六切十字
41	方便法身尊形	宣如	（寛永十五年）岩井	八切之六字
53	八ッ切六字		（正保三年）請取	
42	方便法身尊形	宣如		八切之六字
78	方便法身尊形	常如	（延宝三年）	百ノ御身
79	方便法身尊形	常如	（延宝三年）	二（百）ノ御身
88	方便法身尊形	一如	元禄三年	百ノ御身

93　方便法身尊形　一如　元禄四年　百ノ御身
94　方便法身尊形　一如　元禄四年　二百ノ御身
32　六切之六字
35　八切之六字

真宗では本尊や名号・御影の表具が一定していて、その大きさを「代」と称している。本山から下付されるときの呼称で、受けるにあたって永楽銭で五〇文・一〇〇文と納めたところから起った呼び方であるという。[10] また一説には名号の大部分が唐紙に書かれており、その裁断の仕方によって大小の区別ができ、本尊の寸法を定める基準になったともいわれる。[11] 真宗大谷派の寸法をしめすと、一〇〇代が長一尺六寸七分（本紙、七寸）・幅六寸三分（三寸三分）、二〇〇代が長二尺七寸（一尺二寸）・幅一尺（五寸五分）、三〇〇代が長三尺二寸七分（一尺四寸）・幅一尺二寸（六寸五分）、四〇〇代が長三尺九寸三分（一尺八寸）・幅一尺三寸三分（七寸五分）、五〇〇代が長四尺五寸一分（二尺一寸五分）・幅一尺六寸四分（一尺）である。また「六切」「八切」については、西本願寺の場合であるが、安永年間編の『年中行事』に、

百代	唐紙十六切	竪七寸四分	横三寸三分
	同八ツ切	同一尺八寸	同四寸八分
二百代	同六ツ切	同一尺二寸四分	同五寸八分
三百代	同四ツ切	同一尺四寸四分	同六寸八分
四百代		同一尺八寸五分	同八寸
五百代　小品		同二尺二寸	同一尺五分
八百代　中品		同二尺九寸	同一尺二寸

一貫代　大品　　同三尺四寸　　同一尺四寸五分

となっていた。[12] 普通、三〇〇代までが在家用で四〇〇代からは寺院用とされている。『門徒本尊控帳』に記載されている本尊や脇掛けの名号も一〇〇代・二〇〇代程度のものが多かったと見てよい。No.66は三〇〇代と少し大きいが、これは現在浄流寺という寺院として存在するから道場本尊のものである。名号を本尊として「御名号持仏堂御祝」をしたNo.89・32・35・53などは、持仏堂と称していても名号本尊の大きさが一〇〇代・二〇〇代であったので、実態はどの程度の仏壇かわからないがそこに掛けたものであろう。

つぎに(4)注記の内容から見てみたいが、着目するものを整理して一括列挙する。

No.08　方便法身尊形　証如　天文十年　「アガリ候御本尊ノテラゟアツケ申候」

11　方便法身尊形　宣如　「今ハシラカタ小三郎ニ有」

19　方便法身尊形　宣如　寛永九年　「福森半助ニ有」

23　方便法身尊形　宣如　「今ハ五ツ屋兵左ニ有」裏書願主は「ヨコノ喜右衛門」六字二幅、御文二二通（宣如）

30　方便法身尊形　宣如　「次郎右衛門忠助ニ有」「御文廿七通宣如判久蔵ニ有、六字共ニ」

33　方便法身尊形　教如　「正保三戌二月九日ニ高田村勝右衛門ニ渡、今ハ甥角兵ニ有」

38　方便法身尊形　教如　「寛文八申正月四日、／庄九郎ニ有、／喜七使ニテ」「寛十四十一月九日ニ渡ス、今ハ上町彦右ニ有」

39　方便法身尊形　宣如　「タケカハナ左之助女房、今ハ久助《クロダ》ニ有、今ハ北町六兵ニ有」

40　方便法身尊形　宣如　「吉藤新田七蔵／今ハ塚原長九女房ニ有」

47　方便法身尊形　宣如　「奥田茂兵衛」（願主）「ホリノウチノ弟権蔵ニ渡ス」（寛永十六）岩井

53	八ッ切六字	「正保三戌二月八日ニ請取、毛受勝左衛門」「慶安元年子三月十八日ニ花井町徳右女房へ渡」「母使ニ而了伝持テ参、伝吉子カ伝吉ニ何時ニテモ渡シ可申候ト、キワメウケヲイニテ渡ス」
57	方便法身尊形　証如	「寛永十三九月四日ニ六条へ参モトム」（名号二幅）「江戸九右衛門／権七へ渡」
76	方便法身尊形　宣如	「寛文十三丑四月十五日岩井フルキヲカイトル、西光坊起／次右衛門」
80	方便法身尊形　常如	「延宝五暦巳ノ十二月廿九日　元禄十三二月朔日／三左衛門□道ニテ」
83	方便法身尊形　一如	「貞享五年戊辰三月朔日」「御文様元禄五二月廿二日御祝有寺ニテ」
87	方便法身尊形　一如	「元禄三庚午暦二月廿日　北市場まき」「死期ニハ伊三郎一代御番被申候筈ニ願申候而断有、旦那寺違申候間後日ニハ此方へ請取申筈ニ御座候」
89	御名号持仏堂御祝　午二月	「元禄三年　惣吉ゟ名号譲」
97	方便法身尊形	「元禄五年四月此方へ預り置申候」
100	方便法身尊形　一如	「持仏堂幷三ツ具足共ニごぜ　せんニ御番為申候、元禄六年酉ノ十一月十日」「右之御仏御道具者、北町まき死申ニ付伊三郎肝煎」

これをみると、「今ハ〇〇」「〇〇へ渡ス」と記されているものがある。「今ハ五ツ屋兵左ニ有」「高田村勝右衛門ニ渡、今ハ甥角兵ニ有」「タケカハナ左之助女房、今ハ久助《クロダ》ニ有、今ハ北町六兵ニ有」のごとくである。つまり、ここにみられる本尊は「家の仏壇の本尊」というように固定化されたものでなく、移動しているのである。「フルキヲカイトル」こともあったし、「惣吉より名号を譲」ってもらい自分の家の持仏堂に本尊として安置する

こともあった。No.87と100は互いに関連した内容であるが、この本尊が移動する事情を教えてくれる。「北市場まき」は元禄三年（一六九〇）二月二十日付の一如裏書を持つ方便法身尊形を安置し、死後には「伊三郎一代御番」をしてくれるよう依頼したが、伊三郎は旦那寺が違うという理由で断った。そこで寺が請け取ることにしていた。結局、「北市場まき」が死亡したあと御番を断った伊三郎が肝煎して、元禄六年十一月十日に「ごぜ　せん」が「持仏堂幷三ツ具足共ニ」引き受けて御番した、という次第である。この場合は本尊だけでなく、持仏堂すなわち仏壇と荘厳具である鶴亀・花瓶・香炉の三ツ具足など一切が移動している。普通仏壇とその本尊といえば、本来の意味はともかく、家の先祖を祀る祭壇であり「家」に継承されるべきものである。家族の死を契機として仏壇が祀られるようになることはあっても、今見たごとく死後に仏壇・本尊が他人へ渡るということはない。『門徒本尊控帳』にみえる本尊や持仏堂（仏壇）は、こうした先祖祭祀的性格を持つ以前の姿といえよう。

『門徒本尊控帳』には、裏書や名号・御文などの有無や本尊の移動に関わる記述があるが、他に(5)願主と俗名・在所名が記されている。願主と俗名の関係に注目してみると、例えば、

No.03	方便法身尊形	教如		上宮寺門徒	浄了	西ノ河	六右衛門
04	方便法身尊形	教如		上宮寺下 正福寺門徒	浄了	スヂノ	甚　八
16	方便法身尊形	宣如	寛永六年	正福寺下	浄了	清水	勘　助
81	方便法身尊形	一如	（貞享四年）		浄了	清水ヵ	五郎作

のように、「浄了」という同じ法名の願主が四点ある。この他「宗俊」が五点、「定龍」が二点、「道喜」が二点、「祐念」が三点、「宗庵」が二点、「妙円」が二点、それぞれ同じである。これらは下付年代が異なっているものの、寺側では一つの法名を名付けるパターンをもっていて、本尊下付に際して願主に付していたとも考えられる。在所名では、

No.67	方便法身尊形	宣如	正福寺門徒	良善　毛受　長兵衛
68	方便法身尊形	宣如	正福寺門徒	祐念　毛受　孫左衛門
53	八ツ切六字	（正保三年）請取		毛受　勝左衛門

などとあり、毛受村の門徒三軒に下付していたことが分かる。同一在所名としては、この他に古道村・南方村・北市場・阿古井村・鍛冶ヶ一色村などがある。鍛冶ヶ一色村の例でみると、一如代の元禄四年（一六九一）に伝右衛門、元禄五年に半右衛門、元禄七年に徳右衛門と順次本尊が下付されていた。

三　正福寺と門徒の仏壇

このように『門徒本尊控帳』を分析してみると、寛永から元禄期における門徒家の仏壇祭祀の状況をかなり具体的に知ることができる。それでは正福寺とはどのような由緒を有し、寺院として成立したのであろうか。そして正福寺と門徒、寺院と門徒仏壇との関係はどのようなものであろうか。

「正福寺由緒書」には、

一、当寺専称坊往古者天台宗ノ由然所ニ親鸞聖人専修念仏ノ儀ヲ御勧化被成候／時三州上宮寺殿ト同節ニ改宗之由申伝候／　上宮寺殿ト専称坊ハ其節ヨリ本末之由

一、木像之聖徳太子元天台宗之時ヨリ安置申／来候故数代如本尊尊敬来候由其後／蓮如上人六字之名号遊シ被下候ヲ／本尊ニ仕候由于今二幅共ニ所持／（中略）

一、大本絵之本尊　　実如上人之御時御免／釈実如御判

方便法身尊形　　　　専称坊

大永元年辛巳九月五日　　願主釈了西

と語られている。[13] 第一世了西は、真宗に改派した正福寺の開基で最初は蓮如筆の六字名号を本尊としていたが、実如代に絵像本尊を大永元年（一五二一）下付されたという。没年は「了西義大永年中享禄年中カ知レ不申」とある。この方便法身尊形は道場時代の本尊であり、第三世了善（慶長十六年亥ノ四月八日没）代に次のような証如真影を下付され、さらに親鸞御影を下付されたときに寺号も免許になった。

証如上人真影

釈顕如御判

天正十年壬午九月廿四日
佐々木上宮寺門徒尾州
中嶋郡苅安賀村専称坊
願主釈了善
正福寺

本願寺親鸞聖人御影

大谷本願寺釈教如　御判
慶長三年戊戌八月十一日
佐々木上宮寺門徒
尾州中嶋郡苅屋
須賀村花井正福寺
常住物也

願主　釈了専

以後、第四世了誓（慶長十年巳八月四日没）、第五世定龍（元和八年戌九月二日没）と続き、第六世了智代の寛文四年（一六六四）に太子七高僧が下付されている。了智は元禄六年（一六九三）酉十一月十二日に没しているが、この代に「御堂庫裏廊下迄建立」された。また、『門徒本尊控帳』は表紙に「寛永弐暦」とあり元禄十五年まで書上げられていたので、この史料は主として了智によって纏められたものである。

正福寺は三河佐々木上宮寺と本末関係になっていたが、尾張における拠点として正福寺下に、さらに一五ヵ寺の末寺があった。

第一代

了西

此了西時迄当寺之末寺拾五ヶ寺有之由

一、氏長村　中坊　高田村　高正坊　勢州福永村　覚法　花井方村　浄光坊

奥村　林正坊　一ノ宮村　真養坊　於保村　寿専坊　沖村　専寿坊

高井村　法蔵坊　石橋村　正乗坊　木全村　専光坊　当地　智専坊

右ノ外於保村ニ三ヶ寺有之候〆十五ヶ寺者／蓮如上人御自筆ノ御帳面也三州上宮寺殿／ニテ専称坊ニ末寺十五ヶ寺ノ法名面々被遊／候蓮師之御自筆了恩代ニ拝見仕候

この中、於保村寿専坊については『門徒本尊控帳』に方便法身尊形が証如下付（No.64）、教如真影が寛永二年（一六二五）宣如下付と記載されている。また、No.66の方便法身尊形（大永四年）とNo.31蓮如真影（宣如下付・寛永十三年）、No.45の木仏尊像（宣如下付・寛永十六年）、No.46の教如真影（宣如下付・寛永十六年）が奥村林正坊、No.49の蓮如真影（宣如下付・寛永十二年）が木全村専光坊、No.50の親鸞御影（宣如下付・寛永十六年）が木全村専光坊関係

に当たると思われる。正福寺からみれば、こうした末寺も当然「門徒」であり、当初は道場形態であったのが教如や宣如代にかけてしだいに寺院化したのであった。それはまた正福寺自身も同じ形態であって、ただ慶長三年（一五九八）に寺号免許を受けていくぶん早かったに過ぎない。しかし、No.51の教如下付本尊が願主祐念で「智専坊下甚蔵」、No.48の宣如下付本尊が願主了源で「智専坊下源六」と記されているのは、正福寺―智専坊―門徒という関係を明示しているのであり、『門徒本尊控帳』に記載されているものは一部に道場から寺院化したものも含んでいるが、ほとんどが一般在家門徒の本尊であると言ってよい。そして、これは類型的には道場が発展して寺院が成立し、道場から寺院へ発展できなかったものが（収縮したものが）門徒の仏壇であるととらえることができるのではないか。そして、さらに言えば、道場とは寺院成立の前姿形態であり同行の合力によって建立され支えられた堂庵・村惣堂であった。

四　真宗仏壇の成立と本尊の性格

さて、これまで『門徒本尊控帳』を分析しながら真宗仏壇の成立や本尊についてみてきた。ここで、本節の最初に述べた一般的な仏壇成立の問題やオソーブツとの関係に戻って考えてみよう。

『門徒本尊控帳』を通して知られたことは、年代的には寛永から元禄期の間における門徒の本尊祭祀形態で、村落内の門徒家に一〇〇代・二〇〇代というような大きさの絵像本尊が安置され、名号の脇掛けまであったということである。もちろん、今日みるようなすべての門徒家にあるというわけではなく、一定階層の門徒に限られていたであろう。元禄期の一如代になると「持仏堂祝」という表現がみられ、持仏堂という呼称ながら実態としては三具足などの荘厳具を伴った仏壇であった。内田秀雄氏によれば、尾張仏壇・三河仏壇・彦根仏壇というような工芸的な仏壇が生産されだすのは、ちょうどこの元禄ごろからである。[14] また、元禄三年（一六九〇）に刊行された『人倫訓蒙図彙』には「仏具師　からかねを以て仏前の三具足金仏薄端毛氈薬鍋等品々これを造る図」とあって、仏具師が前に鶴亀の灯明台や香炉を置き、上方に金吊り灯籠の絵が描かれている。持仏堂と呼ばれていた仏壇の荘厳具に相当するものであり、先にみた門徒家の本尊祭祀の状況から推定すると元禄期にはもうかなり一般的な姿としてよかろう。今日みるような仏壇の形態が成立して普及しており、大河直躬氏が豪農や商家といった上層階層の民家を復元して「一七世紀末期から一八世紀前期にかけてのころに今日みるような形式が成立した」「近畿地方の中心部である京都、奈良、大阪地方では、その普及が早かったが、その他の地方は一七世紀にはまだ仏壇のない家がかなり存在することからみて、この世紀には仏壇は普及の途次にあった」などと推定しているのは年代をいま少し遡らせる必要があろう。[15]

正福寺門徒家の本尊祭祀の状況は、証如から一如代にかけての時期で、真宗寺院が道場から寺院化していくころであり、いわゆる仏壇が成立する直前の姿であった。元禄期にはかなり普及していたようであるが、それでは教如代（一六〇二〜一六一四年）や宣如代（一六一四〜一六五三年）に下付された門徒本尊はどのように祭祀されていたのだろうか。この点について具体的に知り得る資料はないが、一つ考え合わせることができるのは、近世における道場が毛坊主道場・辻本道場・内道場・家道場・講道場・自庵・看坊・法名元・本尊元などという名称で呼ばれていたことである。[16] 道場は大きく個

図66　『人倫訓蒙図彙』の仏具師

人の設立したものと、門徒共同による惣道場の形態があり、いま上げたものは個人所有的な道場である。俗人が道場主となって自家の一室に礼拝施設を設けたもので、絵像本尊や名号などを祭祀したものであった。辻本は厨子元の転訛とみられていて[17]、正しいとすれば本尊などを厨子の中に安置して礼拝していたことになる。しかし、普通の道場の場合は厨子の中に本尊を掛けるのではなく、現在の真宗寺院の余間に軸を掛けているような押板形式のところに掛けていたのであろう。そして、近世初期の辻本・家道場・自庵・看坊などは『紫雲殿由縁記』に[18]、

寛永ト成リ、京並ニ田舎ニ至ル迄、辻本看主、寺号ヲ望申、一ハ世上静謐ヨリ事結構ニナリ、坊主分モ威儀ヲ取リ繕ヒ、他宗寺院ノ出会、近郷近里同居等有レ之ハ寺号ヲ名乗、サレハ他宗門ノ僧徒弥軽蔑ス。道場坊〳〵ト申ヲ嫌ヒ、寺号ヲ名乗リ度ト望、本山ニモ内徳ナレハ其礼物ヲ定免セラル、。近年ノ始初聢ト寛永ノ時世、都鄙共ニ寺号望申（中略）国々ニテ建立ハ多ク其所ノ郷士格或ハ大キナル百姓ニテ、其家頼・下百姓等辻本トナリ、或ハ庵主道場、寺号ヲ望申テ、音ニ聞ク寺院トナレリ。

とあるように寺院化していくのである。『門徒本尊控帳』にみられた門徒家の本尊祭祀は、この道場形態以後の段階、つまり道場から寺院化していくという時期以後に生じた門徒の家単位による祭祀形態で、具体的には持仏堂ともいってよく、これは本質的あるいは機能的には道場とかわらないものであったであろう。というのは、正福寺―道場―門徒家という関係にあって、この門徒家が教如や宣如から本尊を下付され自家の一室に祀ったとしても、この本尊はその家だけのものではなく、村落内における同行共有の本尊であったからである。定期的に開かれる講日などには、その家に集まって読経されたりしたであろう。その門徒家が村落レベルでの惣道場となり寺院化していくという可能性はもはやなかったが、基本的には道場と同じ性格を有していたのであった。本尊や持仏堂が「一代御番」（No.87）するものであったり、元禄以前に移動しているものが多かったことはすでにみた通

りである。近世初期の門徒家が祭祀する本尊の性格は、一面であるかもしれないが「家」に固定されたものではなかった。尾張ではないが、福井県武生市の中村俊治氏所蔵の方便法身尊形の裏に、珍しい次のような起請文が書かれている。(19)

うやまつて申起請文之事

一、河野浦舟寄山江入来り申候儀ハ、慶長二年ゟつか原ゟ札を取白崎村之者共入申候事、

一、同寄山江入申候儀ハ、吉景様(朝倉義景)以来ゟ入来り申候ハめうほう(妙法)寺村ニて御座候事、

一、同寄山江入申候儀ハ、慶長六年ゟ札ニて入来り申候ハ春日野村ニて御座候事、

右之条少も偽ニて無御座候、若偽之由申人候者、其人と立合てつくわ(鉄火)を取可申候、其上少もいつわり申上候者、此世ニてハ大神小神之御はち(罰)を蒙り、白成黒成之病ヲ請、来世にてハ頼申南弥陀仏之御はちを蒙り、無間地こくへおち可申候、仍起請文如件、

慶長拾四年酉ノ五月十二日

白崎村
新　屋（花押・血判）

同村
三郎大郎（花押・血判）

妙法寺村
おく右衛門（花押・血判）

同村
大郎右衛門（略押・血判）

春日野村
衛　　門（略押・血判）
同村
田　　中（略押・血判）

木内三太夫《盛貞》殿様
服部与左衛門尉殿様

中村家はもともと河野村河野の旧家で、江戸末期から明治にかけて有名な回船問屋であったという。起請文の内容は、同地区にある舟寄山の入会をめぐって対立がおき、慶長十四年（一六〇九）に近村の白崎村・妙法寺村・春日野村の農民代表六人が証言し血判署名して記されたものである。絵像本尊を持ち出してその裏に起請文を書くという行為の中に、このころの門徒が本尊に対してどのような意識を抱いていたか知ることができ、絵像本尊も決して「家」の「先祖」を祀るという性格でなかったことを示しているといえよう。

ところで、こうした近世初期の本尊に対する信仰のあり方とその祭祀形態も、工芸的な仏壇が成立し普及した元禄期以降にはしだいに変化していった。『門徒本尊控帳』の中に「持仏堂」という表現が三例あったが、一如代になってからのものであり、これはまた、

六九　盆供は、十三日夕くれより、家々門々を掃除し、（中略）念入候人は、先祖の紙牌をも立て候。多くは持仏壇にて仕候。

（「備後国福山領風俗問状答」[20]）

六九　盆供魂祭

棚経は其菩提寺の役目にて、旦越のうち異法のものもあらむかと、家々の持仏堂を改る心なりとぞ。

（「北越月令」[21]）

地色十五日なき玉祭る持仏堂。北の方はたゞ一人香をたき水たむけ。さゝぐる花は蓮葉の露の数々なき人の。頓証菩提と回向の折から。判官立ち出で同じく香花奉りフシしばらく念誦ことをはり。地色なう小侍従あれ色見給へ。詞本尊は三世常住の仏并。ことに今日は盂蘭盆にて親祖父の聖霊。満仲公のなき玉も此持仏堂に来たらせ給ふ。（『近松浄瑠璃集』「嫗山姥」）(22)

と盆の魂祭りにみえる「持仏堂」と同じ先祖祭祀的な性格を持ってきていると思われる。真宗は位牌を否定しており、事実、安芸門徒をはじめ門徒地帯のところには位牌を仏壇に祀らないところがあるが、すべての門徒が位牌を祀らなかったというわけではなく(23)、尾張など東海地方は仏壇に祀っている家がほとんどである。真宗仏壇は、近世を通じて今日にいたるまで一面において「家」に固定されない性格をもっているが、また一面においてしだいに「家の先祖を祀る」性格を持つようになったのである。近世社会においては、門徒も「家」観念を持つようになり、『門徒本尊控帳』成立のころがちょうど「家分立」の時期であった。

五　オソーブツと仏壇

門徒の葬送儀礼で、寺院からオソーブツさんと呼ばれる絵像本尊を借りてきて喪家の床の間などに掛けて葬儀の本尊にする、喪家には仏壇があるにもかかわらず仏壇の本尊が葬儀の時の本尊として機能しないのは何故か。これまでの考察を踏まえて、オソーブツと真宗仏壇との関係について述べてみよう。

オソーブツの特徴は阿弥陀如来などの絵像本尊で、葬儀における臨終仏・引導仏的性格を持っており、寺院と門徒家の間を巡行するものであった。オソーブツには、かつての道場本尊であったものがあり、道場が寺院化した段階で木仏本尊が祀られるようになると本尊としての役目をもたなくなって、葬儀などに臨時的に借り出されるようになったのであろう。もともと絵像本尊は、門徒の家ごとに仏壇が成立する以前の「惣仏」であったのであり、道場時代の本尊もあるいは道場から門徒へ巡行することがあったかも知れない。滋賀県神崎郡能登川町伊庭の正厳寺（仏光寺派）では、門徒の葬儀になると光明本尊や阿弥陀如来の絵像を貸し出している。光明本尊はイットウボトケ（一斗仏）、阿弥陀如来の絵像はゴショウボトケ（五升仏）と呼ばれていて、喪家では死者がでた翌日に親戚などが寺へ行って風呂敷に軸を包んで首から下げ「ホトケさんのお迎え」をする。寺院から言えば、ホトケサンがオデマシニナルという。喪家に迎えられたホトケは床の間に掛けられ、前に三具足や菊灯で荘厳され、お棺はその前方に安置されたのであった。ホトケさんは初七日まで葬儀のあった家に安置されているので、住職は毎日お勤めに行くのだという。光明本尊や阿弥陀如来の絵像はともに室町期のもので、正厳寺の木仏本尊以前の本尊であったと思われる。三十三年忌や五十年忌などにも「ホトケさんのお迎え」がされるといい、こうした門徒の習俗を参考にすると、道場本尊が堂内に安置され礼拝されていたというだけでなかったことを推定せしめるのである。(24)一定の地域を巡行する「講仏」というものも同様な意味をもっていて、「惣仏」としてとらえることができよう。近世初期に門徒家で祭祀された本尊も個人や家に固定されない性格を有していて、所有者が移動するものであった。しかし、とくに元禄期以降になると工芸的な仏壇が「家」に安置され、家の先祖を祀る祭壇としての意味を強くもつようになったのであった。そして、仏壇や安置されている本尊は恒常的に先祖を祀る家の象徴ともなり、お講やオトリコシ（お取り越し）などには同行が集まって読経するハレの場・祭壇になったのである。そうなると、常・ハレ的な仏壇やその本尊は、葬儀というような非常・ケガレの時には本尊たり得なかったのではないか。門徒の事例ではないが、死霊と仏壇との関係について次のような報告がある。

死人の霊はシアゲまでは部屋の中に机などで臨時の壇を設けその上にまつり、仏壇の仏様は戸をしめて、祀らない。シアゲのお寺参をしてゐる間に仏壇になおし仏様の仲間入りをさせてもらふ。それまでトウシミ一筋を夜昼たえずに灯し続ける。その灯が消えると道中してゐる亡者の路が暗闇になって分らなくなり、二筋点すと路が二つに分れて迷ふという。(25)

オソーブツが引導仏としての役目を持ち、葬送儀礼における本尊として仏壇と併存しながら伝承されてきたのは、門徒であってもこうした仏壇や本尊に対する日本人の民俗心意が潜んでいたからであろう。そして、歴史的に溯源すれば、絵像本尊が仏壇成立以前においては共同祭祀による信仰に関わる本尊であったからであり、道場が発展して寺院化し、一方では収縮して「家」単位による本尊祭祀が行われるようになった、という歴史的過程の中で生み出されたものであった。

注

(1)『旅と伝説』誕生と葬礼号、一〇六～一一〇頁、滋賀県高島郡西庄村の事例。
(2) 平山敏治郎「神棚と仏壇」(『史林』三二巻二号、昭和二十三年)。竹田聴洲「仏壇の成立する民俗学的論理—常民の家と祖霊と仏教との関係—」(『禅学研究』第四四号、昭和二十八年)。最近の研究では、喜多村理子「盆に迎える霊についての再検討—先祖を祭る場所を通して—」(『日本民俗学』一五七・一五八、昭和六十年)などがある。
(3) 竹田聴洲「持仏堂の発展と収縮」(『日本文化史論叢』昭和五十一年)。同氏著『民俗仏教と祖先信仰』東京大学出版会、昭和四十六年。
(4) 三浦秀有「仏壇と位牌」(『講座日本の民俗宗教』二、弘文堂、昭和五十五年)。
(5) 大河直躬『住まいの人類学』第二章「仏壇のなりたち」平凡社、昭和六十一年、六一頁。
(6) 森孝男「仏壇と盆棚の間」(近藤直也編『座　それぞれの民俗学的視点』人文書院、平成三年)。
(7) 新編『一宮市史』資料編六に翻刻掲載されている。同朋学園仏教文化研究所も昭和五十四年に調査を行い、その資料を併せて使用した。袋綴一冊、二六・七×二〇・〇チセン《センチ》、全五五丁。なお、表紙に「御本尊之帳」とあるが、『一宮市史』において「正福寺門徒本尊控帳」と文書名が付けられているので、本文中では『門徒本尊控帳』と称することにした。また、この資料についてはすでに青木馨氏が「御文調査より見た近世本願寺教団の特質」(『真宗教学研究』一四、平成二年）で一部分析している。

（8）真宗大谷派『名古屋別院史』本文編二五八・二五九頁、および資料編を参照のこと。

（9）№は史料掲載順に私に付したものである。

（10）山本元『裱具の栞』芸艸堂、昭和四十九年、七六頁。

（11）『本願寺史』第一巻、四六三頁。

（12）同右。

（13）『一宮市史』資料編六には一部翻刻掲載されている。同朋学園仏教文化研究所調査資料を使用した。

（14）内田秀雄「三河における仏壇工芸―風土地理学的考察―」（『奈良大学紀要』第六号）、同氏著『日本の宗教的風土と国土観』第三章「彦根仏壇に就いて」第四章「名古屋における仏壇工芸」大明堂、昭和四十六年。

（15）大河直躬前掲書、七四頁。

（16）千葉乗隆『真宗教団の組織と制度』第三章第二節「道場・寺院の造建」同朋舎出版、昭和五十三年。

（17）森岡清美『真宗教団における家の構造』「一『辻元』考」御茶の水書房、昭和五十三年。

（18）『紫雲殿由縁記』（『真宗大系』七〇、三七一頁）。

（19）『福井県史』資料編六、中・近世四所収。

（20）『日本庶民生活史料集成』九、六八九頁。

（21）同右書、五八二頁。

（22）岩波古典文学体系『近松浄瑠璃集』二〇五頁。

（23）拙稿「真宗の民俗性と反民俗性―位牌と御影にみる祖先崇拝観―」本書第一章第一節。

（24）平成三年、筆者調査。

（25）『旅と伝説』誕生と葬礼号、八五八頁、京都府舞鶴地方。

第二章　門徒の村と民俗

第一節　能郷の民俗と真宗門徒

——岐阜県本巣郡根尾村——

一　能郷の概況

能郷地区は福井県との境に聳える能郷白山（一六一七メートル）の東南方にあって、能郷谷と根尾西谷の合流地点に集落を形成している。戸数は昭和五十九年（一九八四）十一月現在で四四戸であるが、明治十四年（一八八一）の『町村略志』によれば明治十二年に四三戸とある。その後、昭和四十年に五五戸となっているが、現在にいたるまで大きな戸数変動はない。同地区は、江戸時代には美濃国大野郡に属し旗本徳山氏の知行地であって、明治二十二年に西根尾村となった。生業は、近世には紙すき・養蚕・段木が主産業であった。耕地等の面積は、同じく『町村略志』によれば水田が一〇町五反五畝八歩、畑が一三町三畝一八歩で畑地が多くなっているが、これは山畑で山小屋に泊り込んだりして耕作されたという。主食は黍・粟・稗で、大麦・小麦・大豆・麻・楮・タバコなども作られた[1]。現在は河川敷に水田が作られている。

村落組織をみてみると、大きく上原・西村・下（クダリ）の三つに分かれ、クダリはさらに椿洞（ツバキボラ）・

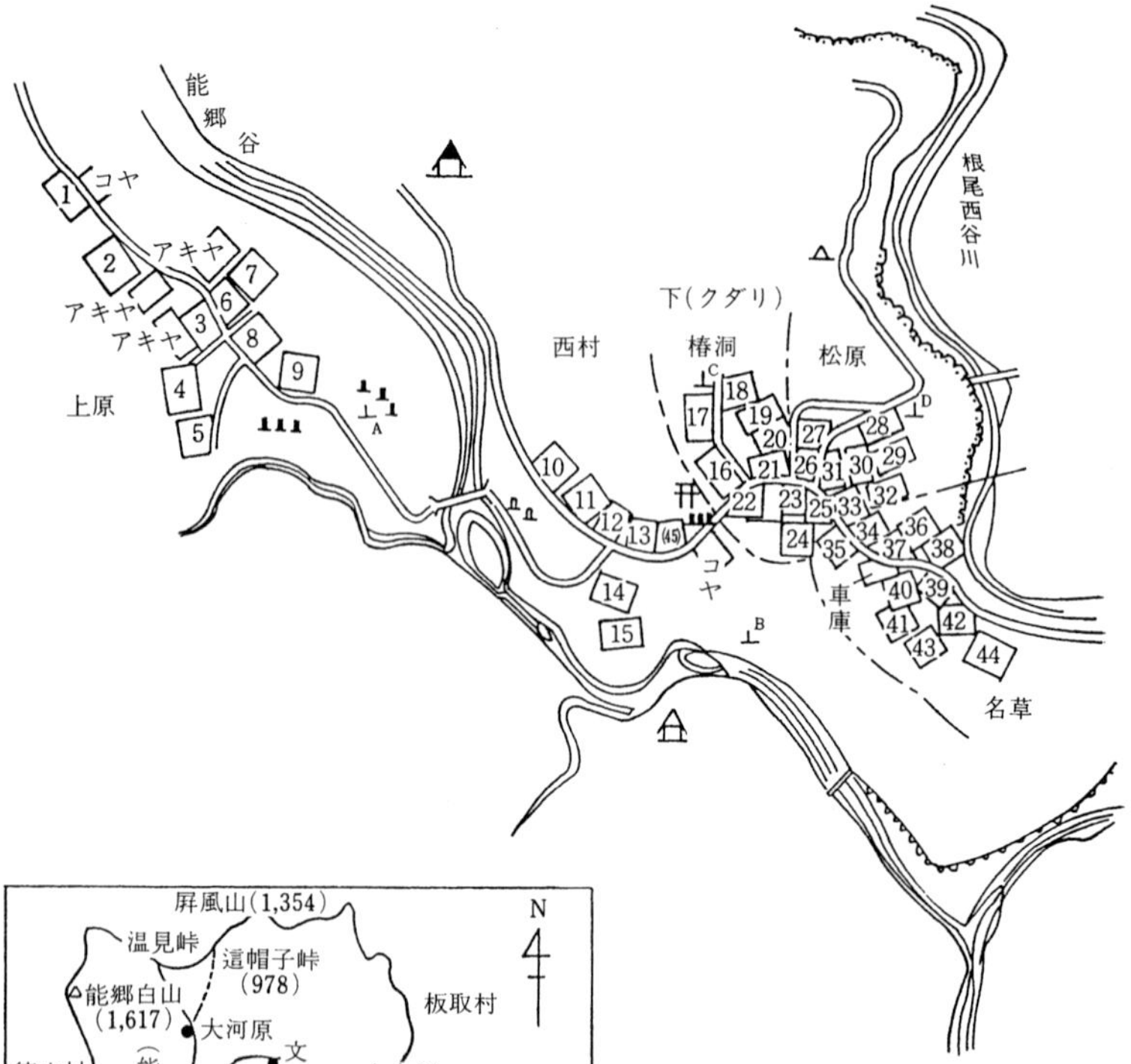

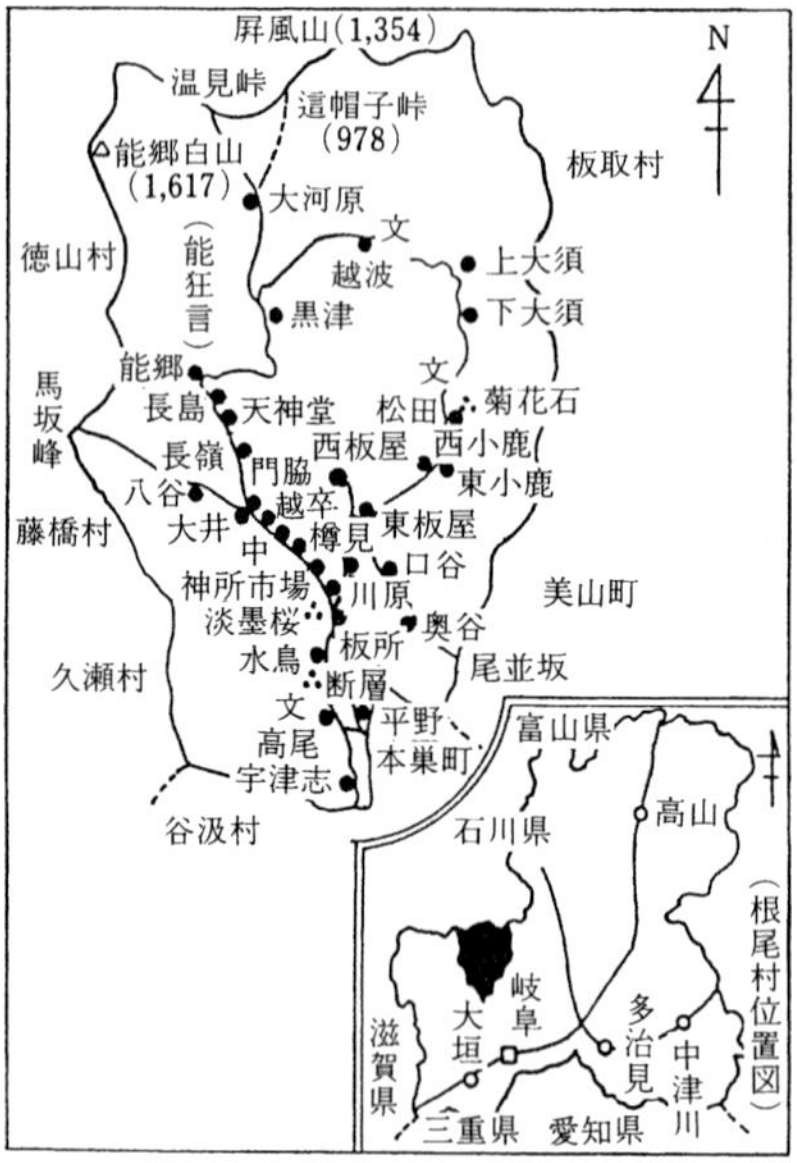

⛩	白山神社
28	道　場
⊥A	上原旧墓地(サンバラ)
⊥B	サンマイ(共同埋め墓)
⊥C	ラントバ(禅宗詣り墓)
⊥D	トリハカ(門徒詣り墓)
▮	宝篋印塔
▲	サラ稚児の森(地蔵堂)
△	ひぜんの森小祠
△	馬頭観音堂
∩	石仏地蔵

図67　能郷略図

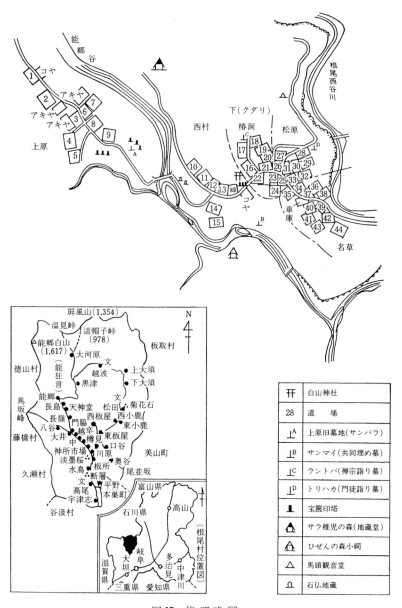

表5　能郷家屋一覧

家番号	世帯主名	屋号	能方・狂言方	檀那(手次)寺	宗派	本・分家関係	墓制	備考
1	羽田実清男			永寿寺	真宗大谷派		単墓制	
2	羽田政明			〃	〃		〃	
3	中洞唯道			円勝寺	真宗本願寺派		〃	
4	住井博道			〃	〃		〃	
5	中洞信夫			〃	〃		〃	
6	葉名尻義一			西福寺	真宗誠照寺派		〃	西福寺の道場・鼓役であったという
7	葉名尻庄一		狂言方	〃	〃		〃	紋吉氏が狂言の師匠方であった
8	住井寛			円勝寺	真宗本願寺派		〃	
9	葉名尻喜三	キドグチ	狂言方	〃	〃		〃	円勝寺の道場
10	羽田秀子			永寿寺	真宗大谷派		〃	
11	羽田新作		狂言方	〃	〃	⑫のアラヤ	〃	
12	羽田義正		能方	〃	〃		〃	
13	羽田義盛	サカモト	能方	増徳寺	曹洞宗		両墓制	長太夫
14	羽田藤夫			〃	〃		〃	
15	羽田一郎		能方	〃	〃		〃	
16	浅野武夫	ニシラ	能方	〃	〃		〃	
17	羽田利之		能方	〃	〃	㊺のアラヤ	〃	
18	志摩英一		能方	専念寺	真宗誠照寺派		単墓制	
19	江尻安蔵	ヒガシ	狂言方	永寿寺	真宗大谷派		〃	
20	松葉隆義			〃	〃		〃	
21	江尻忠則			〃	〃		〃	
22	羽田信行			〃	〃		〃	
23	浅野武治		能方	増徳寺	曹洞宗	⑯のアラヤ	両墓制	
24	加藤わか	マセグチ		永寿寺	真宗大谷派		単墓制	
25	松葉たかの	ハネタ	狂言方	専念寺	真宗誠照寺派	⑳のアラヤ	〃	専念寺の家道場
26	住井琴明			円勝寺	真宗本願寺派		〃	
27	松葉八郎		狂言方	永寿寺	真宗大谷派		〃	
28	日下部はすゑ			〃	〃		〃	道場
29	松葉初男			〃	〃		〃	
30	溝尻のしえ			増徳寺	曹洞宗	アラヤ	両墓制	
31	葉名尻尚			永寿寺	真宗大谷派	⑥のアラヤ	単墓制	小鼓役という
32	溝尻卓三			増徳寺	曹洞宗	アラヤ	両墓制	
33	江尻鉄雄			永寿寺	真宗大谷派	⑲のアラヤ	単墓制	

34	溝尻清治	ミナミ	能方	増徳寺	曹洞宗		両墓制	孫太夫
35	松葉一義			専念寺	真宗誠照寺派		単墓制	
36	志摩清数			〃	〃		〃	
37	須渕さかえ			永寿寺	真宗大谷派		〃	
38	須渕義弘			〃	〃		〃	
39	松葉繁松		狂言方	〃	〃		〃	
40	溝尻政利			増徳寺	曹洞宗	㉞のアラヤ	両墓制	
41	木村浩一			専念寺	真宗誠照寺派		単墓制	
42	須渕政一			永寿寺	真宗大谷派		〃	
43	加藤仁右ェ門			〃	〃		〃	
44	住井博明			円勝寺	真宗本願寺派		〃	
㊺	羽田茂和	ニシ	能方	増徳寺	曹洞宗		両墓制	甚太夫・現在他出

松原・名草の三組になっている（図67参照）。これは戦時中の隣保組織によるものであるが、名称は昔からのものであった。ここで気付くことは、「上」「西」「下」のように地名が白山神社を中心にしていることである。このことは屋号（表5）にも、「サカモト」「ニシラ」（ニシウラ）「ヒガシ」「ミナミ」「ニシ」とあることからわかる。同じ屋号の中で、神社を中心とした方位と関係ないものもあるが、これは昔上原に殿様屋敷があって、木戸のあったところが「キドグチ」、殿様の馬をかっていた馬屋の入口が「マセグチ」などといわれている。

寺檀関係は、永寿寺（真宗大谷派・大垣市多芸島）門徒二〇戸・増徳寺（曹洞宗・揖斐郡徳山村）檀家一一戸・円勝寺（真宗本願寺派・本巣町金原）門徒七戸・専念寺（真宗誠照寺派・根尾村東板屋）門徒五戸・西福寺（真宗誠照寺派・福井県鯖江市本町）門徒二戸となっている。真宗内の三派を合わせると、真宗門徒三四戸・禅宗檀家一一戸[2]となっていた。いずれも能郷以外の寺院と寺檀関係を結んでいて、村内には寺院はない。しかし、日下部はする宅（家番号㉘）が永寿寺所管の道場、葉名尻喜三宅（⑨）が円勝寺の家道場、松葉たかの宅（㉕）が専念寺の家道場、葉名尻義一宅（⑥）が西福寺の家道場となっている。このうち、日下部宅の道場はムラ全体の能郷道場としての性格を持っていた。これに対し他の家道場は、特別な宗教施設はないが毎年の誠照寺派本山からの夏回り、また手次寺院巡回の際の「宿」としての性格を持っている。道場については後に詳しく述べてみたい。

二　白山神社と真宗

さて、いよいよ能郷における真宗と民俗の関係について具体的にみてみよう。真宗は在来信仰に対して否定的であり、神祇不拝の思想も強いといわれるが、能郷の真宗門徒はどのように対応していたか。このことを村の中心である白山神社の祭祀組織を通して探ってみたいが、その前に、能郷白山神社と能・狂言について触れておかねばならない。

1　白山神社と能・狂言

白山神社は、毎年四月十三日（もとは三月十二日）拝殿前で演ぜられる古風な能・狂言で有名である。昭和五十一年（一九七六）には、国重要無形民俗文化財に指定された。いま、昭和五十九年度の演目をみてみると、①露払・翁・三番叟②百姓狂言（加賀越前）③難波④二人大名⑤屋島⑥恵比寿・毘沙門⑦羅生門である。猿楽殿ともよばれた舞台は、当日の朝つくられる。正面の柱には御幣が付けられていて、囃方の後ろには「文化四歳丁卯三月吉日」と書かれた幕が引かれ、さらにその背後が楽屋になっていた。昭和四十三

図68　能郷の能狂言　翁

年に再建されたものという。向って左から謡二名・鼓二名・笛一名が坐る。

祭礼は午後一時ごろから始まるが、①露払・翁・三番叟までは地霊を呼びさます意味のもので、これ以後から能・狂言が始まるのだという。また、⑦羅生門は必ず最後の演目で、悪魔払の意味があるとされていた。翁には祈禱舞がある。最初に天下泰平・五穀成就の御祈禱舞、続いて近世における領主であり外護者であった徳山城主徳山五兵衛ドンへの御祈禱舞、当地の能・狂言再発見者である猪熊氏への御祈禱舞、そして一般祝儀者への御祈禱舞が奉納される。能は、全体として極端に動きが少ない。時折、体を左右に振って激しく床を打つ足踏が印象的であった。謡の台本は、大正二年までは口伝で伝承されてきたが、現在は観世のものを使用している。

ところで、いつごろから、どうしてこのような能・狂言がこの能郷白山神社に定着し、今日まで伝承されて来たのであろうか。この問題は能郷と白山神社の歴史でもあり、また、これから先考えようとする真宗門徒と民俗に関わる重要な点である。

白山神社について『美濃明細記』には、

熊野白山権現　大野郡能郷村　伊弉冊尊。
養老元年鎮座、泰朝大師祭レ之、本社ハ越前境能郷山峯有ニ御旅社一、有ニ能郷邑除地ハ御旅社一地也、本社与ニ御旅社ニ道程八里許也、三月十二日於ニ御旅社祭ニ能あり、神輿三、岐礼、高品、徳山迄之惣社也、祭用ヲ勤ル也、能郷或作ニ納郷一、社領御除地六石二斗七升五合。

とある。『新撰美濃志』も同様の内容を記して、「謡曲の能はむかしよりの伝来ありて、農人其わざをよくす、村の名もそれによれりとぞ。こゝより遠からぬ越前の丹生郡田中村にもむかしより幸若の音曲を伝へたる如く、かゝる奥山の里にいにしへぶりの伎芸ののこりたるはいとめでたき事なりかし」と付け加えている。(3) このように、能郷白山は養老元年僧泰澄法師の開創伝承をもち、御旅所の白山神社は岐礼・高科（高品）・徳山などの惣社として、近世を通じて例祭には社前に三地の御輿が集まり、祭礼能が催されたのであった。泰澄との関係は不明であるが、現在、神社には紺紙金泥金光明最勝王経一巻、同法華経二〜八巻、聖観音坐像（木造採色・像高五五糎）、十一面観音坐像（木造採色・像高六〇糎）、建武二年（一三三五）墨書銘の懸仏など平安・鎌倉期まで遡ることのできる遺物を有している。また、文明十二年（一四八〇）三月十二日銘の梵鐘には「右美濃国大野郡木礼庄長岡郷納郷賀宝推鐘」、明応五年（一四九六）九月吉日右近兵衛奉納の鰐口には「奉鋳鰐口　大野郡納郷権現□」、元和九年（一六二三）三月十二日銘鰐口には「白山妙理大権現」「濃州大野郡納郷」とあって、納郷（能郷）の地名とともに能郷白山（権現山とも呼ばれる）が白山信仰下にあったことが確認できる。(4)

一方、白山神社の禰宜を代々世襲した溝尻清治家（家番号㉞）には、中世から近世末にかけての古文書が多数伝来されている。「白山社僧山の帳」（明応九年・一五九八）、「間狂言間語」（慶長三年・一五九八）、「白山領御縄打水帳」（慶長十四年）、「白山社僧山の帳」（明暦二年・一六五六）、「諸事御祓」（元文六年・一七四一）、「神祇敬式全」（寛延四年・一七五一）、「御たけ白山御宮之事」（明和二年・一七六五）、「白山社修覆奉加牒」（寛政五年・一七九三）、「神輿奉加帳」（寛政十一年）、「神事節居席改帳」（天保十三年・一八四二）、「祈雨祝詞」（嘉永六年・一八五三）などがあった。また版木とともに「白山滝宝印」の牛王紙、「白山皇正一位花長神社」と書かれた短冊、「美濃国大野郡能郷溝尻系　盛利扣」も存在している。

このように、白山神社と能・狂言に関する歴史的資料は比較的恵まれているといえよう。そこで、これまでの研究成果の中で、沼賢亮氏は次のように推定している。(5)明応九年の「白山社僧山の帳」に「千年〻白山神僧やまにあいきはり申処神正也」とあって、社僧・神僧・供僧などとみえる宗教者は山伏であり、加賀・越前における白山勢力が大きく後退した文明年間以降、明応年間ごろにそれまで白山神に奉仕していた加賀馬場の宗教者がこの納郷に定着して能・狂言を伝えたのではないか、としている。溝尻家文書の中に各種祓の「月祓日祓」、また神降しや観音秘鍵の内容をもつ「諸事御祓」などが残っているのは、能郷白山神社に奉仕した宗教者の前身が修験道を奉ずる山伏であったことを物語り、近世にはその出自を忘れて神道化したという。

2　祭祀組織と宗派の関係

これまで、能郷白山神社と能・狂言についての関係資料を概略みてきた。能郷は、少なくとも近世以前に成立した村落であり、中世、白山信仰を奉じた修験山伏の定着が推定できた。ところが、現在の能郷は宗派的には禅宗一一戸・真宗三四戸となっている。神社祭礼に演ぜられる能・狂言という民俗芸能が十五世紀以来のものとすれば、それはどのようにして今日まで伝承されてきたのであろうか。真宗門徒も、この芸能と白山神社奉仕に参加してきたのであろうか。

白山神社の祭礼は、一〇年ほど前から能郷地区全体の祭礼となり保存会も結成されたが、それまでは能方十軒・狂言方六軒といわれて、シテの家・ワキの家・狂言の家・笛の家などと世襲的に代々伝えられてきたという。能株・狂言株ともいわれた。先代保存会会長であった故松葉庄五郎氏は、能方の羽田家（⑮）に生まれて狂言方の松葉家（㉗）へ養子したため、能と狂言に通じた人であった。反対に、狂言方の家から能方の家へ養子すれば能を演じることになり、まったく関係ない他家から能方・狂言方の家に入ればその家の役をしなければならない。また、能方には白山神社の三社人であった溝尻孫太夫（㉞）・羽田長太夫（⑬）・羽田甚太夫（㊺）の子孫の家があって、昭和十年ごろまで孫太夫は難波・長太夫は翁・甚太夫は高砂と役が決っていた。

ところで、能方十軒・狂言方六軒についてであるが、現在どの家が世襲的に能・狂言を伝承してきた家なのか聞き取り調査をしても判然とわからない。沼氏は羽田八軒・葉名尻・松葉・浅野各二軒・志摩・溝尻各一軒ずつ計一六軒とされている。(6)『本巣郡志』（昭和十二年）には演舞者として、

一、能にては

　羽田常太郎・溝尻保・溝尻勘一・羽田金作・加藤崎太郎

　太鼓　浅野八衛門

　小鼓　葉名尻与八

　笛　羽田金作

二、狂言にては

　羽田新助・松葉庄五郎・松葉一太郎・葉名尻逸太郎・葉名尻紋吉・羽田勘助

とあって、一三名の伝承者を記していた。溝尻家文書で、天保十三年に徳山御陣屋へ差出した「神事之節居席改帳」[7]には、

　　三月十二日夜能之次第

一神翁慙三番双　翁シテ　新平
　千歳　孫太夫
　三番双　庄三郎

一はん能高砂　シテ　新平　フエ　万作
　ワキ　弥藤次　ツレ　弐人有
　シテノツレ尾左三郎　ツゞミ　大庄三郎
　　　　　　　　　　　　　　小吉左ヱ門

二はん能八嶋　シテ　孫太夫　フエ　同断
　ツレ　尾左
　ワキ　弥藤次　ツゞミ　同断

表6　能郷・能方・狂言方の姓別・宗派別

姓	数	檀那寺	数	能　方	狂言方
溝　尻	4	増徳寺	4	㉞	
羽　田	11	増徳寺	5	⑬⑮⑰㊺	
		永寿寺	6	⑫	⑪
浅　野	2	増徳寺	2	⑯㉓	
松　葉	6	永寿寺	4		㉗㊴
		専念寺	2		㉕
葉名尻	4	西福寺	2		⑦
		永寿寺	1		
		円勝寺	1		⑨
志　摩	2	専念寺	2	⑱	
江　尻	3	永寿寺	3		⑲
住　井	4	円勝寺	4		
中　洞	2	円勝寺	2		
須　渕	3	永寿寺	3		
加　藤	2	永寿寺	2		
木　村	1	専念寺	1		
日下部	1	永寿寺	1		

三はん能　シテ　万作　フエ　新平
ワキ　新左ヱ門　ツヾミ　同断
百万　子
四はん能　シテ　与平　フエ　同断
ツレ　弥藤次
放加僧　ワキ　三郎右ヱ門　ツヽミ　同断
五はん能　シテ　平三郎　フエ　同断
渡辺　ワキ　尾左　ツヾミ　同断

とあって、一一名がシテ役・ワキ役・笛役・鼓役を交代しながら演じている。果たして、能方十軒・狂言方六軒といわれるように固定化し、役までも世襲化して伝承されてきたのであろうか。そこで改めて、現在の伝承の中で能方・狂言方の家であったとするものを姓別・宗派別に分けて整理してみると、表6のようになった。能方は、溝尻一・羽田五・浅野二・志摩一であるが、志摩家は新しく能方に加わったともいわれている。したがって、昔からの能方は溝尻・羽田・浅野姓の家で、羽田義正家（⑫）以外は増徳寺檀家の禅宗であった。狂言方をみると、羽田一・松葉三・葉名尻二・江尻一ですべて真宗門徒であった。白山神社の三社人であった孫太夫・長太夫・甚太夫といわれる三太夫の家は、いずれも能方にして禅宗となっている。こうしてみると、明応年間に白山神を奉じて定着したとみられる修験山伏の確定できる家筋は、溝尻・羽田・浅野姓の家であって、近世になると増徳寺の禅宗になったと考えられよう。溝尻孫太夫の子孫である溝尻清治家は溝尻姓の本家であるが、分家を輩出すると分家（㉜㊵）も増徳寺檀家となった。羽田姓は一一軒ともっとも多く、増徳寺檀家と永寿寺門徒、また能方と狂言方に分かれている。これは、長太夫・甚太夫が共に羽田姓であって、両本家が村内に分家をはやくから輩出し、分家が祭礼にも積極的に参加しようとしたためと思われる。浅野姓二軒は、本家・分家の関係で増徳寺檀家である。

表6から気づくことは、ほぼ能方―禅宗檀家・狂言方―真宗門徒という結びつきになっていることである。これは、どのような理由によるものであろうか。禅宗と真宗の伝播の時期とあわせて考えねばならないが、いずれにしても、能郷白山神社の祭祀組織に能方の家と狂言方の家という二つの集団が判然と分かれて存在することが認められる。それはまた、次にみるように禅宗檀家と真宗門徒という二つの信仰社会集団として、この能郷における民俗相の上にも表われてくる。なお、真宗門徒の神社への対応の仕方ということでは、まったく否定的な態度はとらず、能方に対して狂言方の立場で祭礼に参加してきたのであった。

三　能郷の民俗と門徒

1　年中行事

能郷の年中行事について、禅宗檀家と真宗門徒の家で違いがあるか、ということに留意しつつ調査したものが表7である。昭和三十年代まで旧暦で行なわれていた。その後、しだいに新暦へと変わったが、中には最近まで依然として旧暦で行なわれていたものもある。行事一覧表をみてみると、年間を通じての行事内容は一般的な村の場合とさして変わっていないといえよう。しかし、共通行事の中には脱落もしくは希薄化したものもあり、禅宗檀家と真宗門徒の対比という観点からみれば、盆前に禅宗檀家のみ行なって、門徒の家ではしないとされる行事のあることが着目される。また、盆以後は講行事を中心としてその違いが表われてくる。以下、補足説明をしながら述べてみよう。

正月行事は、初水汲みから年頭・仕事始め・七日正月・小正月と行なわれているが、積雪もかなりあってそれほど盛大ではない。門松は、禅宗檀家、真宗門徒共に立てない。一月十五日に、梅・柿・梨などの成物の木に餅を入れた小豆粥を炊いて供えることを禅宗の家ではするが、門徒の家ではしないという。これは小正月における予祝儀礼の成木責めであるが、「成るか成らぬか、成らねばきるぞ」といって、果樹に鉈などで少し傷をつけるというような演技的行為は知らないという。同様に、門徒の家ではしないが禅宗の家では行なわれるものに、二月に鰯の頭を焼いて竹串にさし廂にさす節分、四月に藤花・卯花を山から採ってきて廂にさしたり仏壇に供える卯月八日の行事がある。真宗門徒の予祝儀礼・魔除けといった呪術的信仰に対する否定的一面がここに表われているといえよう。では、真宗門徒は呪術的な行事をすべて否定しているか、というとそうでもない。例えば、二

表7　能郷・年中行事一覧

月日	行事名	共通行事内容	禅宗檀家行事内容	真宗門徒行事内容
一・一	初水	一升枡に米をひとつかみ入れ、井戸に散いてから水を汲み、この初水でお茶をたいて仏壇に供える	初水汲み後、御酒・油・飾餅を持って神社へ参りにいった	
	年頭	朝はどこの家でも戸をいっぱいに開け放った。福の神が馬に乗って来て、朝はやく起きたところにくる、といわれた お餅を持って親戚を廻ったりする。嫁は餅を持って在所へ行く		
一・二	仕事はじめ	藁をなったりして草履などもつくった。なった縄は、俵にしばるとよいとされた		
一・七	七日正月	七草粥をする。唱え言は聞いたことがない		
一・十五	十五日正月	雑煮を炊いて食べた	成物（梅・柿・梨）の木に、餅を入れた小豆粥を炊いて供えた	
一・十六	神明講	神社の大杉に注連縄を張り、これに竹を切った筒に御神酒を入れたものをつるし、その前で若衆出入の儀式をした		
一・二十	二十日正月	棚ざらえ、お餅をかたずける		
二・三	節分		鰯の頭を焼いて竹串にさし、廂にさしておいた。そして鬼が来ないようにといって、豆をまいた	
二・九	山の講（ヤマノコ）	五日御飯・鰯・ハンゼの木で箸をつくり、御酒もあげて家の戸棚の上などに祀る。山の神は夫婦といって二膳つくる		
二・	繭玉	初午の日にする		
三・三	節供	菱形のよもぎ餅と白餅いをつくり、仏壇に供えたり、嫁の在所へもたせた		
三・	彼岸	丸い団子をつくって、仏壇に供える		道場で彼岸勤めがある
四・八	お釈迦祭		藤の花・卯の花を山からとってきて、仏壇に供えたり、廂にさしておいた。甘茶をつくって供える	
四・十三	白山神社祭礼			

四・	普請	秋にカヤを刈っておき、冬期に普請縄をなっておいて行う		
五・五	端午の節供	チマキをつくり仏壇に供えた。嫁の在所にもたせた		
五・	疱瘡送り	桟俵に青紙・赤紙を張って、笹の葉をさしてお神酒をかけ、これを村下の杉の木にしばっておいた		
五・	苗代準備	種まきは八十八夜ごろにした		
六・	田植	一日一軒ずつ、準備のできたものから二〇人ほどのユイでした 田植後は農休みで餅をついたりした		
八・七	七日盆（ナノカビ）		持廻りの宿で施餓鬼が行われる。縁側に施餓鬼棚がつくられ、一〇軒の先祖代々過去帳が読み上げられる	
八・	夏まわり（おみ《ゆう》どうし）			越前鯖江誠照寺派本山の使僧が、松葉たかの宅へ来る。二日二晩、勤行と神社で手踊りが行われる
八・十四	お盆		オショライさまの膳を六つ、十四日晩・十五日朝・十六日昼と三回供える。十六日夜は、三食分を川に流す	道場で勤行
八・十六・十七	お盆	お宮に各自酒のサカナを持ちより、酒を飲みながら、昼夜の区別なく手踊りをした		
八・十八	オタケ参り	能郷白山へ村中の男衆が登る。権現参りともいう		
九・十	芋名月	畑で一番大きな里芋をとり、萩・ススキとともにお月さまに供える		道場の永代経
九・	彼岸	春の彼岸と同じ		
十・	稲刈り			
十二・二十八	お仏事		二〇日前後に坊さまが来て、先祖供養としておまいりする。法事もする	二十七日夜から道場にお籠りをし、小豆粥を食べた。二十八日法要
十二・八	八日ぶき	大根・お餅を入れた団子汁をつくり、仏様に供える		
十二・	お取り越し			道場で総お取り越しが行われ、次いで家々のお取り越しとなる 年忌法要があれば、一緒に行われる

十二・二十五〜三十	正月準備	餅つきを隣近所「モーヤ」でする。栃餅を多くつく 鏡餅は、井戸の水神さま・カマドの荒神さまにも供える	
十二・三十一	除夜	年越そばをつくって食べる	道場の喚鐘を一〇八打つ

月九日の山の講（ヤマノコ）、五月の疱瘡送りなどは行なっているし、盆の祖霊送りと考えられるオタケ参り（権現参り）には参加している。山の講は、山の神は夫婦だからといって五目御飯・鰯・ハンゼの木の箸・御酒などで二膳つくり、家ごとに戸棚の上などに祀る。山の神様は、秋の山の講で田に遊びに来て春の山の講で山に登るといわれているが、能郷では春の山の講はするが秋はしない。五〇年ほど前まで木地師がいたころは、この木地師が秋の山の講をしていて、小豆に餅を入れたものを食べたことがあると記憶している者があった。盆行事では、禅宗の家ではオショライ様の膳を六つつくる。箸は麻ガラを用い、これをとっておいて死花の芯にする。膳の献立は、八月十四日晩に、カボチャ・果物・芋・ナス・ウリ・コーライキビなどの青物を供える。十五日朝も同じ。昼はソーメンをゆでて上げる。晩になると三食分を川に流す。そして、十六・十七日には禅宗檀家・真宗門徒の区別なく神社境内で昼夜を通して手踊りが行なわれた。迎火・送火はしない。

　このように、家単位で行なわれる年中行事を中心にみてくると、真宗門徒の呪術的な民俗信仰の否定、あるいは祖霊信仰に否定的な一面が看取できよう。しかし、村全体に関わるような行事であれば、呪術的な行事を否定できずに参加同調していることが指摘できよう。続いて、講行事を中心にしていま少しみてみたい。

　禅宗檀家十軒は、かつて弘法さんの日、達磨さんの日、観音さんの日というようにして毎月のお講勤めをしていた。現在はしなくなっているが、八月の施餓鬼と十一月の収穫祭の意味を持つ先祖供養のお参りは残っている。八月七日の施餓鬼では、宿に各自五合ずつお米を持ち寄って団子をつくる。縁側には、三界万霊碑・禅宗十軒共同の過去帳・旗などを飾った施餓鬼棚が設けられる。坊さまは、はじめに家の仏壇の前で「般若心経」を読み、それから施餓鬼棚に向って、「大悲心陀羅尼」「甘露門」「修正義」「舎利礼文」と読経していく。修正義の時に参詣人全員が焼香する。最後に先祖の過去帳が全部読み上げられ、共同飲食となる。昔は五つ膳で、オヒラ（芋・大根・カボチャ・ナスの煮物）・オツボ（小豆をたく）・チョク（青菜を豆腐で白あえにする）・ツユ（ナスビの汁）・御飯であった。参詣人は、禅宗十軒とは限らず村中の者が参ったという。十一月のお講は、稲の取り入れを済ました後の二〇日前後に行なわれる。増徳寺から坊さまが来て、十軒の先祖供養として読経していく。この時、法事があれば昼とか晩にする。毎月のお講勤めが持たれていたころは、宿元でお汁粉とゴボウ・芋などを入れたケンチャン汁がつくられた。

こうした禅宗檀家の講に対して、真宗門徒の場合は一般的に宗祖・中興上人・先代法主などの命日に講が行なわれるが、能郷では明治年間に消滅してしまったようである。しかし、盆前後の夏まわり（お御堂衆）と秋の報恩講があった。夏まわりは、鯖江市誠照寺派本山の使僧が土用三郎に越前をたって這法師峠を越え、根尾村では大河原・黒津・越波・大須・松田・小鹿・板屋・奥谷・神所・越卒・大井・門脇・長嶺・天神堂・長島・能郷と巡回し、さらに馬坂峠を越えて徳山村を一巡するという廻檀である。能郷では松葉たかの宅が家道場として宿になり、二日二晩にわたって村中ばかりか天神堂・長嶺の者まで詣って盛況であった。そして、神社境内では手踊りが行なわれた。秋の報恩講では、四〇年前までは手次寺の区別なく村全体の門徒のお取り越しがあった。材量を持ち寄ってお汁粉などを道場でつくった。現在、各手次寺の都合によって十一月から十二月にかけて報恩講が行なわれ、やはり年忌法要があればいっしょに読経される。

能郷の年中行事全体をみてみると、このように盆を中心にして一月から八月までは家を単位とした行事の中に禅宗檀家と真宗門徒の違いがみられ、八月から十二月にかけては講行事の中に違いが認められよう。禅宗檀家と真宗門徒という二つの信仰集団が、共通の行事を行ないながらも、また一方でそれぞれ独自の行事を持っていて、能郷全体の年中行事が形成されていた。

2　葬送・墓制

年中行事と同じく、禅宗檀家と真宗門徒ということで、葬送儀礼と墓制について検討してみたい。最初に調査結果からいえば、葬送儀礼では変わりがないが、墓制では禅宗檀家が両墓制、真宗門徒が単墓制の形態をとっていた。

(1)　葬送儀礼

死者が出ると区長→班長（組長）→全員と知らされる。ソーシキブレは、親戚の濃い者で決め、区以外へは二人で出かけた。手伝いは親戚と組の隣人があたり、夜には区全員で、造花・旗・天蓋などの紙細工をする。紙細工が終わると、全員でお経を読んで通夜になる。村の中では、寂し見舞いなどを出す人はいない。読経後は、酒・茶菓子などの接待がある。納棺に際して、現在はアルコールで体をふく程度であるが、昔は髪毛を剃って骨の代わりにした。禅宗檀家では、棺の中に善光寺のお札・六文銭・修業して歩くようにということで珠数・杖・笠を入れ、手甲と白いハンバキをはかせる。昭和三十九年ころまでは竪棺であったが、いまは寝棺である。

葬式の始まる前、上原では太鼓、西村・下（クダリ）では道場の喚鐘を鳴らす。出棺は座敷から出すが、特別な作法はない。葬列については、たまたま根尾村市場地区のものを実見し、能郷の場合も大差ないということなのでその事例を記す。

①総案内………区長
②仏　旗………仏教会に入っている人
③導師案内……檀家総代

④僧　侶
⑤前　旗………六本・「清浄光仏」など十二光仏が書かれる
⑥造花大小……役職者各一〇名以上
⑦盛　物………野菜盛・果物盛・寒天盛・ソーメン盛・菓子盛・餅盛
⑧花　瓶………二名
⑨鶴・亀………二名
⑩鳳　凰………一名
⑪前灯籠………二名
⑫位　牌………跡取が持つ
⑬写　真
⑭天　蓋………家の姉婿
⑮棺　　………兄弟・孫が担ぐ、前の本肩・後の本肩という。後の者ほど血が濃い
⑯後灯籠………二名
⑰後　旗………六本・薄い親戚の人
⑱生　花………多数、一般参会者

野辺送りの道筋には、仏が迷わないようにと六道の蠟燭を辻々に立てる。埋葬地（サンマイ）に着くと棺台を三回まわり、読経後に親戚の者が棺をおろして土をかける。穴掘は、葬式当日の午前中に村中でした。

埋葬後、帰宅すると三日の法事といって坊さまにお経を上げてもらい、親戚と組の者が会食する。中陰期間中の七日七日は、親戚の者が夜集ってお参りをする。寺がない禅宗檀家は、寺でお経を上げてもらうように依頼す

図69　能郷の共同埋め墓（サンマイ）景観

る。忌明けは三五日、以後の年回供養では七年から一三年までは親戚をよんで法要を営むが、後はお経だけで済ますことが多い。こうした年回法要は、秋の家ごとのお取越の時に大無量寿経一巻が読踊される程度で、いたって簡素であった。

(2)　墓　制

能郷には、上原旧墓地（サンバラ）・共同埋め墓（サンマイ）・禅宗檀家の詣り墓（ラントバ）・門徒詣り墓（トリハカ）と四つの墓地があった（図67）。この中、トリハカとよばれる門徒の墓地は道場に隣接していて、昭和五十四年に新しく出現したものである。道場主の日下部はするゑ氏が、自分の形見として土地を購入し、門徒の者達へ「石碑を建てたかったら建ててくれ」といったところ、皆つくるようになったという。墓碑銘は、「南無阿弥陀仏」とあるものと、「先祖代々」「〇〇家之墓」と書かれているものが約半分ずつあった。真宗門徒は、それまでサンマイに土葬するだけであったので、単墓制から両墓制になったことになる。

禅宗檀家と真宗門徒の共同埋め墓は、能郷谷川沿いにある。墓上施設は、埋葬後に拾ってきた細長い川原石（イシナ）を

図70　能郷の門徒詣り墓

図71　能郷の共同埋め墓(サンマイ)①

図72　能郷の共同埋め墓（サンマイ）②

真中に立て、膳・位牌などがのる平な石が前に据えられていた。ボングイ（棒杭）とよばれる塔婆の立っているものもあるが、これは最近のことだという。埋葬場所は各戸割になっておらず、空いている所に埋める。馬なども畔に埋められた。川沿いにあるので、二〇年に一度は流失したという。昭和三十九年の集中豪雨にも埋葬直後の遺体が流されたが、村人は「きれいになっていい」「掘り返さなくてすむ」などといっていた。盆前の八月七日に掃除されるが、埋葬直後の七日七日や法事の後にも墓参はない。この共同埋め墓で注意されるのは、禅宗檀家の者はサンマイ、門徒の者はムショバと呼称していたことである。

禅宗檀家十軒の詣り墓であるラントバは、羽田利之宅の上にあって、かつて神宮寺の寺屋敷のあった所という。サンマイに埋葬すると、翌年の施餓鬼で新仏のお経を上げてもらい、それから遺髪をここに納骨する。

上原の墓地（サンバラ）は、現在使用されていない。薄

表8　能郷・詣り墓石塔建立年代

碑型／年代	地蔵碑	櫛型碑	自然石碑	角柱碑	計
明和(1764)～寛政(1800)	2	3			5
享和(1801)～文政(1829)	2	2	1		5
天保(1830)～慶応(1867)	2		1		3
明治			1	1	2
大正			1	1	2
昭和	1			4	5
無紀年碑		2	3	1	6
合計	7	7	7	7	28

図73　能郷の宝篋印塔

暗い樹木の中に、川原石が多数積み重ねられていたり、石仏や宝篋印塔が散在していた。

ここで、能郷における両墓制と四ヵ所の墓地変遷について触れておきたい。表8は、禅宗檀家詣り墓の石塔建立年代を調べたものであるが、天明八年（一七八八）を初現としている。以下、近世のものが一三基、明治以降が九基、無紀が六基で、合計二八基であった。こうしてみると、禅宗檀家が両墓制の形態をとるようになったのは近世も半ば過ぎということになる。それ以前に、詣り墓に代わるものがあったのであろうか。宝篋印塔（九基）は関西式で、キリーク・タラーク・ウーン・アクの金剛界四方仏種子を配する室町期のものである。上原旧墓地に三基散在していたところから、埋葬地の上に造立された墓塔ともいえるかもしれない。しかし、禅宗檀家の詣り墓とは時代が隔たりすぎている。この他、特別な小祠・森といった性格のものはない。四ヵ所の墓地は、上原旧墓地（サンバラ）が一番古く、戸数増加もあって近世になると共同埋め墓（サンマイ）が新たに設けられ、埋葬地が二ヵ所になった。そして天明八年以降、禅宗檀家が詣り墓として石塔を建てだしてラントバができ、さらに最近になって真宗門徒も詣り墓のトリハカを持つにいたったと考えられる。

以上、能郷の民俗と真宗門徒ということで年中行事・葬送儀礼・墓制とみてきた。白山神社の祭祀組織で、能方・狂言方と分かれていたように、村内には禅宗檀家と真宗門徒という二つの信仰社会集団があって、年中行事や墓制にも反映されていた。民間信仰について直接触れることができなかったが、屋敷神や伊勢講・津島講といったものは現在ない。ひぜん（皮癬）になった時に参ったという「ひぜんの森」、母乳のない人が参ると母乳が授るという「サラ稚児の森」などがあったが、忘れ去られようとしている。近世、白山神社は雨乞に効験があった。溝尻家文書の中に、雨請祈禱料に関するものが残されているが、現在の能郷には雨乞儀礼は何も残っていない。また、宮参りもないという。このようにみてくると、真宗信仰の能郷の民俗へ及ぼした影響・規制といったことを考えざるを得ない。

四　禅宗と真宗の伝播

村内には寺院がなかった。しかし、禅宗檀家は増徳寺と寺檀関係を結び、真宗門徒は道場を中心にして永寿寺・円勝寺・専念寺・西福寺と手次関係にあった。能郷の民俗が仏教宗派による影響を受け、民俗相に違いが生じたとすれば、禅宗と真宗信仰がいつごろこの地に伝播したかが問題となる。

増徳寺について「揖斐郡寺院明細帳(8)」には、

岐阜県管下美濃国揖斐郡徳山村村平

近江国伊香郡菅並村洞寿院末

曹洞宗　増徳寺

一本尊　地蔵菩薩

…

第三条　本寺院ハ松巌梵梁和尚ヲ開山トシ増徳寺殿寅岩高秀大居士ヲ開基トス

第四条　本寺院ノ本尊ハ地蔵菩薩トシ脇仏トシテ釈伽尼仏及高祖承大師大祖常済大師ノ真像ヲ安置ス

境内仏堂ニ白山妙理大権現及地蔵菩薩ヲ祭祀ス

とある。開基の寅岩高秀大居士とは、徳山家二代城主であった徳山七良二郎貞長のことで、永享十年（一四三八）濃州赤坂合戦で討死した。開山の松巌梵梁大和尚とは、増徳寺の本寺洞寿院の十三世で寛永六年（一六二九）に示寂しており、「洞寿院御住持世代歴住帳」に「師昌山和尚ノ法嗣文禄四年四月洞寿院ニ住シ、慶長十二年退隠シ正源寺ノ開祖トナル、増徳寺ノ開祖タリ(9)」とある。したがって、増徳寺は徳山氏を檀越として十五世紀ごろに第一次開創され（天台宗であったという）、近世初頭に松厳梵梁大和尚の隠居寺として第二次開創（改宗）されて洞寿院末となった、ということであろう。

能郷は近世徳山領であったので、増徳寺の檀家となり禅宗化したのは慶長十二年（一六〇七）以降と推定できる。増徳寺境内に白山妙理大権現の仏堂があったが、本寺洞寿院の寺伝にも「伝へいふ、開山来錫して塩津祝山に来り、一菴を構へて蛇谷山洞寿庵と号す。寓すること三年、亦錫を飛して丹生谷に入り、一里にして菅並村に至るに、白衣の老翁来り、白山妙理権現なりといふ。其夜山谷震動して清泉湧出し、其味鹹し。依って塩谷山と名づけ、一宇を創して洞寿院となす」[10]とあって、白山信仰の伝承があった。能郷の禅宗十軒といわれる家の出自が、中世、白山神に奉仕した加賀馬場の宗教者であったとすれば、彼らが近世になって禅宗化した理由の一端がここにあろう。

真宗信仰は、いつごろ伝播したのか。能郷道場と永寿寺の関係の中に探ってみよう。図74は道場間取りの略図である。外観は普通の民家と違いなく、わずかに軒先から喚鐘が下がっている程度である。しかし、内陣荘厳は

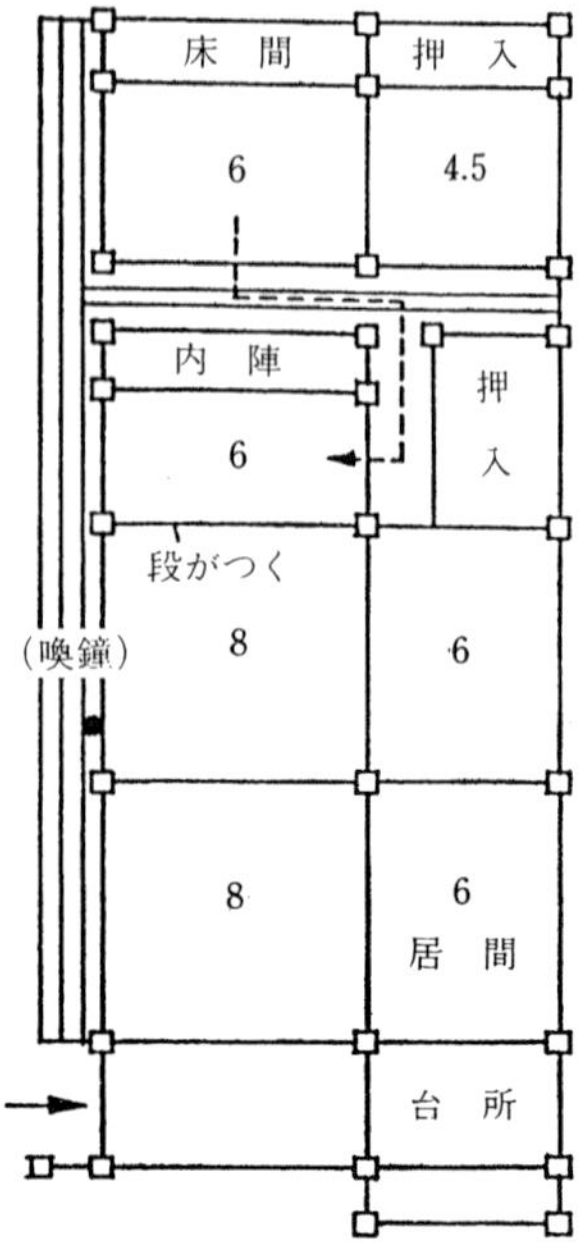

図74　能郷道場略図

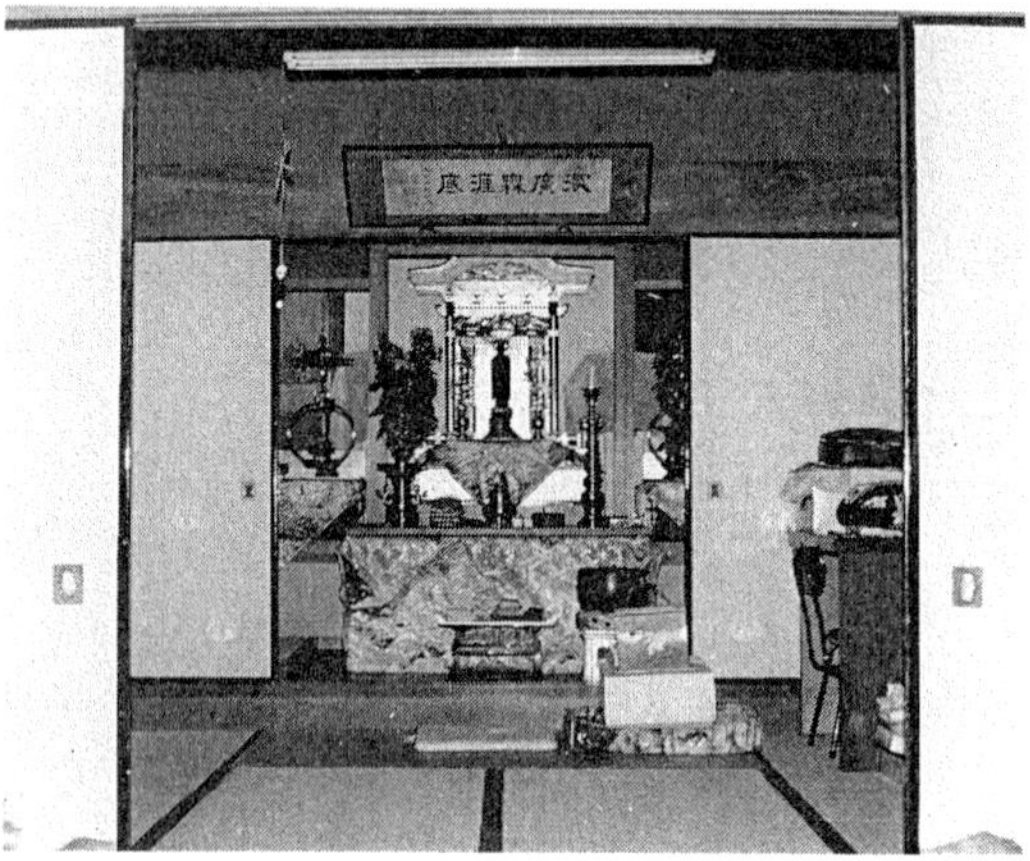
図75　能郷道場の内陣

真宗寺院の様式そのもので、中央に木仏本尊、右余間に方便法身尊像・開山聖人御影・法名軸、左余間には前住絵像が安置されていた。内陣と廊下で隔てられた奥の二間は、永寿寺住職の控室として使用される。道場由緒については、

履歴書

一、延徳元年ノ大浩水後一先ツ永寿寺根尾谷ヘ引籠リ現今ノ多芸島ヘ帰リ其後旧蹟トシテ根尾谷ニ残シ其時ノ住職空信ト称ス其ノ時ヲ現今ノ能郷道場ノ開基トス其レ以来時遷リ星変リテ現在ノ者ナリ
一、御本尊　阿弥陀如来ハ恵信僧都御作仏
一、六字名号　蓮如上人御真筆
一、年代ハ唯今開基以来四百五拾年斗リニ候
一、半鐘ハ文化四年四月大垣田中清左エ門尉藤原光宣勅許左方総宮鋳師ナリ

とある。(11) 蓮如筆といわれる六字名号は、剝落甚しく判定不能であった。他に、証如証判の御文断簡（軸装・二四・七×一七・六センチ）があった。道場役については、過去帳が永寿寺に移管されていたため調査できなかったが、近世末以降は次のように継職している。

……高橋賢澄（近世末～明治六）――鈴木恵順（?～明治三十三）――無住――日下部澄道（明治三十六～昭和十二）――寿磨呂（永寿寺から入る・昭和五十一年まで）
＝日下部はすゑ（貞順）

能郷道場は、いつごろに開創されたのか。延徳年中というも伝承であって、裏付けとなる史料はない。永寿寺は建暦年中、佐々木秀義五男義溝（教信）が親鸞帰洛時に帰依して天台宗信寿院を改宗再興した伝承を持ち、美濃真宗教団発展の中で、はやくから寺号を名告っていた。(12)『天文日記』の天文五年二月二日、六年二月十五日、同年九月二日、七年二月二日、八年三月十九日、同年七月二十五日、十年三月二十二日、同年九月二日、十二年

十月二十四日、十五年八月十七日、十七年八月七日、二十二年閏一月十六日、二十三年六月二十四日の各条に寺号が見える。(13) このうち、次の条が注目される。

(天文十年三月) 廿二日◬◇就当番之儀、永寿寺下在西美濃五ヵ所如毎月樽等持参三度。

(天文十年九月) 二日◬◇斎事如先々、自濃州勤之。仍為惣代永寿寺門徒坊主分五郎左衛門上之。則相伴ニ出候。

(天文十二年十月) 廿四日◬◇就当番之儀、永寿寺下九ヵ所也、干時かんたん教善樽持参第五

「永寿寺門徒坊主分五郎左衛門」とは俗名の道場主、すなわち毛坊主のことであって、こうした道場が天文十年に五ヵ所、同十二年に九ヵ所、永寿寺下としてあったことがわかる。能郷道場に証如証判の御文断簡があったが、これが道場に伝来したものとすれば、天文ごろに能郷に真宗信仰が入っていたと考えることができる。

このように、能郷における禅宗と真宗の伝播時期をみたところ、禅宗は慶長期以降、真宗は天文ごろと推定できた。

以上、「真宗と民俗」の問題を考えるということで、能郷をフィールド対象として祭祀組織・年中行事・葬送・墓制といった項目から検討してきた。また、村内に禅宗檀家と真宗門徒という二つの信仰社会集団が顕著にみられたことから、禅宗と真宗の、伝播の時期についても言及した。明らかになったことをまとめると、次の通りである。

①白山神社祭礼の能・狂言で、能方は禅宗檀家、狂言方は真宗門徒と分れ、門徒は必ずしも神社に対して否定的でなかった。

②真宗門徒は、年中行事の中で成木責め・節分・卯月八日・祖霊信仰の一部行事に否定的であった。しかし、疱瘡送りや山の講など村全体や生業に関わるものには同調的であった。また、盆以後の行事は講を中心にし

て展開されている。

③葬送儀礼について違いは見られないが、墓制では禅宗檀家が両墓制、門徒は単墓制であった。近年、門徒も両墓制に移行したが、埋め墓と詣り墓に対する呼称も両者では違っていた。

④明応年間ごろに定着したとみられる白山神に奉仕していた宗教者達は、天文期に伝播したと推定できる真宗よりも、それ以後に伝播した禅宗と結びつき、近世を通じて禅宗十軒といわれる集団を維持した。このことは、上述の祭祀組織・年中行事・墓制に判然とみられる。

能郷の場合はこのような結果となったが、「真宗と民俗」の問題は、民俗のあり方（民俗相）を分析しつつ、いくつもの事例を積み重ねて考えていかねばならない。そこに、真宗門徒の宗教生活や「真宗の民俗」が何であるのかが顕らかになってくるであろう。

注

（1）『根尾村史』第一六章参照。
（2）表5の(45)羽田茂和宅が現在他出している。しかし、三太夫の一人であった甚太夫の家で重要なところから、以下含めて能郷の戸数四五戸として記述した。
（3）『美濃明細記』昭和七年、一信社。『新撰美濃志』昭和六年、一信社。
（4）『根尾村史』第一二章。北野龍雄「徳山領能郷白山神社の信仰について」（『徳山村―その自然と文化―』昭和五十九年、ブックショップ「マイタウン」）など参照。
（5）沼賢亮「能郷中楽能と修験者」（講座『日本の民俗宗教』六、昭和五十四年、弘文堂）。
（6）同右。
（7）溝尻家文書。
（8）『徳山村史』第三章所収。とくに三九一～三九六頁参照。

（9）同右。
（10）『大日本寺院総覧』。
（11）能郷道場記録。
（12）『根尾村史』五九〇頁、『二十四輩順拝図会』後巻五（『真宗史料集成』第八巻）、林周教『岐阜県真宗史』など参照。
（13）『真宗史料集成』第三巻。

第二節　輪中の村と真宗門徒
――愛知県海部郡八開村――

一　村の概況と寺院

八開村は、愛知県の北西部に位置する小村である。西に木曽川が流れ、いまは廃川になってしまったが明治三十二年（一八九九）までは東側に佐屋川が流れていて、川に囲まれた輪中の村であった。いく度かの洪水や河川改修工事があり、そのたびにムラは被害を受け、またムラの一部が削り取られたりしたのであった。後に述べるように、八開村の人々はそのほとんどが真宗門徒であり、各ムラには真宗寺院があって村人の生活と信仰に深く関わってきたのである。本節では、こうした輪中という村落形態の中で、どのような真宗門徒の民俗がみられるのか、どのようにしてその民俗が形成されてきたのかみてみたい。とくに、寺檀関係の特徴と講の機能、あるいは葬送・墓制に着目して、真宗門徒の生活と信仰の民俗を探ってみよう。

八開村は、大字として上東川・下東川・鵜多須・二子・川北・藤ヶ瀬・給父・高畑・江西・元赤目・赤目・立石・下大牧・塩田の各地区に分かれているが、大字二子はさらに小判山・上丸島・丸島・新田・定納に分かれているので、村人の生活共同体としては一八のムラから成立しているといえる。そしてこのムラは、『寛文村々覚

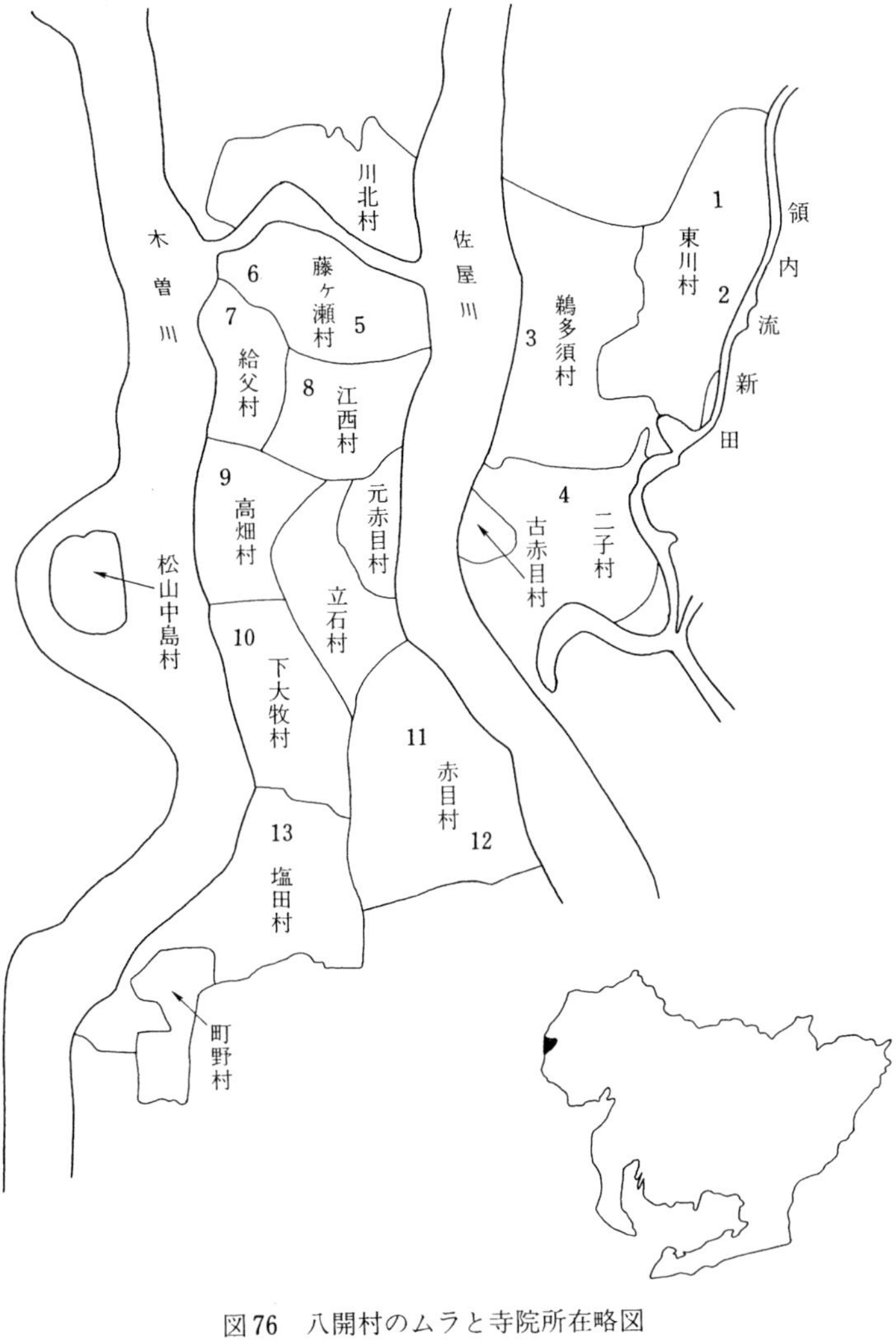

図76　八開村のムラと寺院所在略図
（明治32年以前，数字は寺院番号．『八開村史　資料編１　村絵図集』）

図77　現在の八開村景観

表9　八開村の寺院一覧

番号	寺院名	ムラ	宗派
1	真友寺	上東川	真宗大谷派
2	円通寺	上東川	曹洞宗
3	了慶寺	鵜多須	真宗大谷派
4	長楽寺	二子・小判山	真宗大谷派
5	西光寺	藤ヶ瀬	真宗大谷派
6	西音寺	藤ヶ瀬	西山浄土宗
7	長念寺	給父	真宗大谷派
8	西導寺	江西	真宗大谷派
9	長久寺	高畑	真宗大谷派
10	明光寺	下大牧	真宗大谷派
11	一心寺	赤目	曹洞宗
12	光耀寺	赤目	真宗大谷派
13	引接寺	塩田	真宗大谷派

書』などの史料に記載されている近世村の単位であった。(1) 現在の村の景観は、木曾川堤防の東、蓮根田の広がる中に各ムラが点在しながら集落を形成しているが、明治三十二年までは佐屋川が中央に流れていてムラとムラを分断していた。すなわち、佐屋川の東に東川村・鵜多須村・二子村があって、これらの村はまた領内川によって分断されていた。一方、藤ヶ瀬・給父・江西など残りのムラは、木曾川と佐屋川にはさまれる形にあって、大きな立田輪中の中では北に位置していたのであった。川北村だけは神明津輪中に属していた。つまり、こうした輪中のいくつものムラが連合して、明治三十九年七月に「八開村」は成立したのである。(2) 木曾川や佐屋川・領内川などによって分断され

ていた各ムラは、川と戦いながら互いに助け合い連携して維持されてきた。

それでは、これらのムラはいつごろに成立したのであろうか。一応、先掲『寛文村々覚書』によって当時の民家戸数や石高・人口などが判明するが、ここでは「ムラと寺院の成立」という観点から眺めてみよう。表9は八開村の寺院を所在のムラと宗派で一覧したものである。いま、各寺院の歴史を詳しく述べる余裕はないが、ここで少し注目しておきたいことは、村内寺院の多くが近世初期から中期ごろに移転してきたという伝承を伝えていることである。真友寺は海西郡西保村から元禄二年（一六八九）に移転、長楽寺も同じく海西郡西保村から宝暦三年（一七五三）に「二子村の要請によって現在地へ移転」してきたという。事実、長楽寺の法物の中で七高僧絵像裏書には、

□□太子真影

□□（海西郡）□□□□西保

長楽寺常住物也

とあり、また親鸞絵伝の箱書には「御絵伝　貞享四年三月□□／尾州西保村□／長楽寺常□」とあった。(3) 西光寺・西導寺・長念寺の三ヵ寺は、現在地へ移転してくる前は川北村にあったとしているが、この川北にはかつて寺が七ヵ寺もあったと言い伝えられており、この三ヵ寺の他に栄通寺（岐阜県海津郡海津町福江）・了正寺（中島郡平和町）・随順寺（立田村山路）・真福寺（羽島市桑原町前野）の四ヵ寺であるという。西光寺は寛永年間（一六二四～一六四三年）に、西導寺は寛文年間（一六六一～一六七二年）に藤ヶ瀬村と江西村へ移ってきたと伝承されている。

この点を同じく寺の法物で確認してみると、西光寺の親鸞絵像裏書には、

大谷本願寺釈宣如（花押）

寛永十四丁丑期仲冬廿一日　書之

浄土寺門徒尾州海西郡

親鸞聖人御影

藤川瀬村西光寺常住物也

願主　玄西

とあって、寛永十四年（一六三七）には現在の藤ヶ瀬に寺院として成立していた。それ以前は、中世末期の方便法身尊形があるものの裏書の判読ができないので分からない。西導寺の親鸞絵像裏書にも、

親鸞聖人御影

本願寺釈常如（花押）

寛文九歳己酉孟秌八日書之

尾州海部郡長岡荘

江西村西林寺常住物也

願主　釈西源

寄進　釈誓珎

とあるので、寛文九年（一六六九）には江西村に成立していた。なお、「西林寺」というのは西導寺の前寺院名であり、「長岡荘」というのは中世の地名である。長久寺と明光寺はともに今は木曾川に水没している松山中島村との関係を伝えており、引接寺はもともと濃州石津郡下一色村にあったのが水害などによって現在地へ移転したという。明光寺の顕如絵像裏書には、

顕如上人真影

□□寺釈教□

□長二丁酉□□□

願誓寺門徒尾州海西郡　「下部切断」

秋江郷中嶋□（村）

願主釈□□（了念カ）

とあって、慶長二年（一五九七）には「尾州海西郡秋江郷中嶋村」にあったことが分かる。「尾州海西郡秋江郷中嶋村」という地名は、寛永元年の木仏尊形裏書、延宝九年（一六八一）の上宮太子真影と三朝高祖真影の裏書にも記され、宝暦十一年の親鸞絵伝裏書になって現在地の「尾州海西郡下大牧村」になっている。引接寺は、延宝七年（一六七九）の上宮太子真影裏書に「尾州海部郡塩田村」とあるが、現在地より南の木曾川中央部であった。

このように寺院は移転をしてきており、早くて寛永ごろにムラへ定着している。それは近世寺院としての出発でもあったであろう。そして、これはまたムラが近世村として成立する段階で寺院を他所から招き移転させたということを推定させる。長楽寺が「二子村の要請によって現在地へ移転した」というのは、この辺りの事情を伝承しているのであろう。村内寺院の檀家分布をみると祖父江町や佐屋町・津島市・立田村・岐阜県の海津町などに多く有していたりする。なお、曹洞宗の一心寺と西山浄土宗の西音寺は中世土豪の流れを引く横井家の菩提寺として成立し、一心寺は赤目の横井家と寺檀関係にあるものの村内外には数えるほどしか檀家はなく、西音寺も藤ヶ瀬の横井家が他出していて無檀家の状況である。(4) 上東川の円通寺は一心寺の隠居寺として成立し、やはり無檀家である。つまり、この三ヵ寺はムラ持ちの寺院として維持されてきた。そして、八開村の人々は、手次寺院（檀那寺）は異なっているものの、そのほとんどが真宗門徒ということができよう。

二　ムラと寺檀関係

こうしたムラや寺院の成立状況は、複雑な寺檀関係を形成させた。一軒の家が少なくても二ヵ寺、多いと四ヵ寺の寺院と関係をもっていたりするのである。どうして家が何ヵ寺もの寺院と関係を結ぶにいたったかを分析すると、(1)ムラの中に手次寺院（檀那寺）が少ない、(2)ムラと寺院に講下関係がある、(3)男寺と女寺の慣習がある、ということが挙げられる。

まず(1)のムラにおける寺院と家との関係であるが、これはムラの中に寺院があってもその寺院の檀家はムラの中に少ない、ということである。例えば、長楽寺は小判山に所在しているが、この小判山の中に長楽寺の檀家はわずか三軒しかなく、鵜多須の了慶寺檀家が一〇軒、江西の西導寺檀家が七軒、藤ヶ瀬の西光寺檀家が五軒、村外寺院である長福寺檀家が六軒、その他一三軒となっている。同じように高畑では戸数三六軒の中で長久寺檀家が一五軒、下大牧の明光寺檀家が一三軒、江西の西導寺檀家が二軒、祖父江町の即願寺檀家が三軒、南濃町の中嶋寺檀家が一軒、その他一軒となっている。東赤目では、ムラの寺院である光耀寺檀家が二六軒、西赤目の一心寺檀家が二軒、藤ヶ瀬の西光寺檀家が一軒、下大牧の明光寺檀家が一軒、村外になる立田村の常徳寺檀家が二軒、稲沢市の浄福寺檀家が一軒、津島市の宝泉寺檀家が五軒、その他六軒などとなっている。こうしたムラ相互あるいは寺相互ともいえる入会的寺檀関係が、どうして成立したのかはっきりとした理由や説明をするのは難しい。小判山の長楽寺が近世半ばになって佐屋町から移転してきたというように、各寺院のムラへの定着と寺檀関係の成立が歴史的に絡まっているのであろう。津島市の本住寺が塩田・江西・元赤目・定納・下大牧などに檀家を有するのは、もともと旧丁野村（水没）にあった寺院であったことによる。また了慶寺の檀家圏は「昔の開治村に多い、佐屋川の東に檀家があって西にはない」というように、河川との関係もあるであろう。そして、いま一つはイットウといわれる同族集団によるムラの開発という問題があるのではないかと推察される。

ムラの中の寺檀関係が特定の一ヵ寺に結びついておらず、ムラ内に所在する寺院がそのムラ内に檀家を一部にしか持っていないというあり方は、必然的に重層した寺院との関係を生み出した。ムラと寺院との関係では、(2)コーシタ（講下）と呼ばれている制度である。「下東川は了慶寺のコーシタである」「長念寺のコーシタは川北」

「丸島は長楽寺のコーシタ」などといわれる。コーシタ関係にある寺院とムラを整理してみると、

寺院名	寺院所在	講下
了慶寺	鵜多須	鵜多須・下東川・元赤目
真友寺	上東川	上東川
長楽寺	小判山	小判山・上丸島・丸島・定納・新田
西光寺	藤ヶ瀬	藤ヶ瀬
長念寺	給父	給父・川北
西導寺	江西	江西・立石
長久寺	高畑	高畑・（松山）
明光寺	下大牧	下大牧
光耀寺	赤目	赤目
引接寺	塩田	塩田

となる。長楽寺は二子全体がコーシタになっているが、コーシタに葬式があれば、通夜のお経と三日のお経（骨あげのお経）のお勤めを長楽寺住職が導師として勤めることになっている。喪家が真言宗檀家であっても変わりがない。水没した旧松山中島は六〇戸ほどあったといわれ、長久寺のコーシタであった。村の中には寺がなく、葬式・法事・部落の法座などの時には長久寺が参列した。葬式は手次寺が導師をしたという。ジョウハン（常飯）といわれる毎月のお経などは、一般的にムラ内に手次寺（檀那寺）がない場合などコーシタ関係にある寺院に上げてもらう。上丸島の鬼頭イットウで願興寺（名古屋市所在）檀家は、コーシタ寺院である長楽寺がジョウハンを行っている。また、下東川では了慶寺のコーシタということで、八月十日の盆前に掃除などをしたり、報恩講

の時などには年番がお米を集めて寺へ持っていくことになっている。

コーシタというのは、各家の寺檀関係に関係なくムラ全体でトリモチ（取り持ち）をする寺院が決まっている制度である。ムラの中に寺院が所在すれば当然コーシタ関係になっているが、真友寺と円通寺のある上東川、西光寺と西音寺のある藤ヶ瀬、一心寺と光耀寺のある赤目などでは、真宗以外の宗派である円通寺や西音寺・一心寺を人々はムラ全体でトリモチしているものの、コーシタとはいっていない。民俗的な意味と用法からいえばトリモチとコーシタは同義であろうが、コーシタには真宗寺院や門徒の制度としての意味がある。とくに立石・元赤目・下東川・上丸島・丸島・新田・定納・川北といったムラにはヂゲ（地下）に寺院がない。ムラ内における各家の寺檀関係もまちまちであり、それでいてほとんどが真宗門徒であるという場合、日常生活をしていく中でムラ全体としてどこか近くの寺院と一定の関係を持つことが必要であった。それは寺院にとっても同様であったろう。トリモチというのは村人から寺をトリモツということであり、コーシタというのは寺院側からムラに対して講下と見ていることである。コーシタ＝講下ということであるが、「コーシタとは御消息の下がる檀信徒の範囲」という。御消息（御書）や講については後に述べることとして、講下制度について次の史料を掲げておこう。(5)

三　下間頼廉奉本願寺御印書
（本願寺）黒印

御門跡様へ、苧三把進上之趣、具遂披露候、懇志之至、神妙被思召候、先以、御所様一段御堅固御座候、可心安候、将亦、各参会之時者、相互信不信被談合、如御掟、有必御決定、今度可被遂報土往生事、善知識之御本意、不過之旨、能々相心得可申之由、被仰出候、仍所被挑御印如件
刑部卿法眼
（下間）

八月六日　　　　　　　　　頼廉（木版花押）
濃州井之口
　善行寺講下
　　コマキ　　タカタ
　　クロタ　　エモリ
　　イケハタ　ナカシマ
　　イツシキ　□シコ
　　ニヨライタウ
　　　　惣中

この文書は、善行寺講下であるコマキ以下九つのムラから「苧三把」が本山へ上納され、下間頼廉が講下宛に下した懇志受取礼状である。年次は記されていないが、下間頼廉は本願寺坊官で天文五年（一五三六）に生まれて寛永三年（一六二六）に没した人物である。したがって、八開村のコーシタというものは少なくてもこのころからの制度で、八開村はこの「ムラと寺の関係」が今なお生きているものととらえることができよう。

次に、いま一つ八開村にみられる特徴ある寺檀関係に(3)男寺・女寺がある。[6] これは「家と寺院との関係」で、オトコ寺・オンナ寺、あるいはオトコダンカ（男檀家）・オンナ（オナゴ）ダンカ（女檀家）、オンナダンポウ（女檀方）・オトコダンポウ（男檀方）などとも呼称されている。一軒の家に二ヵ寺の檀那寺の関係が成立しているもので、妻と夫が別の寺檀関係にあるのである。八開村のどのムラにもあるというものではなく、川北に約三〇軒、藤ヶ瀬に七軒、給父に三軒、元赤目に三軒、鵜多須に二六軒、下大牧と下東川に各二軒ほどある。上東川・二子・高畑・立石・赤目・塩田にはなかった。夫と妻がどのように異なった寺院と関係を結んでいるか川北の事例でながめてみると次のパターンとなっている。

	男寺	女寺
Ⅰ	長念寺（給　父）	西光寺（藤ヶ瀬）
Ⅱ	光耀寺（赤　目）	西光寺（藤ヶ瀬）
Ⅲ	光耀寺（赤　目）	長念寺（給　父）
Ⅳ	成信坊（津島市）	西光寺（藤ヶ瀬）
Ⅴ	了正寺（平和町）	西光寺（藤ヶ瀬）
Ⅵ	成信坊（津島市）	良満寺（祖父江町）
Ⅶ	栄通寺（岐阜県海津町）	長念寺（給　父）

夫の場合は代々の「家」の手次関係にある寺院が檀那寺であるが、妻の檀那寺はまちまちである。このパターンの中で一番多いのはⅠ型で、ついでⅢ型であった。いったいどういった理由で妻の女寺が決まっているのであろうか。川北には、いわゆるヂゲ寺がなく、ムラ全体としては給父の長念寺のコーシタになっている。また、川北は立田輪中ではなく神明津輪中に属していたことから、近距離にあった祖父江町の良満寺ともコーシタに準じた関係にあったようである。家代々の手次寺（檀那寺）が、長念寺あるいは良満寺以外の寺院であった場合、嫁いできた妻はコーシタ寺院と手次関係になるのではないかと見てみると、Ⅲ・Ⅵ・Ⅶ型は当てはまるがその他の型は当てはまらない。藤ヶ瀬の西光寺が女寺になっているのである。川北以外の事例で、例えば鵜多須では男寺が蓮徳寺（佐屋町）、女寺が永龍寺（祖父江町）という家が一〇軒あったりする。結局、男寺・女寺の慣習にはコーシタとは別の原理がはたらいているものと思われる。元赤目の事例であるが、ある家では、

男　寺　良源寺（岐阜県海津郡海津町日原）

女　　寺　　西光寺（藤ヶ瀬）
コーシタ　　了慶寺（鵜多須）
代　　判　　光耀寺（赤目）

という関係であった。二〇年前まではこうした関係が行われていたといい、妻（女）が死亡した葬儀の時には、男寺の良源寺と代判寺の光耀寺は参列しなかったという。代判とは、おそらく近世における寺請制度のなごりで、寺のない元赤目は近くの光耀寺が寺請をしたのであろう。コーシタ寺院である了慶寺がなってもよかったのであるが、鵜多須と元赤目は佐屋川で分断されていた。一軒の家やムラが何ヵ寺もの寺院と関係をもってきたのは、水害という「水入り」も大きく関係していたのではないかと推定でき、河川に囲まれた輪中地帯の大きな特色であるかもしれない。

図78　八開村の男女別位牌祭祀

　男寺・女寺という夫婦別寺檀関係では、夫が死亡すれば夫の檀那寺が導師となり、妻が亡くなれば妻の檀那寺が導師をすることになる。川北のオトコ檀家が成信坊（津島市）、オナゴ檀家が良満寺（祖父江町神明津）という家では、葬式になるとこの成信坊と良満寺、そしてコーシタ寺院である長念寺が関与する。オナゴの場合は良満寺が導師、オトコの場合は成信坊が導師をする。しかし、本来導師一人が着る七條袈裟は良満寺・成信坊・長念寺の三名とも着る。このようなことは川北全体の風習で特徴でもあるという。導師以外の二名の僧侶は「ショウタイする」のだという。法事の場合は、良満寺・成信坊の二名が来て、導師関係は葬式のときとおなじである。さらにこの家では、「お爺さんのころにしていた通りにしているだけ」といって、男性の位牌と女性の位牌を区別して仏壇に祀っていた。いつごろからこうした祭祀形態になったか分からないが、やはりオナゴ檀家・オトコ檀家という寺檀関係を持っていることに起因するものと思われる。葬式や法事の時、導師となる住職が異なり、オトコのホトケを参っているのか、オナゴのホトケを参っているのか区別することが形式的にも必要であったのであろう。しかし、それはまた真宗門徒とはいっても仏壇が先祖のホトケを祀る祭壇であったことを如実に示しているといえよう。

三　門徒と講

これまで輪中における真宗門徒の「ムラと寺院」という観点から述べてきた。ここではもう少し範囲を絞って、「ムラの中における門徒」ということから信仰生活をみてみよう。とくに「講」を対象とするが、講の中には「真宗の講」と「真宗以外の講」とがある。まず、藤ヶ瀬という一つのムラを中心に「真宗の講」から記してみたい。(7)

1　真宗の講

藤ヶ瀬の中には、和讃講・若い衆ブッ・女人講、そして今はなくなってしまったがナガネ講という四つの講が展開していた。

和讃講というのは、「御真影」といわれる親鸞絵像と御書（御消息）がムラの中の家を順番に回っており、月に一回、ヤナミ（家並）順に家がヤド（宿）となって講が催されるものである。絵像を巡回させるようになったのは、それほど昔からのことではなく、大正の終りから昭和の初めごろに渡辺幸吉氏が絵像を寄付してからのことであるという。藤ヶ瀬はムラとして上と下に分かれているが、現在講日は上が毎月の一日、下が十五日となっている。講日はいくどかの変化があったようで、もともと上は二八日（ニッパチ）であったというから、親鸞の命日をもって講が開かれていたのであった。下の講は四月から九月の間は午前八時、十月から三月は九時から始めて正信偈を読経し、終わるとお茶とお菓子が出る。お経が終わった後で区長さんからの通達が知らされる。昭和三十一年（一九五六）の記録として、次のものが残っている。

和讃講ノ覚

一、期　日　　十五日午前中
一、集会時刻　午前八時　四月ヨリ九月迄
　　　　　　　午前九時　十月ヨリ三月迄トス
一、合　図　　当日ノ朝大太鼓合図
一、茶菓子　　番茶ニ煎茶トス
一、会　費　　拾円トシ次次ノ方ガ会計トス
一、出　席　　家事ノ都合悪シキ時ハ代理ヲ出ス事
一、導　師　　両隣組ノ方トス
右集合時刻ニ遅刻ノ際ハ科料
　　三拾円トス（三十分以内トス）
　百円トス（三十分以後トス）
昭和三十一年四月二十日

また、「農休み覚」という記録もいっしょにあって、毎月十五日の「休日ニハ野菜出シ荷造リ機械縄ナヒ等米搗モ休ミトス」「右等ニ違反ノ方ハ科料五百円トス」などとある。つまりこれは講日が現在の十五日に変更した際に確認された申し合わせ記録で、遅刻すると罰金が科せられることになっていたり、都合の悪いときは代理を出席させるということなど、かなりの強制力をムラの中で持っていたことがわかる。それは、現在も変わっていないであろう。講が純粋な宗教行事だけでなかったのである。三十一年ころには講日であることを知らせる大太鼓が朝に打たれていた。この他に「昭和十一年十一月十八日／親鸞上人和讃講中三回忌／布教師　加賀　藤原松陰殿」と書かれた帳面も残っていて、「座元〇〇」などと記されている。説教師を招いてはオザ（御座）を開いたりしていたのであった。また、和讃講でツミキン（積金）をし、毎年籤を引いては二名ずつ京都の本山へ参ることを行っていた。京都参りは、上と下別々に分かれて行っており、本山へ志納金を納めながら見物してくるものであった。昭和二十八年の記録に「一　掛銭ハ月拾円トス／二　参詣者旅費ハ一人千円トス／三　残金ハ積立スル事」とあって、当時は毎月一〇円の掛銭をして代参者に一〇〇〇円が旅費として支給された。代参者は二名で、カンジョヨリに「代参」と書いた籤を引いて決められたという。藤ヶ瀬のこうした本山参りも下では昭和五十五年が最後となり、この時の本山志納金は五〇〇〇〇円であった。

和讃講の講としての大きな特徴は、ムラの中を絵像と御書が回っていることである。巡回している絵像とその荘厳具・御書は毎月の一日にお迎えがくる。迎えのときには、次のヤドの主人がガンガン（入れ物）を迎えに行くことになっていて、「持っていくものではない」といわれる。そして、一ヵ月間お守りをすることになっており、その間の十五日の日には二升餅のオカザリを床の間に飾ってお参りとなるのである。これは下の場合であるが、上は六人の若い衆が絵像等を現在管理しており、オブツジ（若い衆のオブツジ）のときに掛けて開帳するという。

若い衆ブツというのは、やはり藤ヶ瀬のムラの中の講であって和讃講と関係している。ワカイシュウ(若い衆)・ワカシュウともいわれる。これは上下ともに部落のヤナミ順六人ずつで担当しているもので、この役を若い衆年行司という。若い衆年行司のトリモチは、嫁入りの披露金、オブツジ(お仏事)のオマイリで、オブツジのことをワカイシュウオブツジともいっており、オザ(御座)を設けて説教が行われることになっている。一切の世話と費用は六人の若い衆年行司が負担するという。下では、若い衆オブツジが勤まる時には和讃講の絵像をヤドへ持っていく。つまり、ムラの中に毎月行われる和讃講と、年一回オザを設けて説教などを行う講(役あるいは組織といった方がよい)があって、共に関係を持ちながら機能しているのである。実は、これらに加えて女人講が別にあって、やはり関係をもっているのである。例えば、オブツジは以前二日間であったといい、女人講は若い衆のオブツジの前日にヒイテ勤めたりしたからである。女人講は、上が現在三月十五日前後(以前は五月十日ごろであった)、下が三月から四月にかけておこなう。上の女人講では、午前中は若い衆(和讃講の人)が助音し、午後は女人講が助音をすることになっているという。役である「女人講のオナゴシュウ」は四人で、婦人会の役員が兼ねていたが、終戦直後にヤナミ順で四人となり、そして現在はワカネンバンの奥さん六人が勤めることになっている。もとは上・下共通の講であったが、二つに分かれたのだという。若い衆年行司の役は、下では和讃講の逆回り(右回り)にな

図79　八開村のオブツジ

っているが、上（西）では全部の役が時計回りになっている。

次に、ナガネ講について見てみよう。この講は、藤ヶ瀬のムラ内の講ではないが、藤ヶ瀬のほとんどの家が関与していた講である。ナガネとは長芋のことで、五年ほど前に消滅してしまったが京都の本山へナガネを納める講であった。ナガネは、佐屋川沿いの村である四貫・鵜之本・川北・藤ヶ瀬・江西・元赤目で盛んに栽培されていた。木曽川沿いではできなかったという。ナガネは早掘だと九月からであったが、十月から十一月・十二月にかけてが出荷の最盛期で、掘るときに「これは御本山用だ」といっては別に取り置いて講に出した。一軒につき二本から三本ずつ出したという。藤ヶ瀬では本山報恩講の始まる前、十一月になると寺年番が毎年長芋一本か二本集めて回った。そして、祖父江・八開の宿でお参りがあり、それから本山へ持って行った。長芋を作っていない家はお金を出したりしたが、ほとんど全戸が作っていたようである。詳しいことはわからなくなっているが、川北の黒田末松氏は、五〇年前に八開村の代表世話人をしていた水谷八十郎氏に誘われて、十一月十五日の御座の時に手伝いに行ったという。ナガネ講の範囲は、旧佐屋川沿いの堤防で長芋をつくっていた村々の門徒で、祖父江町から八開村の一部であった。組織としては四人のオヤカタ（親方）とよばれる人がいて、その下に各部落の役員が決まっていたようである。講自体としては自発的な講であったので、規約というものは何もなかったという。講日は十一月十五日で、この日にあわせて各ムラからナガネが出され、役員が集まっては講が催された。ヤドは在家で説教師が招かれてオザを立てたのである。こうした御座は昭和五十五年ころまで行われていたという、御書様もあったはずだという。講日にはお斎があって、カキマシといわれる人参御飯が多かった。各部落の役員が食べ、その費用は四人いた親方が負担することになっていた。おもしろいことに、集められたナガネは出来具合によって上中下の段階に分けられた。そして、できのよい五本は御門跡用、次によいもので一〇〜一五本が内局用とし、残りが一般のお斎用としたという。ナガネが分けられると役員が菰に包んで荷造りをし、二十一日から始まる本山の報恩講に役員が持っていった。自動車で本山の出納係りへ収めに行ったが、ナガネが少ないときは華束講・蓮根講といっしょに持っていったりした。ナガネを講に出した門徒は帳面に名前が記入され、後からナガネ何本という領収書が個人ごとに配られた。領収書は部落の役員を通じて配られ、その時に御華束二、三個ずつが配られた。オヤカタが報恩講中に皆を連れて御参りに行ったりしたこともあり、八開で多いときは四〇～五〇人も行ったりしたことがあったという。

報恩講は門徒にとって最大の行事である。本山の報恩講をトリモツために、自分たちが生産しているものを供出する。立田村には蓮根講、小牧には御花講、中島郡には御華束講があったが、八開村では主としてナガネであったのである。ナガネの他には、サトイモを出したりしたという。昭和初年ごろの鵜多須記録によると、蓮根講・長芋講や蜜柑・蕎麦・赤芋講のことが記されているので、いろんなものを本山へ志納していたのであった。

さて、これまで藤ヶ瀬という一つのムラに展開している門徒の講について眺めてきた。和讃講・若い衆ブッ・女人講あるいはナガネ講などがあったが、どうして一つのムラの中にこれだけ種類の講が組織されているのであろうか。こうした講は、いつごろに成立したものなのか、藤ヶ瀬以外のムラの講も含めて考えてみよう。講の成立年代について明確に教えてくれるものは「御書」である。近世における真宗の基本的な講は、本山から御書あるいは御消息といわれる法主の教化内容の手紙を下付されることによって成立するものであった。講の中には、この御書を消失してしまったり回さなくなってしまったところがあるが、本来は読経後に御書拝読をして、次のヤドに回すものであった。いくつか残っている御書および御書を下付した際の御印書から宛先などをみてみよう。

表10によると、藤ヶ瀬には十四日講・二十八日講・二十四日講・十日講・十五日講・四日女人講・男女講・朔日講という八種類の講のあったことが分かり、御書が本山から下付されてきた。表中のNo.06と09は宛先が同じ

表10　藤ヶ瀬村に下付された御書一覧

番号	下付年次（月日）	下付者	宛先	（講名）	備考
01	元禄四年（一六九一）四月十二日		尾州海西郡藤ヶ瀬村西光寺	十四日講中	御印書
02	元禄八年（一六九五）三月十三日		尾州海西郡藤ヶ瀬村西光寺	二十八日講中	
03	寛政十二年（一八〇〇）正月二十三日		尾州海西郡藤ヶ瀬村西光寺	二十四日講中	
04	寛政十二年（一八〇〇）正月二十五日		尾州海西郡藤ヶ瀬村西光寺	十日講中	
05	文政九年（一八二六）七月十三日		尾州海西郡藤ヶ瀬村西光寺　御本山御相続	十五日講中	
06	弘化元年（一八四四）十二月二十九日		尾州海西郡藤ヶ瀬村西光寺	四日女人講中	
07	弘化元年辰（一八四四）十二月二十八日		尾州西光寺	男女講中	上納目録・覚
08	万延元年（一八六〇）五月二十日	釈達如（花押）	尾州海西郡藤ヶ瀬村西光寺上若組　本山相続	朔日講中	
09	十二月二十九日	釈達如（印）	尾州海西郡藤ヶ瀬村西光寺	四日女人講中	

「四日女人講中」となっており、御書を再下付されたものともみられるが、「もと女人講は藤ヶ瀬で一つであった」というから、現在のように上と下に別れたときに同じ講名で下付されたのであろう。これまでみてきた現在の講と比較してみると、No.08は「西光寺上若組」とあるから、藤ヶ瀬上の若い衆ブツのことであり、万延元年（一八六〇）、女人講はNo.06で弘化元年（一八四四）に成立したことがわかる。ところが、いま家の順番にヤドをしながら毎月行っている「和讃講」の名前が見られない。反対に、現在の藤ヶ瀬では活動していない十四日講・二十八日講・二十四日講・十日講・十五日講・男女講・朔日講というものが表中に見られる。どうしてであろうか。実は、ここに「講の変遷」が見てとれる。もともと近世の講というものは、正式には〇〇日講と記されているものが多い。「和讃講」という講名は、まず近世末期か明治以降に付される講名である。つまり「和讃講」の前に十四日講・二十八日講などがあったのであり、ムラの中にいくつもあるということは、同行単位あるいは組単位で組織されたものであったと推定できる。これについては、オコウサマといって今でも組単位で御書を回し講を開

いている塩田の事例が参考になる。藤ヶ瀬の和讃講は、現在、ムラを二つに分けて上と下という単位でヤドや御書を巡回させていたが、「和讃講」以前は塩田と同じように組単位になっていたのであろう。「組」というものがムラの中で何時ごろから成立し分かれていったのかが問題となるが、「同行」単位で「講」が成立したといった方がよいかもしれない。明治以降の段階でムラの中に行政的な「組」ができ、近世の「同行」が変化していったことも考えられるからである。ムラ単位の和讃講が成立する時に、それまでの「同行」単位の十四日講・二十八日講・二十四日講などが吸収され再編されたのではないか。なお、藤ヶ瀬の女人講は「藤ヶ瀬神社近くにあったヨシハラ（佐屋川の中）で作った米を本山に納めてゴショサマ（御書）をいただいたのが始まりであった」と伝えている。ワカイシュウも若い衆達が集まって御書を願い受け、ムラの中でオブツジを主体的に開催することのできる講として成立したと思われる。

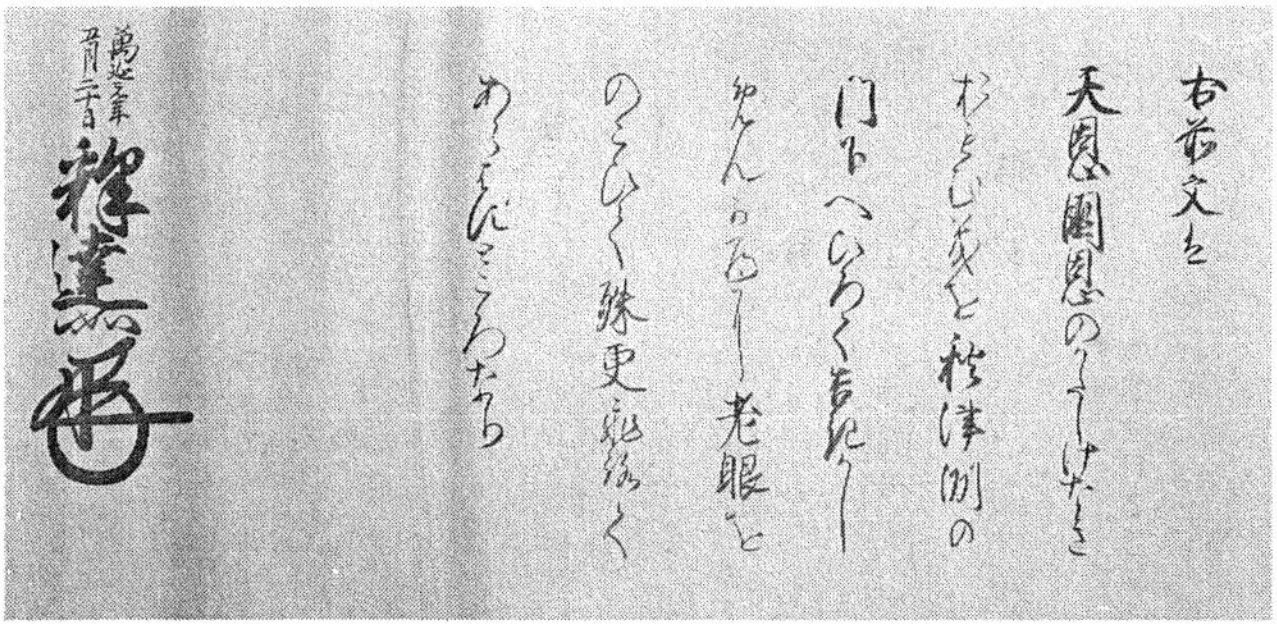

図80　八開村藤ヶ瀬の御書

　それから先に論じたコーシタ（講下）制度であるが、鵜多須の了慶寺に保管されている女人講の御書を見ると、

文政六年
二月四日　　釈達如（花押）

尾州海西郡
鵜多須村
了慶寺下三ヶ村
本山
廿一日女人講中

となっており、文政六年（一八二三）に「了慶寺下三ヶ村」を範囲として組織されたものであった。つまり、了慶寺の講下である下東川・鵜多須・元赤目の三つのムラを単位として組織された講であったということになる。現在、下東川のみが女人講を継続して勤めている。

このように八開村のムラムラにある講を調べていくと、和讃講・若い衆ブツ・オコウサマ・女人講などがあって、それぞれ独立しているようであり、また互いに重なり合って機能している。講員もムラの中の「家」単位であったり「組単位」、あるいは男性の講・女性の講といった具合である。ここでいま一つ、いくつものムラとムラにまたがって組織された、広域講ともいうべき「五日講」について述べておきたい。

五日講は、寺院と門徒が共同して行っている講である。木曾川沿いを中心とした一一のムラや寺院が関与するもので、八開村では塩田の門徒と小判山の長楽寺が加わっている。歴史的にも近世初期まで遡ることができる。この講は「五日講」と呼ばれているが、また「教如さんの御書披露」ともいわれている。講の開催される日は、現在年三回で三月五日・五月五日・十月五日である。三月と五月は尾張、十月は美濃側で行うと決まっており、三月は津島と塩田の一般門徒宅である在家、他は寺院が会所となる。どうして三月のみ津島と塩田の在家で隔年に交替して行われているのかといえば、関係する門徒は木曾川に水没した丁野村の出身であるといい、檀那寺である本住寺（津島市）はもと塩田にあったといわれる。そして、いま塩田で五日講に関係している四軒はいずれも本住寺の檀家である。講では、本願寺第十二世である教如（一五五八〜一六一四年）の絵像と御書二通を共同の宝物として所有しており、巡回させている。三月の津島と塩田では寺院が会所とならないことから、こうした宝物の保管も在家となる。塩田で行われるときには、前年の十月に美濃側で行われた寺へ塩田の人四名でお参りに行き、御書と絵像をもらってくる。大正ごろまでは担いで来たという。そして、塩田の次には立田村小茂井の専徳寺が会所になるということであった。巡回する寺々は、本当は美濃六ヵ寺・尾張六ヵ寺の一二ヵ寺といわれるが、現在は美濃五ヵ寺、尾張五ヵ寺となっており、さらに美濃では一ヵ寺が休止の状態になっているという。塩田で行われる講の様子を見てみると、絵像は先の会所から受けてきても飾らずにそのままにしておき、当日になると床の間に安置する。その間、お参りをするというようなことは何もない。三月五日の準備として、ヤドの家が塩田・大牧・赤目・早尾に教如さんの御参りがあるという張り紙をすることになっている。以前は、お華束を塩田の四軒で前日に餅を搗き色を付けたりして作ったが、今は止めてしまった。当日のお斎として、カキマシ（人参の五目飯）と味噌汁を出すので、その用意は四軒で行う。当日は、九ヵ寺の住職が集まって『阿弥陀経』を上げ、その後に御書拝読となる。

講としての活動は、かつて賽銭を集めて本山へ送ったこともあったが、現在は賽銭も集めず、巡回の他には何も活動を行っていない。また、講の由来・伝承としては「教如さんが逃げて来たのをかくまってお取持ちをした」「御書は、教如さんが大坂城（＝石山本願寺のこと）で書いて、これを弓矢で外に向かって打ったのだと言われ、どういうわけか、それが現在の巡回している五日講の御書だ」と説明されている。

五日講の現状は以上のようであるが、この講にはいくつかの史料が残されているので、記録史料と合わせて五日講の歴史と以前の姿を考えてみよう。講の範囲、宝物が巡回する寺院ということでは、伝承で「美濃六ヵ寺・尾張六ヵ寺」ということであった。しかし、立田村の問源寺には絵像や御書を巡回した唐櫃があって、その蓋裏に次のように記されている。(8)

尾・濃組合

濃州海西郡日原村　良源寺　奥道
同州同郡長瀬村　覚琳寺　知道
同州同郡大和田村　応声寺　恵寿

同州同郡同村　専敬寺　荷恩
同州石津郡札野村　覚念寺　恵海
尾州海西郡葛木村　問源寺　智晃
同州同郡石田村　玉泉寺　聞教
同州同郡二子村　長楽寺　円啓
同州海東郡津島　本住寺　量深
同州同郡渕高村　明円寺　順諦
同州海西郡小茂井村　専徳寺　学道
同州海東郡安松　福泉寺　雲鈴
同州海西郡丁野村　御直参同行

これが五日講のかつての巡回範囲であり、安松の福泉寺（現在の福壽泉寺）はいま脱退している。本来は、尾張で七ヵ寺と塩田（旧丁野村）と美濃で五ヵ寺であった。これを地図上で示すと図81となる。教如絵像には裏書があって、

□□寺釈教如（花押）
慶長十一丙午八月二十四日
尾州海西郡大須門徒
上切村平江村迄拾三人
講坊主衆惣常住物也

とあり、教如が慶長十一年（一六〇六）、生前に下付したものであった。本願寺における下付物裏書の場合、普通には願主が記されているが、ここには「上切村平江村迄拾三人／講坊主衆」とのみある。この「上切村平江村

教如寿像

迄」の一三人の講坊主衆が願主となって下付を願ったのであり、それはまた「惣常住物」としての絵像が巡回する範囲であった。いっしょに回っている御書は次のものである。

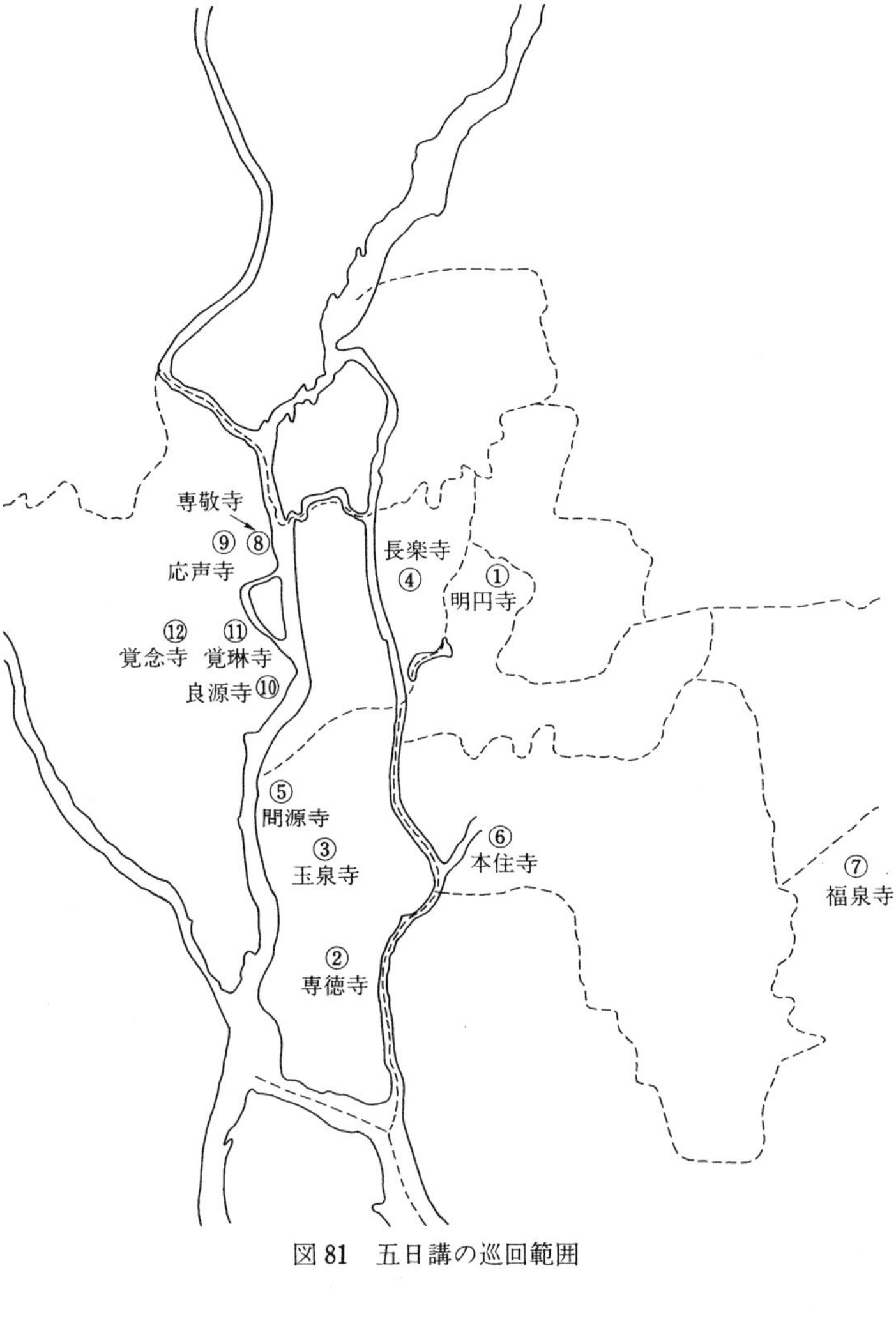

図81　五日講の巡回範囲

図82　八開村五日講の教如絵像

〔御書〕A

今度大坂退散の儀無念千万候不及了簡次第成下知如此始末候此上にも是非共一流之一筋相続候やふにと念願計候各法義被嗜信決定之上にハ仏恩之ふかき程をよろこはれ称名に心かけ肝要候

今生は一旦の事　後生こそなかき世の一大事にて候へ能克可有思案候一先爰に令在津候間　万馳走憑入計候

穴賢〳〵

八月廿七日　教如（花押）

十六日講

十三日講

坊主衆中

同門徒中

〔御書〕B

今度屋敷相替付而御影堂令建立候時分柄之儀候へとも其元各馳走憑入候随而当流安心の趣ハ更になにのやうもなく雑行雑修の心をすてゝ一心に阿弥陀如来後生御たすけ候へとふかくたのミ申す人ニハかならす極楽の往生を遂られ候へき事疑ふへからす候この上にハ行住坐臥のへたてなく念仏申され候へく候即仏恩報謝のつとめになり候事にて候いよ〳〵油断なく心を懸らるへき事肝要に候猶粟津右近可申候穴賢〳〵

三月十五日　　　教如（花押）

海部五日講

坊主衆中

御書ＡＢとも年次が記されていないが、内容から推察すると、Ａは天正八年（一五八〇）のものである。「今度大坂退散の儀無念千万候」とあるのは、織田信長と本願寺第十一世顕如との間で行われた石山合戦で、顕如が天正八年三月に講和して退城したあとも教如が留まり、結局、同年八月二日に退去した後に出されたものである事を語っている。Ｂの御書は、「今度屋敷相替付而御影堂令建立候時分」とあることから、本願寺の東西分派後、慶長七年二月に教如が家康から京都東六条に寺地四町四方を寄せられて、御影堂建立を行うという時分のころで、そのための募化消息である。Ａには「十六日講／十三日講／坊主衆中／同門徒中」とあるのに対して、Ｂでは「海部五日講／坊主衆中」となっている。現在の五日講という名称はＢの御書に由来するといえよう。ＡＢの御書を下付された後に慶長十一年裏書の教如絵像が下付されたのであったが、以後、連綿として今日まで続けられていることになる。また、天保二年の記録によると、近世では美濃・尾張一ヵ月交替で講が毎月勤められていた。講日に絵像を掛けて御書を拝読することは、「御自画の御影様故御存生の御化導と奉レ存」とあって、(9)まさに生きている教如が教化することとそのものであったのである。現在の五日講の姿は、こうした講本来の宗教的意味と活動をかろうじて伝えているのであった。

真宗門徒のムラでは、確かに真宗的な講が盛んである。しかし、決してそれだけではない。例えば、真宗では神祇不拝ということがあって、神・カミを否定する教義的側面を持っている。ところが、現実にはムラの中に神社があり、ムラ外のカミとも関係を有していて、生活レベルにおいては同じ次元で同居しているのである。ここでは、八開村のどのムラでも行われている、あるいは行われていた伊勢講と津島講、そして秋葉講を取り上げてみよう。

2　真宗以外の講

八開村においては、どの家もほとんどが「伊勢の御札」を祀っている。以前、御札はムラの中に伊勢講が組織されていて毎年代参を送り出し、御札を受けてくるものであった。現在、この形態が残っているのは藤ヶ瀬のみとなってしまったが、立石・下大牧・川北などでもかつてそうであった。藤ヶ瀬には上と下に伊勢社があって、それぞれに伊勢講がある。また、伊勢講の年番が上と下各二人ずつおり、この役は上はオビシャの後の会合の時に籤を引いて決め、下は二月十五日の和讃講の時に籤を引いて決められる。伊勢参りへは、上下別々に行っていた。代参者が帰ってくるときには「お伊勢さん迎え」も行われている。代参の時に受けてくるのは大きな御札であって、各家の御札は正月前になると神主さんから配られるという。

津島神社の代々講にはどの家も加入しており、やはりムラから代参を出している。津島神社から各字の代表者である区長宛に日時と人数の案内が四月初旬にくる。大字によって異なるが、区長・年番・宮総代ら十数名に一人の割合で代参し、直会のあと御札を受けてきてムラ中に配る。下大牧では戦前、毎月二〇銭から三〇銭の積み立てをして、春の四月八日か中下旬に二人以上が代参した。現在、上では神社に関する宮総代が代参しており、下では河原カイト・中カイト・下カイトとわかれているので、交替でカイトの者と宮総代が代参している。立石では、村の中で家並順の四名ずつがお参りにいく。津島神社へはムラの中からいま一つ別な組織からお参りにいっている。実行組合単位の代表者が代参して御札を受けてくるものである。昭和四十年代までお初穂料として稲一把（米にすると二合とれるという）ずつ出していて、農業実行組合がとりまとめて持っていったという。代々講が受けるお札は、「津島神社太々御神楽神札」、実行組合のお札は「津島大神五穀豊饒衆災消除守幸攸」と書かれている。

秋葉講は、遠州の秋葉三尺坊（可睡斉）へ代参していたものが、現在では近くの熱田円通寺へ参ったりして、ムラの中で火を焚くドンドコ行事になってきている。しかし、藤ヶ瀬では伊勢講と同じように代参を送り出している。秋葉さんは上下一本になっていて、秋葉年番が上下各一人ずついる。代参は春の三～五月の都合のよいときに三尺坊へ代参し、昔は二泊三日の行程であった。浜松から二俣へいき、乗り継いで秋葉山へと向かったという。代参がムラへ帰ってくると、いまでも「秋葉さん迎え」がされている。村中全員が夕方四時ごろに藤ヶ瀬神社まで迎えに行き、前の年番が青竹を用意していて「御代参ごくろうさまでした」と挨拶する。青竹の先に御札を麻縄でからげ、行列して秋葉山の社まで行く。そして、皆で御参りをして御神酒をスルメで飲み解散となる。それから各戸に御札が配られるのである。

このように真宗門徒の村にあっても、伊勢・津島・秋葉信仰は「代参」「坂迎え」の民俗的儀礼をともなって行われてきたのであった。とくに、藤ヶ瀬のように真宗の講が重層的に活動していたムラにあっても、同じ生活レベルの中でいっしょになって機能してきたのであった。ただし、庚申講や御嶽講などをはじめ民間信仰に関わるものは、ほとんどみられない。若者たちが「地蔵担ぎ」といって、ムラで祀る石仏地蔵を婚礼のときに玄関口に持ち出す習俗はかつて盛んであったが、集団的な講というものではなかった。

四　葬送・墓制

八開村では、現在でもムラごとに火葬を行っており、他の地方ではすでに消えてしまった伝承がいまなお生きている。大きく葬送儀礼と墓制の二つにわけて、特徴的なことを中心にみてみよう。

1　葬送儀礼

葬式のことを、以前はどのムラでもソーレンと呼んでいた。この他に特別な呼称はないが、「藁八束オイネタラ（背負ったら）お終いだ」ともいわれた。これは死ぬことを意味していて、藁八束（一束は一六把）というのは火葬するときに必要な量のことである。意味は不明であるが、隠語的な表現として「オオクジラがあがった」ともいわれた。人が死ぬと隣人に知らせ、クミ・ヤシキと呼ばれる葬式組が（葬式のトリモチの組）準備を行う。御飯炊きは男衆（いまはオナゴ衆）、コショウジルや煮物はオナゴ衆の役であった。どのムラでも男の人が買い物をし、女の人が食事の用意をするという役割分担である。丸島では喪家の者はケガレているからといって、食事はトリモチがすべて用意するという。葬式の時に出される食事は、味噌汁、コショウ汁（すましにコショウを入れる）、煮物、朝と晩は味噌汁に御飯、昼はコショウ汁を出す。上東川ではコショウ汁の代わりにユウカン汁（唐辛子と醤油）を出すが、もとはユウカン汁であったろう。こうして準備される食事のヒルオトキは、かつて近所中に食べてもらっていた。また、料理は特別なクドを喪家に築いて調理されたという。湯灌は枕経が済んでから、納戸で湯を入れた盥を据えて嫁がタオルで拭き、洗った水は納戸の裏に穴を掘って捨てた。この時いっしょに、死んだ人が着ていた着物を洗い、北向に一週間くらい干しておいた。湯灌が済むと納棺になるが、死者には四巾で袖を付け、ハンテン（半纏）ぐらいの長さの晒しで縫った着物を着せた。縫うときは糸をとめなかった。草履・集印帳・杖などを入れたりしたという。棺は座棺であったが、昭和二十二年（一九四七）ころに寝棺になったといい、東赤目では座棺のことをフネといっていた。

葬式は、一夜かけて遺体を火葬にするムラでは、午後二時ころに開始され三時に出棺となる。始まるとき、定納では火の見櫓の半鐘と太鼓をドンガンドンガンと叩いて知らせる。焼香は、導師が焼香したあとに公職者・友

図83　八開村の葬式の様子

図84　八開村の葬式　筵を叩く

人・老人代表・喪主友人代表・隣組代表などが焼香をする。そして正信偈の読経が始まり、喪主・親族が行い、暫くして一般会葬者が焼香に出る。喪主は焼香をした後、縁側の脇にきて、一般会葬者が焼香をするときに頭を下げて挨拶をする。最後に、オトリモチなどの手伝いのものが焼香する。

出棺のとき八開村では、いまでも霊柩車を使用していない。リヤカーの上に板を載せ、その上に棺を置き、さらに棺の上には寺から借りてきた七條袈裟を置く。棺がリヤカーに乗せられると葬列を組む。葬列の順序はどのムラでもほぼ似ているので、上東川の例を示すと次の通りである。

①オナゴ衆
②寺院僧侶
③位牌　　　　　　　喪主
④野団子・花（菓子）　姉婿・妹婿がもつ　輿屋からくれる
⑤提灯・六道　　　　輿の前後に六道と提灯が一対つく
⑥輿　　　　　　　　輿は前後二人ずつ外孫が吊る
⑦送り（親戚・一般会葬者）

葬列が組まれると棺を家から送り出すことになるが、出棺儀礼としていろいろなことが行われている。鵜多須では葬列が家の玄関を出た後、すぐに手伝いの女性二人が筵をオナゴ竹で叩く。「帰ってこないように叩き出す」のだという。筵は、普段米を干したりして使用しているものを使い、竹は後で燃やしてしまう。東赤目でも出棺のときには筵をバタバタと打つ。家から出るときに、オトリモチの人がたたくことになっている。現在はなくなってしまったが、同じく棺が家を出るときに酒を飲んだりしていた。これをハバキ酒・デダチ酒といって飲んだ。また、門徒地帯ということからか、どのムラでも藁火を燃やしたり茶碗を割るということはしない。こうして葬列を組みムラのサンマエまで歩いていくが、行く道と帰る道を違えている。サンマエから帰ってくると、シオブリといって塩を振り掛け、縁側に手桶（チョーオケ）があって左柄杓で手を洗ったりした。午後二時ごろから葬式が始まり三時ごろに出棺されて火葬されだした場合、コツアゲ（骨上げ）は翌日の午前九時三十分から十時ごろになる。最近では時間短縮ということから午前中に出棺し、一日で済ますムラが出てきている。拾う骨は、歯骨・ムネジャリ・ドン骨である。ドン骨はどこの骨かわからないという。拾骨した骨は白紙に包み、お盆の上に載せて家に持ち帰る。残りの骨灰はそのままにしておく。ドン骨は三五日に石塔に納める。拾骨をすまして帰宅すると、親族・トリモチが揃って正信偈をあげたりする。

「三日のコワイ（強飯）」あるいは単に「三日、三日」といって、葬式当日や骨上げをすました後に赤飯を出す習慣が残っている。(10) 東赤目では、現在一日のトリモチになったので、オクリダシの時にコワイを出す。施主が米を用意して、組のトリモチの人がコワイを蒸す。小判山でも同じで、葬列が出た後にオコワイを蒸して出す。どうして葬式に赤飯を出すかについて、「新しい門出だから祝って出す」（上丸島）、「ごくろうさまでした」「目出度く葬儀も済みました」（高畑）などといっている。高畑では、若い人が亡くなった時でもオコワイを炊き、拾骨が済んでから出されていた。また、三日のお経のときにお華束の残りでぼたもちを作ったりしている。塩田でも骨上げから帰宅したあとで赤飯と味噌汁を膳で出している。なぜ葬式に赤飯を出すかであるが、この点が不明になりつつある。しかし、元赤目の伝承がこの理由を正確に伝えていた。元赤目では終戦後まで葬式に赤飯を出していたが、それは嫁入りの時に在所元が「三日の赤飯」を持ってくる、そして葬式時にまた在所は「三日のオコワイ」を持ってきたらそれでツキアイが終わるのだという。「三日の骨上げの赤飯でオサマル」「赤飯で始まって赤飯で終わる」といわれたものであった。昔の婚礼では、婚礼式の次の日に嫁ゲンゾといって隣近所（七、八軒）をよんで、お寿司・ぼた餅・ウドン・料理屋からの御馳走を出す。ウドンは長続きするようにということで

図85　八開村ヒヤの景観

出すのだという。この際に在所の母親は赤飯を一荷とかいって持ってきた。重箱四つでカタシ（片荷）、この倍でイッカ（一荷）といわれて、嫁入りのときカタシであれば、カタシの付き合いとなった。嫁ゲンゾの席で、母親は近所に対して「いたらぬものですが、よろしく」と言って挨拶をする。姑は「私同様にお願いします」と挨拶をするのである（元赤目）。高畑などでは、祝言の翌日に女衆を家に招待して、これをヨメゲンゾまたはボタモチヨビともいっていた。ヨメゲンゾは葬式ヅキアイをしてもらうための披露であるともいわれている。とすると葬式に赤飯をだすのは、なにも「新しい門出だから祝って出す」のではなく、本来は在所元と嫁ぎ先の家との贈答慣行・ツキアイ関係であったのであり、三日目の拾骨後に在所元から出されていたのが、しだいに意味が忘れられて葬式当日に出されたりするようになったのであろう。

2　墓　制

すべてのムラで火葬を行っている。「昔から火葬であった」といっている所がほとんどで、今のところ土葬であったという痕跡はない。ただ、幼児と木曽川から流れてくる流れホトケは土葬にされた。火葬の仕方は、ほとんどのムラも同じである。各ムラごとにサンマエがあって、そこにヒヤ（火屋）が建てられている。ヒヤは二間四面の小屋であるが、ムラによっては新しく灯油で燃やすようにしてしまった所もある。立て替える以前のものは、梁の柱など縄を巻いて壁土をつけ、燃えないようにしてあった。遺体を焼く火が燃え上がることはないが、置いてあった藁などに引火してヒヤが燃えてしまったことがあったという。ヒヤの中は、ジョウアナと呼ばれる穴が掘ってあり、この穴は棺（ガン）の大きさが縦五尺八寸ないしは六尺、横三尺と決まっているので、これに合わせてあるという。穴の深さは四〇〜五〇センチ程度でそれほど深くない。火葬するには藁八束と濡れ筵が二枚必要といわれていて、まず最初にジョウアナの真中中央に藁二把を縦にならべ、その上に割り木を二段にして棺を置く。お棺は頭がヒヤの入口になる向きに安置する。棺の縁や上にも藁を置き、一番上には濡れ筵をかける。火を最初につけるのは親族であるが、点火は穴の中央下に敷いた二把の藁に火をつける。すると、この藁が最初に燃えて風穴となり、順番に燃え広がっていくという。煙はヒヤの棟の両端から出る。

墓地のことをサンマエ、あるいはヤキバなどと称している。現在、八開村のサンマエは全部で一五ヵ所ある。ムラの中には共同で使用しているものもあるが、ほぼ各ムラに一つのサンマエがあるという形態といってよかろう。今なおサンマエで火葬が行われており、そのためのヒヤが建っていて回りには石塔が造立されている。昔と較べると整理されて随分ときれいになっているが、それでもこうした墓地景観は昔のものが失われていく現代に貴重な姿を残存させている。河川に囲まれた八開村で、各ムラの墓地がどのような景観を示していたのか。どのような場所に墓地は位置していたのであろうか。木曾川の改修や佐屋川の廃止によって、墓地が消滅したり移転しているものもある。近世の絵図でサンマエを確認すると、上東川は領内川の対岸祖父江町甲新田の所、鵜多須は佐屋川の川原に二ヵ所あった。[11] 絵図に記載がなかったり移転していて、いまひとつはっきりしない。しかし、高畑や塩田の現在の墓地景観をみてみると、かつての面影を残している。高畑のサンマエは、東南にジョウアナ

図86　八開村塩田のジョウアナ

があり、骨が散乱している。焼くたびに穴を掘るので、穴の回りに積み上げられ、風雨に当たって自然に帰るのだという。歯骨と他の一部を拾骨して全部は拾わず、拾骨するとすぐに埋葬する。昔は徳利などに入れて埋葬したものだといい、埋葬上に何の木でもいいから植樹した。サンマエの以前の景観は、杉の木と孟宗竹が生い茂っていたという。石塔は「金がなかったので立てなかった」という。塩田のサンマエは同行によるトモヤキが行われており、ヒヤもなく墓地の南端に火葬の穴のみがある。昔は建物があったという。建物を立てようという話が何度か出たが、世話をすると「一番焼きになる」といって骨折る人がいなかった。「(キリーク)南無阿弥陀仏」(正面)「施主名古屋御園町／杉屋佐助」(右側面)「維時　弘化二年乙巳二月」(裏)「為俗名　鷲尾治助　妻ない(カ)　三界万霊」(左側面)などと刻まれた名号碑が建っている。

サンマエは遺骸を焼くヤキバであって、ジョウアナなどは露天のものもあった。かつては鬱蒼としていて樹木・草・薮などが生い茂り、葬式になるとまず最初にトリモチが草刈りをしなければならなかった。骨上げしたあとすぐに骨は埋葬され、拾骨しなかった残骨はジョウアナの辺りに掻き揚げられて散乱していたのであった。埋葬した骨の上には墓印として丸石が置かれたり、ツツジ・柘植・アララギ・ネズフン(ネズミモチ)などあまり大きくならない木が植えられるという墓上植樹の形態であった。現在、サンマエは整地されて各家ごとに区画割りされ、さらに石塔が建立されるようになったが、石塔はもともとサンマエには建てられなかったものと思われる。いまは八開村中でわずか二、三軒しかなくなってしまったが、石塔は屋敷の中に建てられる屋敷墓の形態、あるいは畑に石塔を建てる形態であったようである。上丸島では四軒の家に屋敷墓があったが、五、六年前に共同墓地に移動させた。屋敷の中の石塔は、家の前・屋敷の東や西などに建ててあって、特別どの方角に建てるというようなことはなかったという。下東川や鵜多須でも畑や屋敷の中に石塔を建てていた人がいたというし、下大牧でも屋敷の中に墓があって火葬にした骨を埋めた。座敷の側などに埋めたという。家々によって違うが、石塔を建てたり、あるいは石や生前のものを置いたりしてお参りをしていたという。塩田のある家では現在も屋敷墓があって、屋敷の裏側、西北角に石塔が一基祀られている。正面には「倶会一処」と刻まれてあり、明治と大正の年号がはいっていた。骨を石塔の背後に埋葬していたので、完全な屋敷墓の形態といえる。鵜多須では屋敷の入り口に観音堂を祀っている家があって、その石仏に法名と「明治十四年九月十四日」という銘が刻まれてある。はたして屋敷墓といえるかどうか分からないが、余所には墓がないという。

八開村の墓制は、サンマエで火葬して拾骨したあと、サンマエの付近に骨を埋葬して墓上植樹するという形態であった。埋葬してしまうと「お墓参りということはしたことがなかった。盆にも行ったことがなかった」（上丸島）というように、サンマエへは普段近づくことはなく草木が生い茂ったままであった。もっとも、河川敷や堤防上に位置していたサンマエなどは、何度か大水の時には流出したこともあったであろう。人々が石塔を建立するようになったのは、近世になってからであるが、それでも造立できたのは一部の人達に限られており、一般的になったのは明治以降である。石塔を建てようとしたとき、どこに建塔しようとしたのか。サンマエの地内に建てられたりした場合もあったであろうが、埋葬してしまうと近づくことのなかったあり方、また流出の危険のあったサンマエには建てず、自分の屋敷や畑地に建立したのではなかろうか。あるいは、ムラの寺院境内に建てるようになったであろう。いずれにしても、八開村において一般の人々が石塔を建て出すようになったのは明治以降とみて間違いない。屋敷に設けられた石塔も、サンマエが整地されるようになって移転し、今日みるような墓地景観が成立したのであった。それは、屋敷墓の衰退でもあったのである。

注

（1）『八開村史　資料編一　村絵図集』（平成二年八月）の解説に整理して掲載されている。
（2）明治三十九年に「八開村」として成立するまでは、開治村（鵜多須村・東川村・二子村・古赤目村・川北村）と八輪村（藤ヶ瀬村・給父村・江西村・高畑村・立石村・下大牧村・元赤目村・赤目村）に分かれていた。塩田村と町野村は六ツ和村に属していた。
（3）筆者調査、以下、八開村寺院の法物史料は筆者調査による。
（4）横井家は北条家の流れを汲むとされ、横井姓を最初になのった時永（?～一五一九年）を初代の祖先としている。時永は明応二年（一四九三）に海西郡赤目島に一族を率いて城を築き勢力を張ったという。一心寺は前寺名を万福寺といい、時永が葬られている。また、藤ヶ瀬の横井家はその分家で、西音寺はその菩提寺である。藤ヶ瀬横井家からは、享保から宝暦ころに俳文・俳諧で活躍し「うずら衣」を著した横井也有を輩出している。
（5）『岐阜県史　史料編』古代・中世一。もう一通あって「井ノ口　善行寺講下　尾州　ウシロ□□　惣中」とある。
（6）男寺・女寺は八開村だけではなく祖父江町・尾西市などにも見られる。伊藤良吉氏が「男寺と女寺―尾張西部における寺と檀那―」という題で第四一回日本民俗学会年会で口頭発表されている。
（7）尾張全体における講については、本書第三章を参照のこと。
（8）野呂界雄「立田輪中物語」（「広報たつた」第二一五号）参照。
（9）水谷きやう氏（八開村住）所蔵文書。
（10）尾張において葬式に赤飯を出す習俗は尾西市などにもみられる。『ポスト・モダンの親鸞』（平成二年、同朋舎出版）の中でも、葬式に赤飯を出す習俗について述べられている。しかし、宗派に関係なく全国的にあった習俗であることを知らずに、これこそ真宗門徒独自の習俗であるかのように論じられているのは誤りである。葬式に赤飯が出されたことは『旅と伝説』―誕生と葬礼号―にいくつか報告されている。また小川直之氏が「贈答の容器」（『民具マンスリー』第二二巻六号、平成元年）で神奈川県の事例を贈答慣行の問題として述べてみえる。
（11）注（1）に同じ。

第三章　近世尾張の真宗門徒と講

第一節　名古屋御坊の再建と門徒

一　改築の発端

文化二年（一八〇五）十月十五日、名古屋御坊は手斧始の儀式を行い、御堂再建工事に入った。拡張再建の工事が完成して御遷仏供養会が執行されたのは、文政六年（一八二三）十一月十五日のことで、実に一八年間におよぶ大工事であった。この御堂は、残念ながら昭和二十年三月十二日の名古屋空襲によって焼失してしまったが、それまで尾張門徒の法城として甍を聳えさせていた。

「御坊」とは、本山が地方の末寺や門徒の統轄、あるいは伝道のために設立した寺院のことで、近世においては「掛所」「兼帯所」などとも呼称されていた。現在は「別院」といわれている。専任の住職を置くところもあったが、京都の法主が兼任して本山から輪番が派遣され管理にあたっていた。そして、本山からの通達や末寺からの願い事などが、寺社奉行と連絡をとりながら処理されていた。こうした機能をもった寺院であったが、今でも門徒はゴボサマ・ゴボウサンなどと親しみを込めて呼んでいる。

本章では、この文化・文政期の改築によって完成した御堂がどのような工事経過で成立し、その過程でどんな儀式が行われたのか。そして、この御堂再建という大工事に門徒がどのように活躍したのか、あるいは門徒の力を結集させた講組織について述べ、尾張門徒の姿をとらえてみたい。

(1)　基本史料

戦前まで親しまれた御堂がどのようにして建立されたのか、明治以降、まとめて公刊されたものはほとんどない。『名古屋市史』社寺編や『名古屋叢書』収録の「金鱗九十九之塵」、あるいは『本願寺誌要』の名古屋別院の項目などに記されているものの、概略されているにすぎない。また現在の別院に所蔵されている古文書の中にも、『御堂日記』のように元禄の創建以来書き継がれてきたものもあるが日常勤行のみの記録であって、文化・文政の御堂改築にかかわるものは少ない。しかし、御堂再建当時に活躍した猿猴庵こと高力種信（一七五六〜一八三一年）が外から工事や儀式法要の様子、あるいは門徒・参詣人の姿を生き生きとした絵入りで記録していた。『猿猴庵日記』は『名古屋叢書』三編・一四巻「金明録」や『日本庶民生活史料集成』『日本都市生活史料集成』などに分かれて翻刻されており、その中に御堂再建にかかわる記事が多く見られる。『名陽見聞図会』（東洋文庫蔵）にも見られる。そして、この集大成ともいうべきものが『絵本富加美草』（東洋文庫蔵）と『名陽東御坊繁昌図会』（国立国会図書館蔵）であった。工事の様子が事細かに絵と文章によって記述され、外部史料ながら御坊再建にとって第一級の史料である。全国各地で近世に建てられた御坊の建築記録と比較しても、これほど詳しいものは他にないであろう。『富加美草』の巻頭で了栄なる人物が「高力種信ぬし、其はしめ終りをつはらに後素に物して世にのこさんとす」「此ぬし末の世に御坊御普請の次第人口に残こるはかりにあらす、此図をもて今のときをしたはしめんとなり」と語っている。このほか、猿猴庵のものとして「名古屋東本願寺御遷仏行列之図」（名古屋市博物館・名古屋市鶴舞中央図書館蔵）などが残されている。猿猴庵のもの以外で基本史料となるものは、文化・文政の御堂改築の棟梁であった伊藤平左衛門家に伝わる家蔵史料である。諸堂宇の工事記録や図面などが今に残っている。

(2)　改築の必要

さて、どうして文化年間になって御堂の改築を行うことになったのであろうか。この理由について直接語る史料はないが、名古屋に御坊建立が公許されたのが元禄三年（一六九〇）七月二十三日、同四年七月九日には古渡城址を賜り、十一月に仮御堂起工式が行われている。この最初の御堂が完成したのが同六年四月のことで七月には移徙供養の法会が執行された。そして、すぐに七年後の元禄十三年九月に本御堂工事を始め、同十五年十月に落慶・入仏供養が行われている。この時の工事は創建本堂を曳いて食堂《じきどう》とし、新しく御堂を建立するというものであった。そして、文化・文政の再建工事となる。つまり、古渡城址に移ってから三回目の御堂建立であり、元禄十五年の建立から約一〇〇年が経過していた。この一〇〇年の間、名古屋城下の繁栄とともに御坊や末寺も順調に発展し、門徒が参集するには御堂そのものが小さくなったものと思われる。『富加美草』には「名護屋の支坊はいにしえ元禄年中の草創なり、しかしよりそこはくの星うつりてやゝ破壊におよひ、はた狭少なりとて、この文化のはしめ大法主再建の儀を命し給ひし」とあり、「盛んなる哉、張州東掛所の勢ひ、巍々たる甍諸堂の善美いふもさらなり、しかはあれど本堂に閣の無事を一宗の信俗不足として、二重作りになさんとの催し有る由、爰にかしこに語りつぎ聞つたへて、はる〴〵遠き三河路及び隣国迄も同志の輩数多出来て、既に再建の時や至りけん」などと記している。それは、工事期間も元禄年間のものがともに二年であったのに対し、今度は結果的に一八年もかかることになる大工事であった。

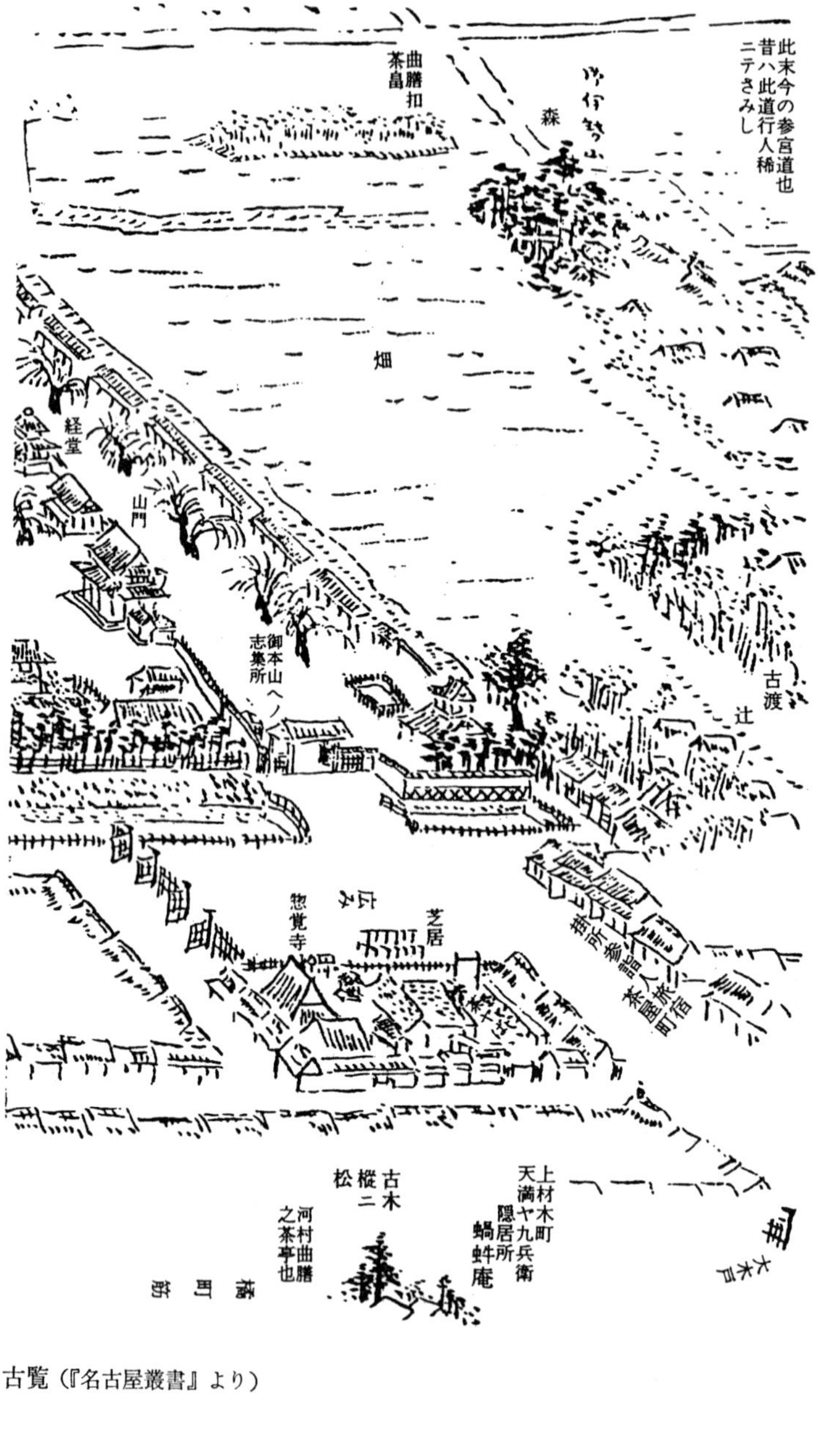
此末今の参宮道也
昔ハ此道行人稀
ニテさみし
曲膳扣
茶畠
森
畑
経堂
山門
御本山へ
志集所
古渡
辻
惣覚寺
芝居
古木
樅ニ
松
上材木町
天満ヤ九兵衛
隠居所
蝸牛庵
河村曲膳
之茶亭也
橘町筋
大木戸

古覧（『名古屋叢書』より）

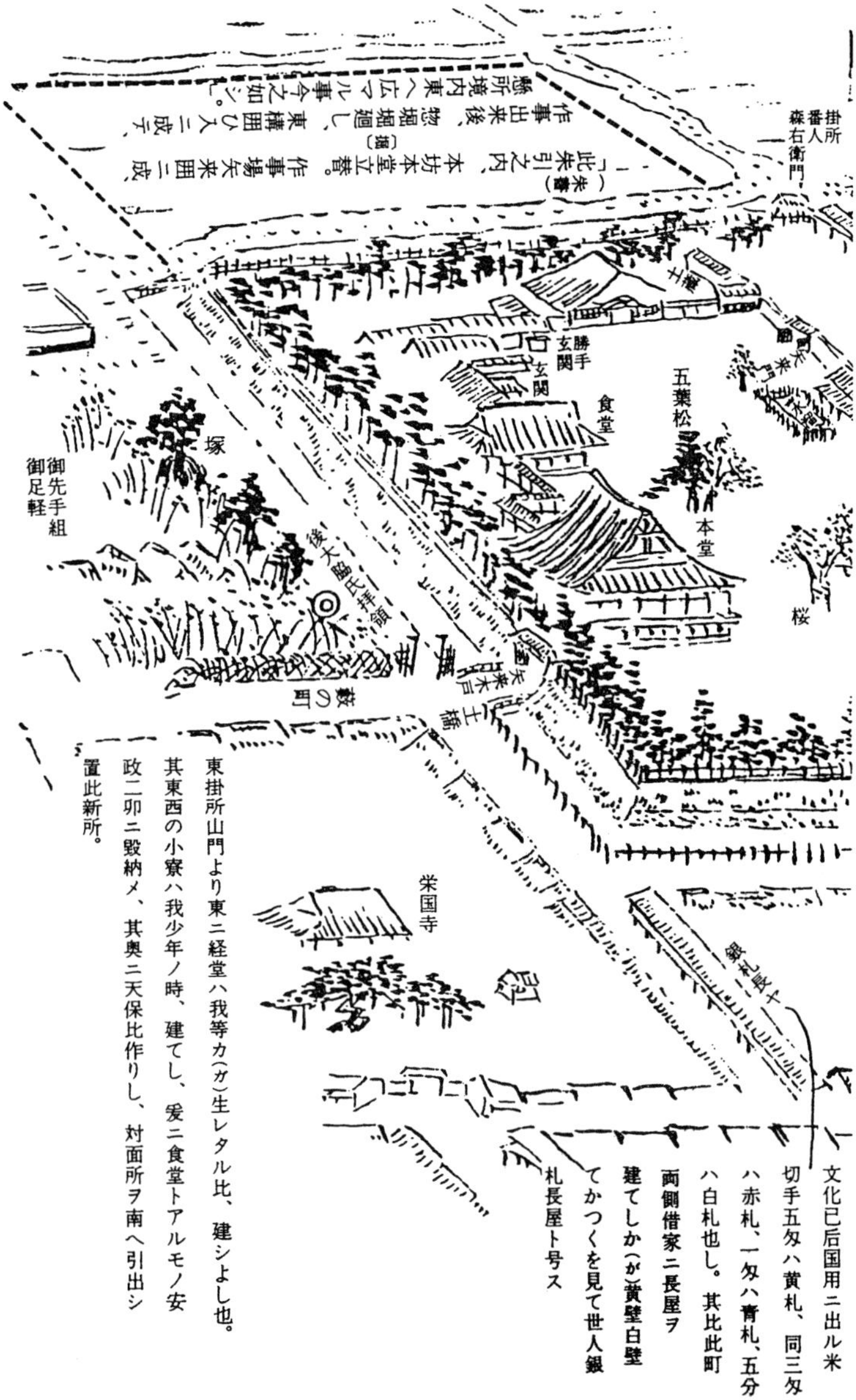

図87　古渡東本願寺辺之

二　絵図にみる諸堂宇の変遷

工事経過や儀式についてみる前に、文化・文政の工事はどういう内容のものであったのか、本堂以外の諸堂の成立とともに全体的にとらえておきたい。

近世における御坊の景観を描いたものとしては、『二十四輩順拝図会』と『尾張名所図会』中のものが上げられる。『順拝図会』には文化六年（一八〇九）の御坊が描かれ、『名所図会』は天保十二年（一八四一）に成立しているからこのころの御坊の様子がわかることになる。したがって、文化二年の工事着手直後の姿と文政六年（一八二三）に工事が完成した後の姿を比較することができる。いまひとつ、あまり知られていないが『名古屋叢書』続々編に『松濤棹筆』の「古渡東本願寺辺之古覧」（図87）というものがある。雅拙な絵であるが「徳義、幼若ノ時ハ享和比ナリ」とあって、享和年間（一八〇一～一八〇三年）の御坊と周辺の様子が描かれており貴重である。この三つの絵図を比較して諸堂宇の変遷をみてみよう。

まず、享和年間の「古渡東本願寺辺之古覧」であるが、この図は工事直前の姿である。絵図に記された建物の説明などを拾ってみると、境内には本堂・食堂・玄関・勝手玄関・土蔵・山門・経堂・矢来門・五葉松・桜・御本山へノ志集所・掛所番人森右衛門などと書かれており、説明書きはないが太鼓楼・鐘楼なども描かれている。境内の北側は、新やしき・非人小ヤ・塚・御先手組御足軽・藪の町・栄国寺などとあり、南側は畑が広がっていた。西側は、銀札長ヤ・惣覚寺・芝居・掛所参詣人旅宿茶屋町となっており、東側は「(朱書)此朱引之内、本坊本堂立替。作事場矢来囲ニ成、作事出来後、惣堀堀廻し、東構囲ひ入ニ成テ、懸所境内東ヘ広マル事今之如シ」とわざわざ記されている。工事着手直後の『順拝図会』と完成後の『名所図会』の絵図は境内を中心にして建物

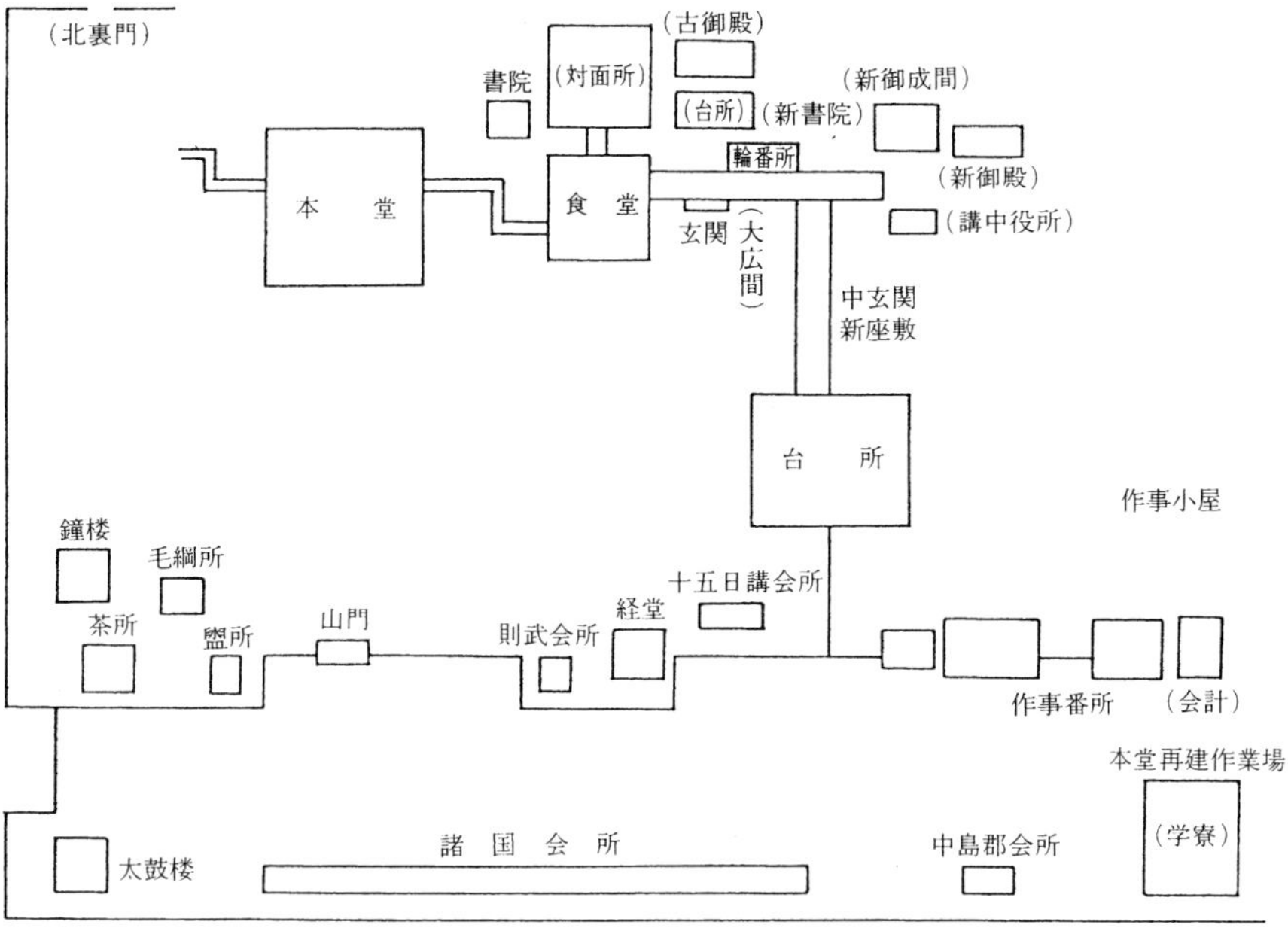

図88　名古屋御坊境内略図（括孤内は『尾張名所図会』にのみみえるもの）

を描き、それぞれに名称が付されている。これを略図で示したものが図88である。『順拝図会』には、本堂・食堂・台所・書院・玄関・輪番所・中玄関・新座敷・山門・鐘楼・茶所・毛綱所・盥所・則武会所・経堂・十五日講会所・石門・太鼓楼・諸国会所・中島郡会所・作事小屋・作事番所・本堂再建作事場などを描いている。『名所図会』では『順拝図会』に見える建物の他に対面所・古御殿・新書院・大広間・新御成間・新御殿・講中役所・会計・学寮などが見えている。

　こうした絵図は、文化・文政の大工事に入る前の姿と工事直後の様子、そして工事完成後の御坊を伝えてくれるが、それぞれに当時の諸堂宇をすべて描いているわけではない。元禄十五年の二回目の本堂が成った後に大門や鐘楼・太鼓楼・台所といった中心的な建物は順次建造されていき、付属の大小広間や書院・新古御殿・各種控部屋といったのも建てられていった。こうしたものの詳しい位置関係や大きさ、また変遷などは伊藤平左衛門家蔵史料中の図面によってかなりはっきりするが、いまここでは煩瑣になるので触れないこととする。それよりも三つの絵図を比較して大きな違いをみてみると、まず享和年間の「古渡東本願寺辺之古覧」には御坊の周囲が土手になっているのに、『順拝図会』では石垣になっていることである。この火除蔵は『猿猴庵日記』によると、文化三年（一八〇六）八月に植え込みを切り払って地形築を始め、同年十一月に石穴ができて完成したものであった。鐘楼は享保六年（一七二一）、太鼓楼は享保十一年（一七二六）九月に落成、大門は宝暦三年（一七五三）四月二日に工事を始めて同七年に落成している。また経蔵は寛政十二年（一八〇〇）に建立されて九月十二・十三日に遷経の式が行われていた。庫裏は元文年中（一七三六〜一七四〇）に造建されているとの記事があるが、いつ完成したのかはわからない。矢来門は天明二年（一七八二）八月にできている（表11）。つまり、元禄十五年の本堂建立以後、着々と諸堂が造建されて境内が整備されてきたのであった。そして、一応の諸堂が完備したところで今度は手狭になった御堂そのものの拡張再建となったのである。『順拝図会』の絵図には毛綱所や作事小屋・本堂再建作事場などがあって工事に入った境内の様子がわかるが、御堂はいまだ元禄十五年に成立した一重屋根のものとなってい

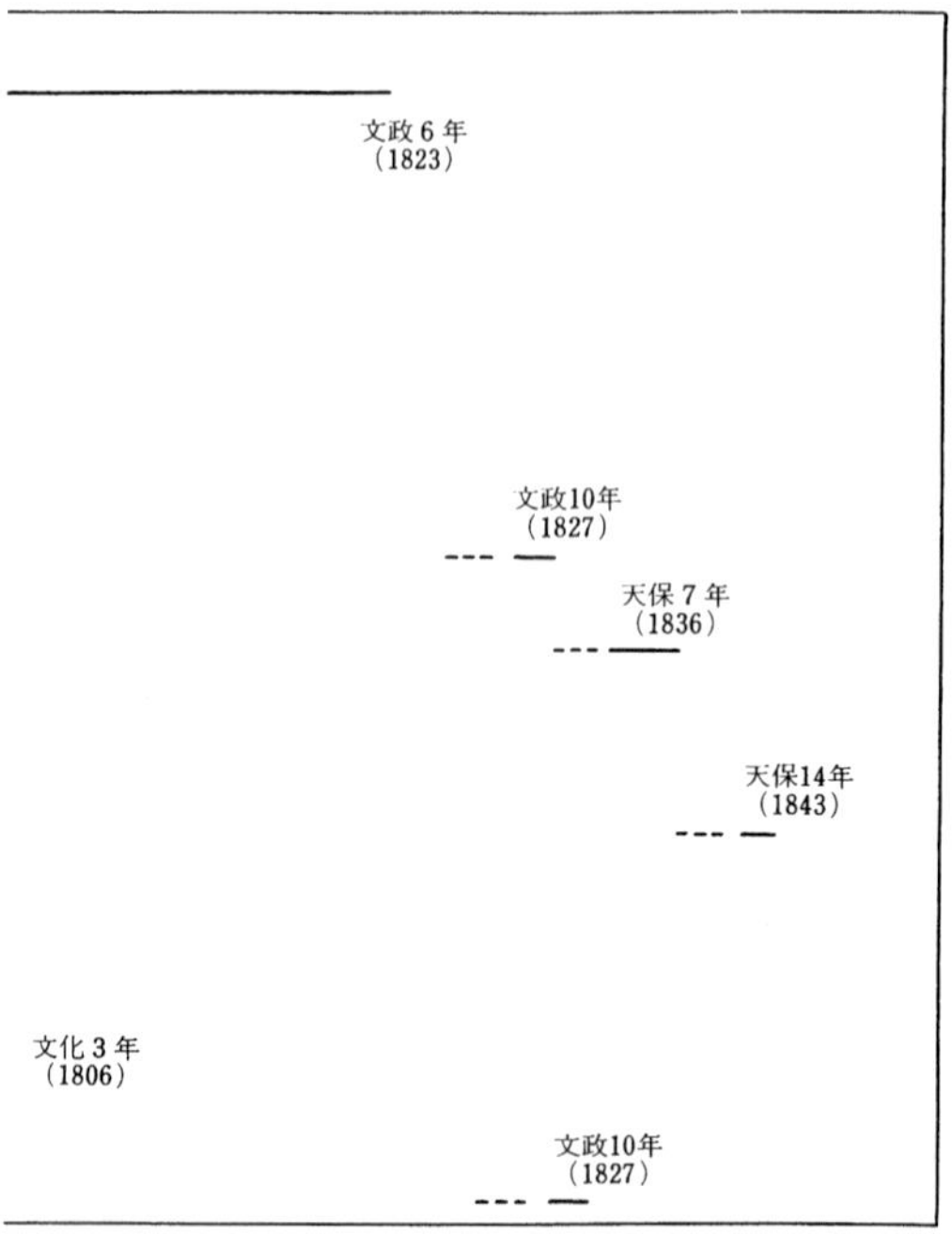

表11　名古屋御坊諸堂宇の成立過程

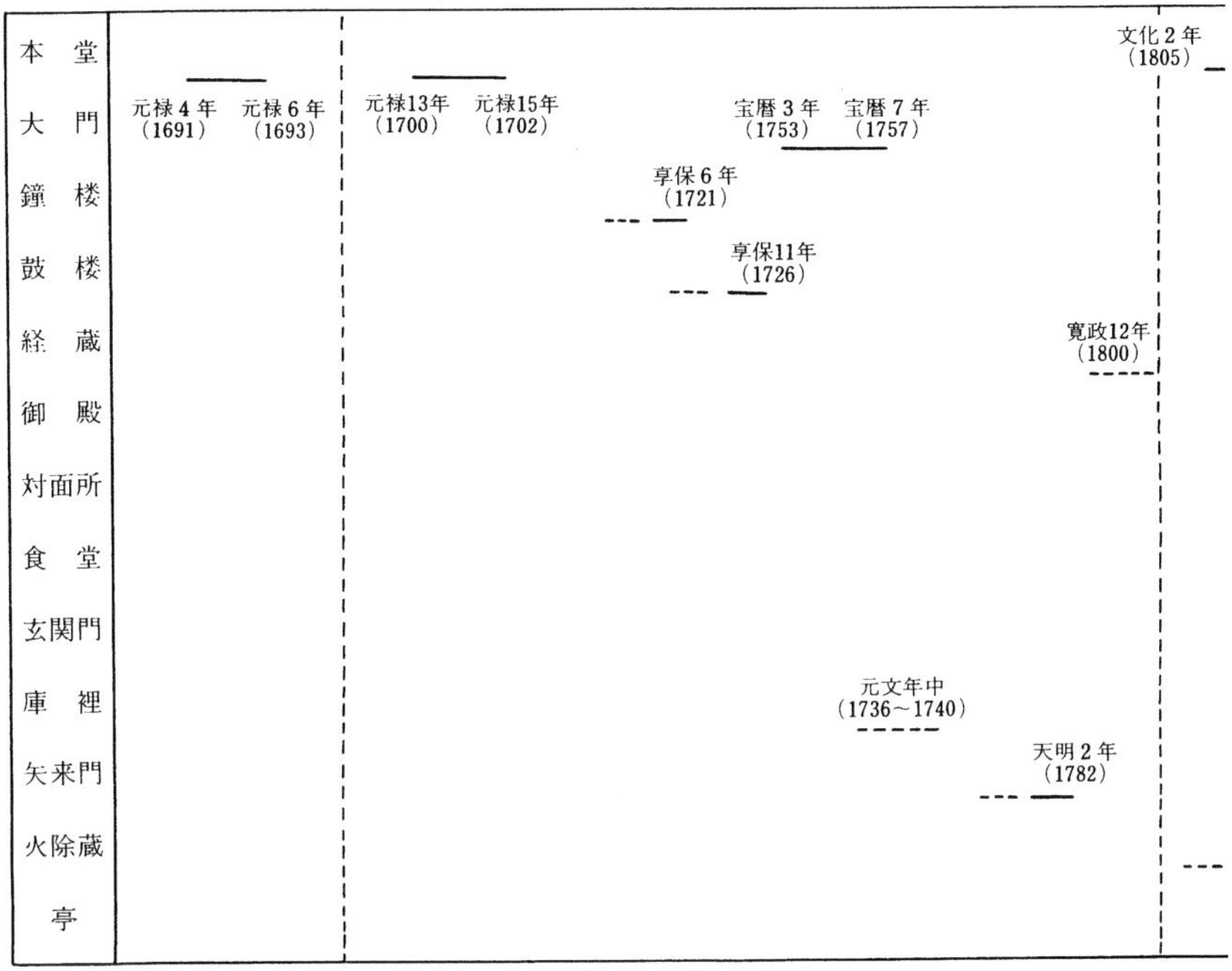

る。これに対して、『名所図会』の絵図では二重屋根の御堂が描かれている。一重屋根から二重屋根の御堂へ、より多くの人々が参集できる建物にするためには、この工事が必要であった。

文化・文政の再建で完成した二重屋根の御堂や諸堂宇が、いったいどれほどの建物であったのか。残っている資料を比較してみると大きさに若干の違いが認められるが、ここでは『本願寺誌要』に記載されているものを次に掲げておく。

1　本堂　桁行十五丈二尺二寸八分（二十五間二尺二寸八分）
　　　　梁行十四丈三尺七寸七分（二十三間五尺七寸七分）

2　大門　梁行二丈九尺四寸（四間五尺四寸）、桁行四丈八尺九分（八間九分）
　　　　敷石面七丈六寸九分

3　経蔵　方五間四尺

4　鐘楼　方二間六寸　洪鐘は長六尺　径三尺五寸　口厚四寸　銘は一如上人の親書

5　鼓楼東西五間二尺、南北四間二尺

6　殿舎

	桁行	梁行
新御殿	七間二尺	五間四尺
古御殿	七間三尺	八間三尺
波之間	七間二尺	五間四尺
杉之間	三間四尺	六間一尺
書　院	三間四尺	三間四尺
書　斎	三間三尺	三間
綱之間	二間二尺	三間一尺
連之間	十間	四間四尺
小広間	八間	三間
新書院	六間	七間
亭	二間	二間
対面所	十五間三尺	十九間三尺

7　雑舎

玄　関	五間四尺	三間四尺

玄関門	二間三尺	二間二尺
台所門	六間	三間三尺
庫　裡	十三間三尺	十五間
茶　所	十間五尺	五間三尺
使僧部屋	六間	六間三尺
輪番所	六間	六間三尺
玄　関	七間三尺	二間一尺
香部屋	四十間八寸	四間二尺

其他十余棟省略

御堂の大きさについて『名古屋市史』では東西二二間・南北一七間・高さ二二間とあり、「大谷派本願寺別院三百分一図」では、間口二五間四尺五寸・奥行き二〇間四尺五寸となっている。

さて、これからこの御堂がどのようにして建立されたのかみてみることにしよう。再建工事は一八年という長い年月を要したが、その中に五つの大きな節目があった。

①文化二年（一八〇五）十月　手斧始
②文化十二年（一八一五）一月　地形築始
③文化十四年（一八一七）十一月　柱立の儀
④文政五年（一八二二）十一月　上棟式
⑤文政六年（一八二三）十一月　御遷仏

この大きな節目ごとに、それぞれ盛大な儀式が行われ、また次の工事へと進行していった。『絵本富加美草』

と『名陽東御坊繁昌図会』では、ほぼこの順序にしたがって工事と儀式の様子、あるいは人々の姿が描かれている。①工事経過、②儀式の様子、③門徒・参詣人――という三つの項目に分けて御堂再建の過程をとらえてみることとしたい。

三　文化・文政の工事経過

(1)　手斧始

文化二年（一八〇五）の十月十五日手斧始の儀式が執り行われて、掛所再建の工事を着手することとなった。式の当日には、城下と八郡同行講中の大小幟が立ちならび、太鼓楼の近くには本堂再建の奉加場が設けられ、大門の西には仮屋が建てられて棟梁の描いた二重屋根の本堂絵図が人々に公開された。この手斧始が済むと作事小屋が東の畑をつぶして作られ、再建に使用する材木などが本格的に寄進されるが、こうした動きはすでに手斧始の式以前からあった。九月の末には、「遠近の信俗が日毎絶え間なく材木などを車に積んで引き来る」などとある。そして、十一月ごろには、大木を切り出して掛所へ引く姿がたびたび見られるようになったが、これは味鋺（味鋺原）という所から大松が最初に寄進されたことを初めとして賑わしくなったという。寄進の人たちは車の上に幟を立て、ざいをふり、往来の人々や大人・子供までも綱に取り付いて引いたりした。

再建本堂にどれだけの材木が必要であったのか、またその材木はどこから切り出されたのであろうか。猿猴庵の日記などには、遠州や播州などから切り出して海上より船回しにしたとある。そして、堀川山王横町の河岸が木場となり、東輪寺門前へ筋違いに車道を作ったりなどして材木は茶屋町へ引き出された。途中、山王横町の地形が柔らかなので大松の敷木がなされたり、東輪寺前茶屋町辺りは車が廻りにくいので、大木戸外町の家を取り払って広手としたなどとある。そのため、講中が東輪寺門前を二〇〇両で求めたという。材木は同行や老若男女が綱を引き、木遣歌にて賑やかに運び込まれた。運ぶ材木が大木であれば人々の話題になり、文化六年五月十七日、この日、遠州から切り出したさし口五尺ばかりの大木を堀川木場より引くに、雨の後で車が埋まり動かなくなってしまったので、茶屋町に遊びに来ていた角力取に頼んだところ六、七人で何の苦もなく掛所まで引いて来てしまった、などということがあったりした。こうした材木を引くことは、文化十一年十二月に「榊森拝殿の西なる大松を堀、掛所へ引」くという記事があるから、地築を始めるまで繰り返し行われた。

この間、文化三年十一月に火除蔵が完成し石穴も出現している。この火除蔵は掛所西北の方角から建てられていったが、丸石の石垣は葉栗郡の同行が木曽川より舟で寄進したもので、石工は知多郡であった。そして、文化十年三月二十六日には、次のような達如の御消息が尾張国院家・一家・飛檐・惣坊主・惣門徒中にあて下付された。

抑、尾州名護屋の末刹ハ、元禄五年のいにしへ、一如上人の草創なり、然れハ、そこはくの星霜をへて、漸破損に及ひしあひた、去る文化のはしめ、門葉の懇にまかせ、再建の義許容しぬ、しかしよりこのかた、連々懇志をはこふといへとも、いまた成就の期もはかりかたきよし、なけき思ふことにさふらふ、夫につき、是よりのちハ門葉の輩一同に打うるほふて、信心堅固の志をはけまし、弥懇念のまことを抽んてゝ、すみやかに再建成就しさふらふようにとたのミ思ふことにさふらふ、されハ、門下の面々、自他一味の懇情によりて、不日に造営の功成就ならしめ、各其道場へ来集して法義相続さふらはゝ、報恩謝徳の経営にも相備り、且ハ予か満足是に過へからすさふらふ、（以下略）

これによると、「いまた成就の期もはかりかたきよし、なけき思ふことにさふらふ」などとあることから、手斧始の式を行ってから八年目、このころ工事がなかなか進まなかったようである。それでも、この御消息の効果

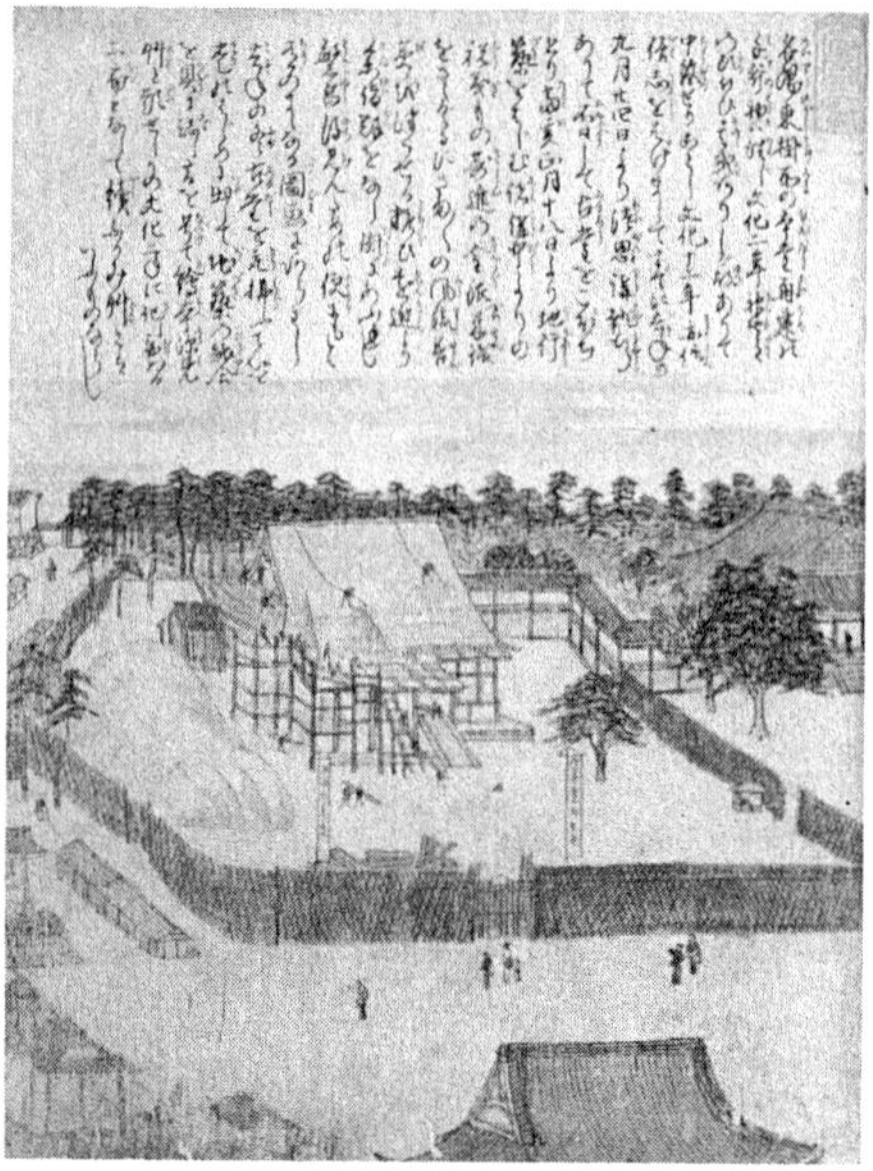

図89　名古屋御坊の再建　本堂を壊す（『絵本富加美草』より）

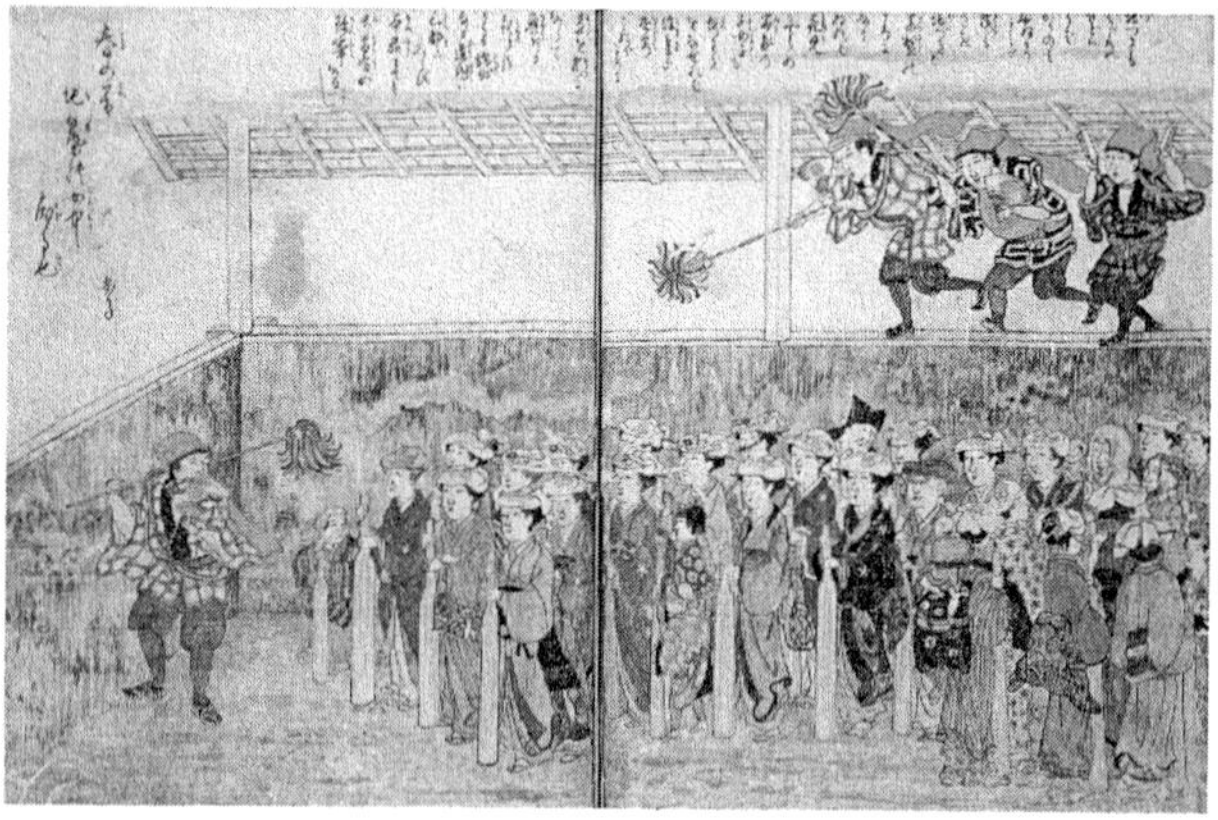

図90　名古屋御坊の再建　地築の様子（『絵本富加美草』より）

もあってか、翌年の文化十一年九月二十四日には本堂を壊すということで報恩講が引き上げて執行され、数日を移さず本尊も食堂に遷座となった。工事が成就するまでここにおいて法話・勤行などを行うこととし、鉄灯籠もこの庭前に移された。参詣のために御食堂南の庇をのばしたり、堂前は土の壇をきずき欄干のような手すりも作られたりしている。本堂を実際に壊しかけたのは同年十月からで、東南西の三方に竹矢来が結ばれ、屋根の瓦や柱などを取り壊すときに事故のないよう東の入口には番所をつくり、南の木戸口には無用の者が入ることを禁ずる高札が立てられた。そして、向拝の東の方に「延ばし」をかけ、西の方には梯子をかけて取り壊していった。壊された旧本堂の柱などは、火除蔵に納められて保管されている。

(2) 地形築始

文化十二年（一八一五）正月十八日に地形築始が行われたが、その前日の十七日、新出来町より六十有余の車で土を運んできたのが初めての土引車であった。それより日ごと絶間なく続いて、末森山の辺りに一つの谷ができてしまったなどという。また、地築が始まると遠近の村里よりも寄進の土石が運びこまれ、数百の車が続き、こうした車は本町通りを茶屋町にかかり西の広手に出て、火蔵除の石穴門から入った。同年正月二十一日には、御器所村の人々が村の中に土取場を定めて、小幟を立ててここから掛所に土を担って運んでいる。これが数日におよび、運ぶ人は南、帰る者は北と分かれて引きもきらず、御器所村の西亀口辺りから掛所の作事小屋の内に通じて地形場にいたったので、まるで「蟻の道」のようであったという。

地築の場所は深く掘られ、雨覆いのために屋形様のものが作られていた。穴の入口は北の角に梯子を掛けて出入りをし、中では木遣師二人がざいを振る、一人が扇を上げて歌をうたう、いま一人が拍子木で囃す、というようにして地築が行われた。文化十二年の二月二十七・二十八日と三月二十七・二十八日は、町々在々の地築手伝いと寄進の人数が一万人余ずつで大群集であったという。はじめはそれほど派手ではなかったというが、桜の花が咲くころに真っ盛りとなり、花見をしながら人々が集うようにもなった。このころになると、講中を中心とした町々在々の取り持ちから金銭などの夥しい上納があり、銭にていろいろなものを作って献ずる見立細工物が華やかに引かれてくるようになる。そして、またこれを見ようと城下および八郡の諸人が集まり、日ごとの賑わいを呈していた。地築の様子が、絵団扇の図となって売り出されたりもしている。こうした賑わいの最高潮に達したのが、文化十二年四月二十六・二十七日の門跡入輿であろう。達如上人は帰京のついでに立ち寄り、二十七日の夕方に作事場地築の様子を歴覧している。現場では、本堂の地形の真ん中に仮の高楼と行廊（ほそどの）を作り、幕を張ったりして荘厳した。このようにして地築は進行したが、文化十三年二月一日付の「猿猴庵日記」に

図91　名古屋御坊の再建　矢櫓
（『絵本富加美草』より）

「地築始る、去秋、水難以後休の所、又今日より始る」とあることから、文化十二年の秋には一時中断していたようである。

地築が成就して、柱を立てるための矢櫓が築き始められたのが文化十三年の九月二十四日、十月十三日には本矢櫓が築かれた。この時、十四歳の木遣師が大音声で評判になっている。文化十四年の二月には、大矢櫓二つ・中矢櫓一つ・小矢櫓一つが立ち並び、大塔が立ったようであった。大矢櫓は五階にて高さ七間、中矢櫓は四階、小矢櫓は三階で、「大やぐらを望（む）村々は、早朝に着帳無之ては上る事出来ず。是は、何れも大やぐらをつかんとのぞむ故、早き村へ相渡す筈也、夫故、村々の寄進同行中は、夜深より出掛、未明に矢来門へ来り待合す故に、旱天より賑合。又、金銭の外に、衣服・家財等を喜捨する者数多有之。集会所に是を飾る」というあり様であった。そして同年九月には、柱立の儀が来る十一月一日に治定した。御柵柱《おやらいばしら》といわれる前二本、来迎柱と称される後二本、この四本の柱が立ったのが十月の末であった。猿猴庵は、「地築より櫓づきまでは出来せしが、あまりに大造なる事なれば、なか〳〵柱の立はいつの事のやうに思ひしにことし十月の末にいたり先四本のはしらをたつるとて、足代をこしらへ上に覆ひの屋体をあぐるとて」と記している。

覆の屋体を上げるのには、足代の頂上に「しゃち」という道具と「なんば」と呼ばれた小さい井戸車を仕掛け、綱でもって引き上げている。また、御柵柱・来迎柱と称される中心の四本柱を立てるには、まず柱を地形の上に横にして柱の上の方に長い綱と短い綱を付け、足代の頂上に「ねこぼう」という仕掛け、柱の下には地車を付けて、柱の後ろから押しながら二筋の綱を引き上げるというようにして行われた。柱石の真ん中に柱がくると、上に登っている棟梁などが位置を決めて下ろされた。このようにして地築から矢櫓築の工事へと進み、とうとう柱を立てるまでになり、文化十四年の十月には「十一月朔日御柱立辰上刻」と書家佐々木宗六に書かせた高札が立ったのである。

(3)　柱立の儀

文化十四年（一八一七）十一月一日、柱立の儀式が執り行われた。この夜、新堂の柱四本に巻いた木綿を盗まれるという事件がおきている。儀式が終わって、しだいに新御堂の柱が立てられていったが、このころにまた堀川端の材用場より大木を引くことが繰り返されている。文政二年（一八一九）七月二十八日には、大虹梁の欅が引かれている。この大木は木曽の山より切り出したもので、長さ八間さしロ四尺もあった。この噂が聞こえると、府下近在までも見物する者が群集した。道の窪みや小溝に渡す松板が用意され、町・在の講中が幟をさして先頭に立ち、両綱の長さが三丁余にもなったという。

新御堂の柱が残らず立ち揃い、一重目の屋根の西側ができたのが文政四年十一月十日であった。しかし、この日にまだ中島郡同行が大木を取りに播州へ旅立ったりしている。二重目の屋根の工事に入ったのは翌年の文政五年閏正月の初めであった。材木を車で引き上げる通路のために食堂前から新御堂の軒口まで足代をかけ、二重目が造られだした。瓦は知多郡より焼き出され、北の方より伏せ始められた。男女が瓦をふせようとして冥加金をだしては切手札を受け取り、この切手札と引き替えに「いろは」番を付けた瓦を持ち運ぶ、という具合であった。こうして新御堂は、春のころよりめりめりとできてきたのであった。そして、文政五年八月には上棟式日時伺が本山に提出され、九月には上棟式の日が同年十一月一日と決まっている。棟札もほどなく本山より下って、それ

図92　名古屋御坊の再建　二重目の屋根を作る（『絵本富加美草』より）

図93　名古屋御坊の再建　御上棟（『絵本富加美草』より）

には、

表　大谷本願寺尾州愛知郡名古屋末刹二十世前大僧正釈達如再建文政五壬午十一月一日落成

裏　棟梁伊藤信濃守之

と書かれていた。これを西矢来門の北にかざって、輪番衆が傍らに添いながら文言を読み聞かせては諸人に拝礼させることも行われている。またちょうどこのころには、本堂の破風西の方に獏の大彫物が揚げられている。この獏の大彫物は棟梁が下絵を描いて早瀬氏とともに彫刻したもので、初めは五日講の会所と北裏門の集会所に一つずつ分けて飾られた。金の彩色ができてからは、北裏門の集会所の南に仮屋を構えて人々に拝見させている。そして十月下旬、「十一月朔日巳の上刻御棟上げ」の高札が立ったのである。

(4)　上棟式・御遷仏

上棟式が行われたのが文政五年（一八二二）十一月一日、御遷仏が文政六年十一月十五日〜十七日であった。この一年間にどのような工事が行われたのか詳しい記録は残っていないが、新御堂の外回りはすでに上棟式まではほとんどできあがっていたようであり、内陣の荘厳工事がされたと思われる。文政六年の六月には本堂の金張付けができたとあり、また向拝の仕かへ作事が真最中などとある。そして、九月二十三日には御遷仏供養伺が本山に提出され、京都に注文してあった本尊の座光ができあがってきた。これは今回、本山のものを新しく真似て写し造ったというもので、普通と異なって輪光の下に蓮華があるものであった。やはり大玄関の東の間で座光拝見が行われている。こうして着々と準備が整い御遷仏を迎えることとなった。

四　儀式の様子

いままで工事の様子を中心にしてみてきたが、ここでは工事の節目となった手斧始の式・地形始の式・柱立の儀式・御遷仏という四つの儀式そのものの様子をながめてみることとする。儀式を執り行うに当たって、境内には臨時的な施設が組まれ、参詣人の群参した中で行列がなされた。また、儀式が終わった後には、棟梁宅へさまざまな銹物が送られた。

(1)　手斧始の式

文化二年（一八〇五）十月十五日に行われた。これに先立って、九月の末に手斧始の場所として本堂の南庭上に大きな仮屋が構えられている。畳数一〇畳敷もの広さであったという。本堂の向拝から仮屋までは、大工が手斧始の時に通行するための通天橋のような高い廻廊が作られた。そして、この場所の囲いとして本堂の前から大玄関の西まで菱矢来が結ばれたが、この竹・縄・藁など仮屋に必要な物は村々の農家が車を引き馬に積んだりして寄進されたものであった。大門を入って東、経蔵の西には寺社方下役人の詰所、寺社奉行衆や他の諸御役人衆の詰所は、本堂東の廻廊で金屛風が飾られている。また、同行講中は裃を着て経蔵の東にある集会所に列座した。

儀式は巳の刻（午前十時）以前にはじまったという。大工棟梁などが本堂の西の縁側より出て儀式の席まで行列して着座、そして墨縄をうち、小さな柱に手斧をあてるといった儀礼が行われた。これで式が終わりとなり、後は盃などの式となっている。したがって、儀式そのものはいたって簡単な内容であったらしく、むしろ大工棟梁などの行列を見ようとして参詣人が集まったようである。行列は、冠と黒袍紫指貫を着た棟梁伊藤平左衛門、冠と赤袍を着た脇棟梁の伊藤平八（平左衛門の親）、同じく脇棟梁の伊藤惣右衛門（同人伯父（マヽ）、平八弟）、そして平左衛門の子方である大工分の者で布衣八人、随身二人、大紋六人、素袍《すおう》五人、糸引児二人、白張四人、長裃二人、裃一四人が続いた。このほか、諸職人では木挽藤右衛門、板屋弥右衛門、石屋嘉兵衛、左官新兵衛、畳屋卯兵衛、桶屋万蔵、釜本惣兵衛、瓦師金左衛門が裃を着て行列した。

(2)　地形始の式

文化十二年（一八一五）正月十八日、午の刻（十二時）に始まった。地形の真ん中に東西七間南北四間ほどの場（にわ）を縄張して、筵が敷かれた。その中に柱を横にして置き、先に瓶子を立てている。棟梁は布衣を着て座し、講中同行頭なども傍らに座り、また東の廊下には輪番僧衆たちが出席していた。しかし、地形の式を始めようとした時、群衆がこれを拝せんとして押し合い、結局形ばかりで式を済ましてしまったという。実際の地築は未之刻（午後二時）から始まったが、その前に木遣歌の歌い初めが輪番・僧衆の前で行われた。

(3)　柱立の儀式

文化十四年（一八一七）十一月一日、辰の刻（午前八時）といわれていたが四つ（午前十時）ごろに始まり昼過ぎに終了した。この儀式のために、地形の中央に間口一二間、奥行六間の大きな仮屋が設けられた。また、いま一つ内陣の仮屋として東西四間に南北二間半のものが作られ、前の仮屋と内陣を結ぶために竪五間に横二間の橋がかりもできた。内陣の二本の柱には檀を高くしてもうせんなどを敷き、前の二本の柱の前に広い台を作って、ここを儀式の場所としている。この仮屋の左右には、両翼のようにしてまた仮屋を建て、東は輪番法中の詰所、西

図94　名古屋御坊の再建　地形始の式
（『絵本富加美草』より）

図95　名古屋御坊の再建　柱立境内の様子
（『絵本富加美草』より）

は寺社役人衆の桟敷となった。儀式場所と法中の詰所の間に続いた北の方には、また仮屋を設けて、そこには惣講中が並んでいた。棟梁および工匠の行列道は、穴門の北の蔵内が楽屋になったので、そこから儀式の仮屋まで通天橋のような長さ三五間の仮行廊（ほそどの）が設けられた。

儀式の壇上に飾られた供物は次の物であった。

瓶子一対、五枡樽六つ、大根九本、牛蒡九本、山芋九本、昆布十八把、紙九巻、角干天十五本、苧五把、青苔十八把（いずれも左右一対）、御供餅九百、散米升、小さい瓶子一対、長柄の銚子一対

「九」という数字にこだわっているのは、何か理由のあることであろう。この壇の脇、西南の方には御神酒を献じて「玉女神《ぎょくにょじん》」を祭ったとあるが、これもどのようなものか不明である。

工匠の行列では、先頭に塩水桶を持ち、笹で水を振り掛けながら行列道を清める者がいた。そして、素《す》袍《おう》着・大紋着・太刀持ち・白丁を前後に従えた大匠と大匠脇（二名）が中心となって進み、後方には裃を着た多数の諸職人がいた。儀式の場所にいたると、棟梁を真ん中にして脇棟梁が左右の少し高い壇の上に着座、そして祭文を唱えてさまざまの修法を行い終了したとある。その後は盃の式となった。二・三日の両日は、後拝見《あとはいけん》として内陣の錺《かざり》を人々に見せている。

(4)　上　棟　式

文政五年（一八二二）十一月一日に執行、大工が行列する道のため作事場より新御堂の頂上まで橋がかりを作る。その長さがおよそ五、六町にもなったという。十月二十八日には、大工行列の調べ足揃えがあり、申の下刻（午後四時）ごろ始まって夕暮れまでかかっている。上棟式は巳の刻（午前十時）に始まった。行列の先頭には道を清める塩水振り、そして木遣師がざいをふりながら歌う中を、棟木が大勢の日用方によって運ばれた。道々この木を振り歩み、先へ進んではまた後に戻るという仕草をしている。その後に、石工・葺師・木挽師・工匠行

列・瓦師・神酒・玉女神の金幣・御棟札・柱本の幣・棟梁・脇棟梁・神職地門歌などが続いた。

新御堂の頂上にいたると上段に三人の棟梁、布衣大紋の輩・随身が着座、中段には大紋の輩・素襖着児などが列座し、この真ん中に三本の棟木柱が置かれた。下段には裃を着た大勢の人がならんだ。頂上の儀式のために次のような餝物が供えられている。

幣白三本、扇車、瓶子三対、弓矢、鏡餅七餝、餅六桶、酒十八樽、ほかい三対、金銭銀銭（ついたてのようなものに、銭を亀鶴形に組む）、槌三台、洗米、長柄の銚子くわへ、三方六十六（大根、人参、牛蒡、寒天、長芋、昆布、青海苔、苧、紙、いずれも九の数、紙に包んで水引きを掛ける）

柱立の儀式で壇上に餝《かざ》られたものとほぼ同じで、玉女神の金幣は東の方に、柱本の幣は西方にかざられた。具体的にどのような儀式を棟梁がしたのかわからないが、餝物に「槌三台」とあるように棟梁と二人の脇棟梁が槌で棟木を打ち、この時に神職地門歌役の者が千歳楽と万歳楽・永代楽を歌った。

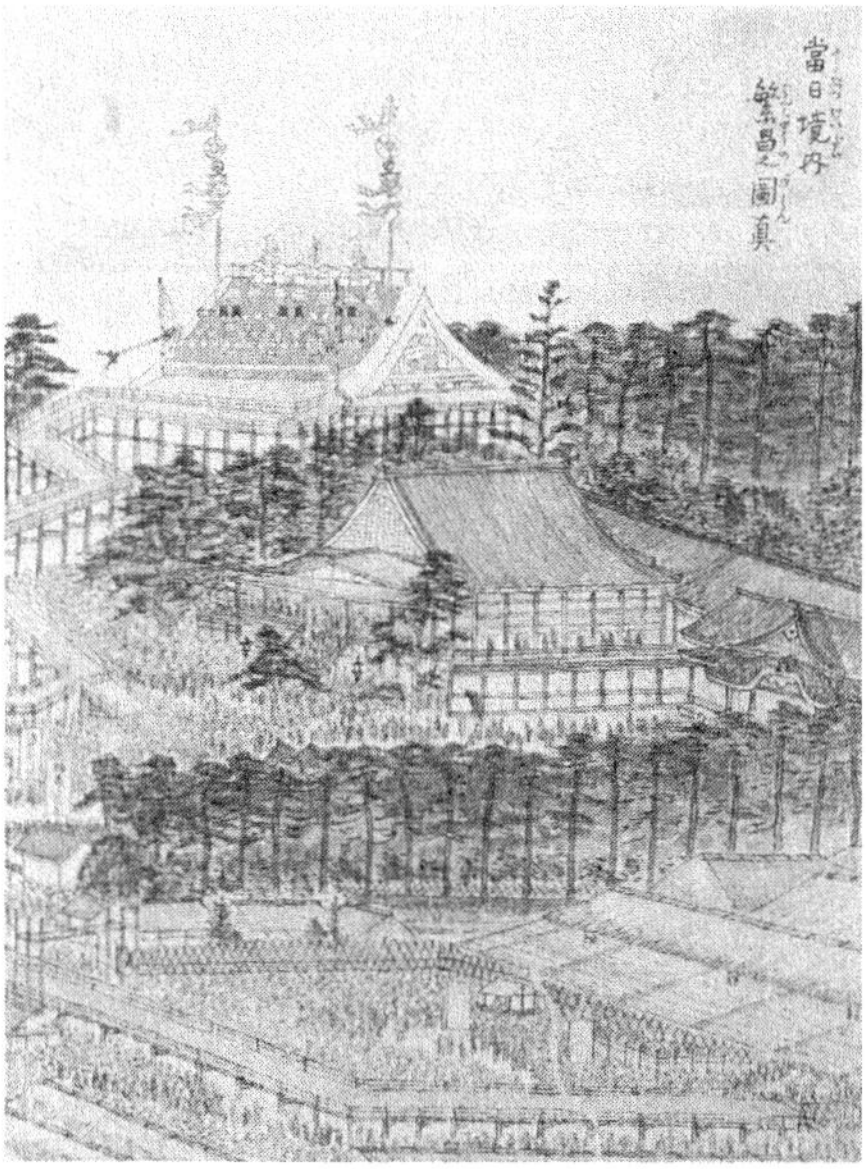

図96　名古屋御坊の再建　御上棟式境内の様子（『絵本富加美草』より）

上棟式が終わった翌日、二日から五日まで餝物をおろして諸人へ見せる後拝見があった。また、新御堂の南と西に仮梯子を掛けて、参詣人に堂の上に登ることを許している。そのため見物人が群集し、まるで報恩講のような混雑であったという。しばらくすると、棟上をまねた子供の遊びなどが流行したりした。

(5)　御遷仏

文政六年（一八二三）の十一月十五～十七日と三日間行われた。御遷仏の通り道として、高さ三間ばかりの仮通天橋が食堂から新御堂に掛けられている。この仮通天橋を造るのに使用された杉丸太は、女人講によって運ばれた。御遷仏当日を迎えるに当たって、十一日には行列の調べとして楽僧衆と稚児の足揃えが行われた。稚児は本山よりきた装束を着けたりしている。夕方戌刻（午後八時）、食堂の柱ごとに行灯をかけて順番にならんだ楽僧衆と童子は、東の縁側より入って正面を練り渡り、西の入側を経て北後の廊下に至るという道順のしらべを行った。この時、「借庵僧」が提灯を持ち側を照らしながら添え行ったとある。

「借庵僧」がどういう人たちであるかよくわからないが、寺院に住する正式な僧侶でなく「町中に住む輩」という在俗の毛坊主的な僧侶であったようで、当日の遷仏に供奉することができなかった。

十五日の御遷仏会は、『猿猴庵日記』によると「東御坊本尊遷仏、卯之半刻、但し昼過頃に有之」とあって、予定は卯之半刻（午前七時）に始まる予定であったのが、大幅に遅れたようである。この儀式の中心は、文字通り本尊を仮安置所であった食堂から新御堂に遷座することであった。当日の食堂内陣の様子を見てみると、本尊を乗せる御宝輦《ごほうれん》が台上に据えられ、左の方の台上には祖師御唐櫃を安置、そして右方には院家衆内陣余間の一家衆（三等衆という）、西の方には使者使僧輪番を先として列座衆が着座した。肝煎中および力者などは幔外にいた。「力者」とは、御宝輦や祖師御唐櫃を釣り行く役の者のことで、「力者禅門」ともいわれて在・町の諸講中の隠居が担当している。本尊の御宝輦は六方形白木造りで高さが七尺ばかり、頂きに宝殊形が乗り隅からは瓔珞などが下がる、錦帳の裏には白い薄布が垂れて中が透けて見えるようになっていたという。行列は、おおよそ次のようであった。

杖つき二人・諸講中十六組・平僧衆・飛檐衆・座奉行衆（列方）・余間一家衆・内陣一家衆・院家衆・岐阜御坊列座衆・桑名御坊列座衆・楽奉行・楽僧衆・大童子・中童子・菩薩童子・紙燭僧・御宝輦・順正坊（御使

僧侶兼輪番）・童子・祖師御唐櫃・御使僧・童子・惣御影の御唐櫃・一老二老・御本山御納所役・本山御納戸御使者・御跡押数多

諸講中一六組から供奉したものは総勢二〇〇〇人、飛檐衆は「尾張中に凡三百余箇寺もありとかや、されば全図には誌しがたい」と猿猴庵は述べている。それぞれには、介添として裃を着た従者もいた。どれほどの人数の行列であったか想像できよう。御宝輦の進み行く先には、講中の輩が橋の真ん中に白布を敷いていたりしていた。人々は、どのような気持ちでこの御宝輦を眺めたことであろうか。

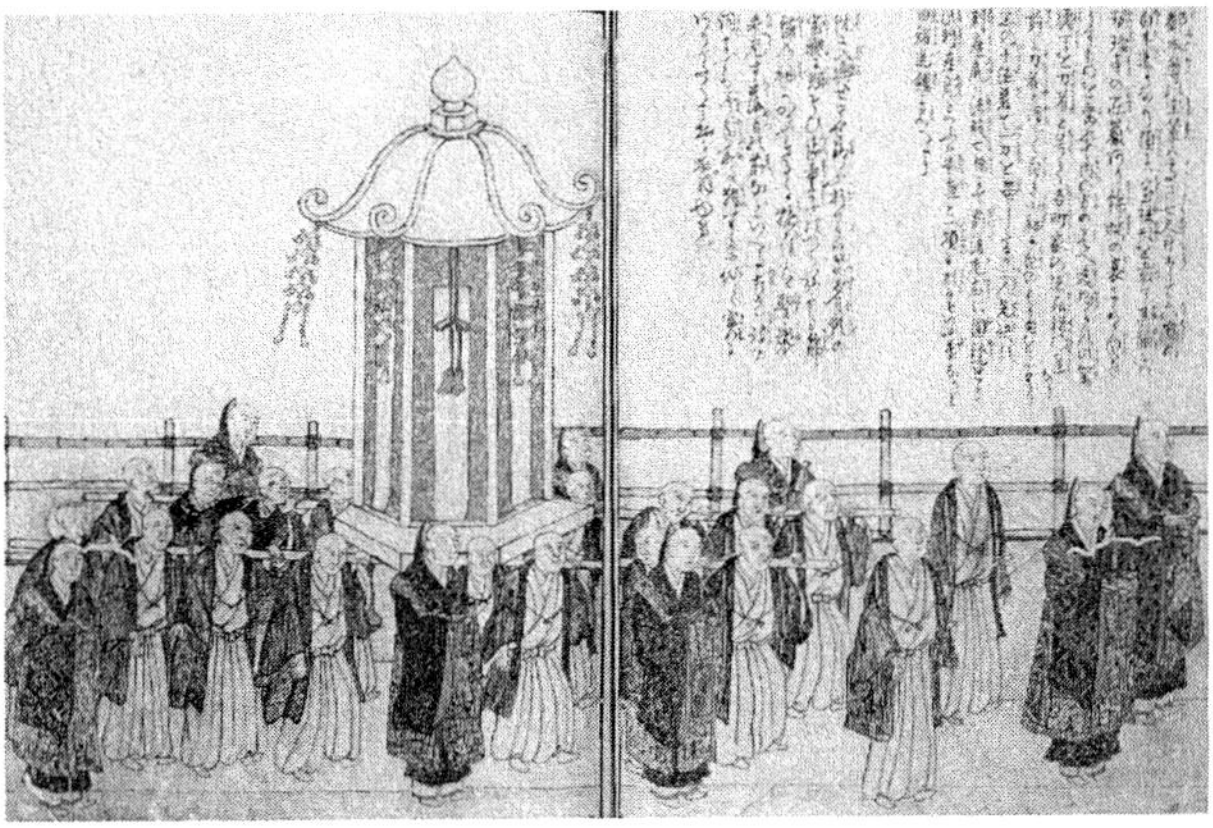

図97　名古屋御坊の再建　御遷仏・御宝輦
（『絵本富加美草』より）

十六・十七日の御遷仏供養会は、巳之刻（午前十時）に始まり、読経・音楽が行われた。この十七日の夕方、京都本山の焼失が早打をもって知らされた。このため、二十日に火除蔵に保管してあった古御堂の材木などを船廻しで京へ送っている。

(6)　大匠へ錺物を送る

さて、これで大略であるが手斧始・地築・柱立・上棟式・御遷仏という五つの大きな儀式の様子をみてみたが、実はこうした儀式の終わった後に、御坊より棟梁へ祝儀として当日儀式場の錺物《かざりもの》を送るということが行われている。これがまた一つの儀式でもあったので、触れておくこととしたい。

手斧始では儀式が行われた十月十五日の翌日、十六日に行われた。柱立では儀式が十一月一日で、続いて跡拝見が二・三日

図98　名古屋御坊の再建　大匠へ送る
（『絵本富加美草』より）

と行われ、これに続いて錺物が棟梁宅へ送られている。上棟式は儀式が十一月一日で、同じく跡拝見が二日から五日、送りは六日昼過ぎからであった。地築と御遷仏については記録に出てきていないが、何らかの形で行われたものと思われる。ここでは、柱立後に錺物が送られた様子をみておくこととしよう。

文化十四年（一八一七）の十一月三日、諸人への跡拝見も済んだ申の下刻（午後四時）、内陣の錺物をことごとく大匠の宅に送ることとなった。大八車二輛に瓶子・酒樽・鏡餅・三つ扇を積み飾り、酒樽の前には「御柱建御祝儀御坊御普請方　古酒一樽　棟梁平左衛門殿へ」という札が立てられ、三つ扇は台の上に押し立てられた。そして、日用方が二筋の綱で引き、道すがら木遣歌が歌われたりざいを振りながら柵門《やらいもん》を茶屋町へ出て橘町を上へと行列していった。車の先へは十四日講・御花講・二十八日講・二日講などの諸講中が袢を着てならび、肝煎も棟梁の宅まで見送っている。人々は珍しい見物として眺め、三つ扇の金銀が夕日に映えたり、幣白袋の飾り紐が風に靡く姿は、梵天の山鉾よりも華やかであったという。また、広小路辺りで日が暮れたので、弓張提灯を手にして群衆を押し分けていく光景は、神祭の戻り車を見るようでもあったといわれる。到着すると棟梁の懇望で、諸講中や日用方までのもてなしが行われた。大釜で酒のかんをするなどして、たいそうな振る舞いであった。

五　門徒・参詣人

新御堂の再建について、工事経過・儀式の様子とみてきた。今度は門徒や参詣人がどうであったか、ということについてまとめてみよう。そのために、寄進物・参詣人の群参・祝儀物・店屋の様子といったことからとらえてみることとする。

(1) 寄進物

文化二年（一八〇五）に手斧始の式が終わると、日ごと切り出された大木を掛所へと引く姿が見られたが、こうした再建の材木も村々町々の門徒からの寄進であった。材木だけでなく、工事に必要な土石などから竹・筵にいたるまで、多くのものが門徒からの寄進物であったろう。つぎつぎと車の上に幟立て、ざいを振りつつ人々が綱を引いて寄進に来る姿は、祭りそのものでもあったといってよい。とくに、地築が始まった文化十二年ごろになると、人々は競うようにして風流《ふりゅう》な寄進を行っている。その代表が、「掛銭細工」あるいは「見立細工」というものであった。「掛銭」とあるから、門徒が講などで御堂再建費用のためにと積み立てたお金であるが、これをただ掛所に持っていっ

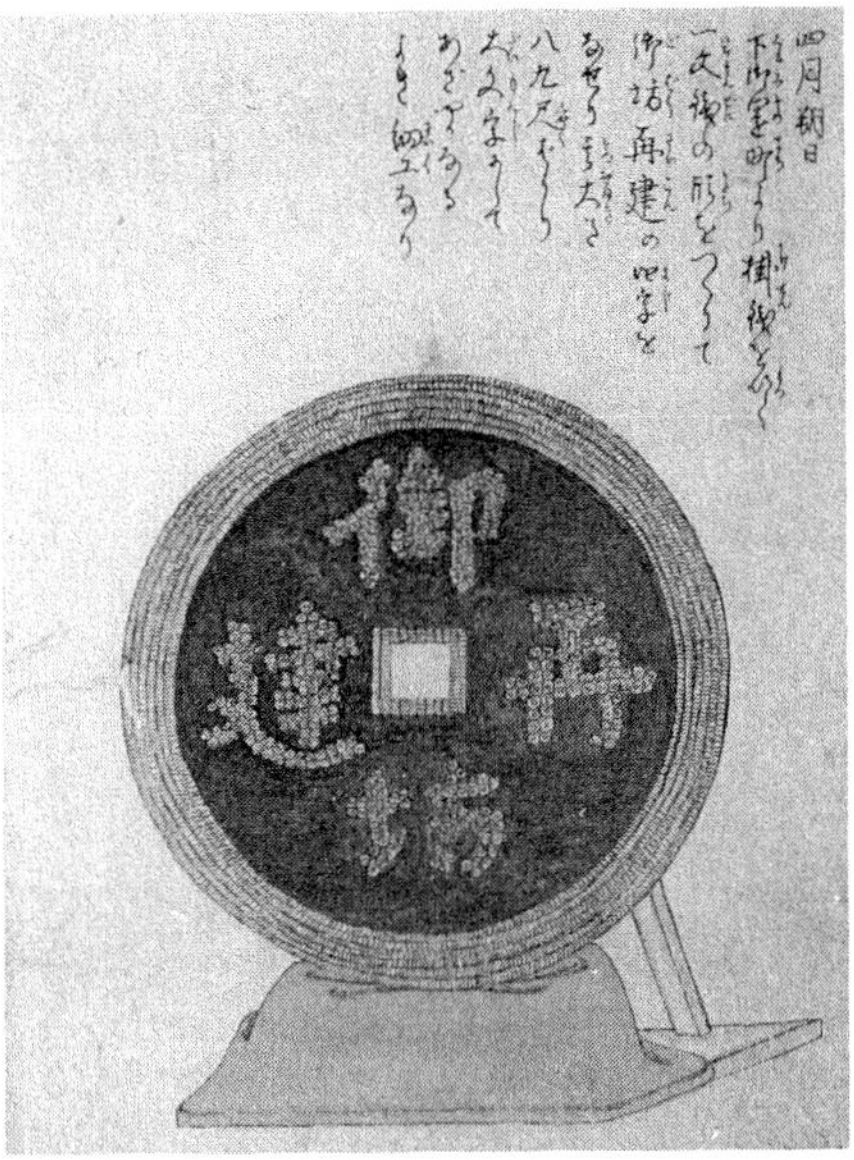

図99　名古屋御坊の再建　見立細工
（『絵本富加美草』より）

て寄付するだけでは物足りなかった。そこで、いろいろな「作り物」にして寄進したのである。その趣向と出来映えがよければ、また人々の噂になったりした。『富加美草』などに出ているものを列挙すると次のような物が寄進された。

下御園町　一文銭の形で「御坊再建」の四字を入れる
万屋町　紅葉賀の趣向
橘町裏　花籠を造り、紅白の牡丹・山吹の作り花を生けてくる、梵天のような小車にのせてくる
　若連中は木綿を大根の形にして奉納する、白を根とし、紺染を葉とする、長さ一丈余もあり
堺　町　立花の形、松梅その外、台には銭細工で雲竜の形を描く
飴屋町　大きなる推鐘（つきかね）、鬼かみの車に乗せてくる、惣体は青紙にて張り、銭で筋を付ける
　推座（つきざ）に鉦を入れる
海東郡西福田村新田
　簾《すだれ》のような形、青銅三十貫文を以て造る、「志」の文字を入れる
東田町　中央台の形、台上の置物は、大亀の小亀を負う形、台下には花を造り彩色がある
矢場町　香炉獅子の形
智多郡亀崎　花瓶燭台の形
中御園町　大瓦の形、高さ九尺
日置同行　数多くの錠を寄進、錠を太く巻いて鮑《あわび》の殻を幾つも並べて松のかわに見立て、大木の松を寄進
　するように思い付く、切り口は酒樽のかがみを使用する
古渡組　掛銭で三番叟の人形を作る

猿猴庵は、「此奉納の作りものを運べるころは、毎日神祭か馬の頭ごとくにて、今日は何町が出るなどと本町通橋町辺の人々はこれのみの評判をなせしなり」と記している。こうした見立細工は台車に飾り付けられ、両綱でもって引かれてきた。子供たちは一様の赤頭巾、若者も浅黄の頭巾で揃えられたりして、道すがら木遣師が歌を上げて賑やかであったというから、大木を寄進する様と同じであった。寄進された見立細工は、五日講の会所に飾られて群詣のながめとなっている。

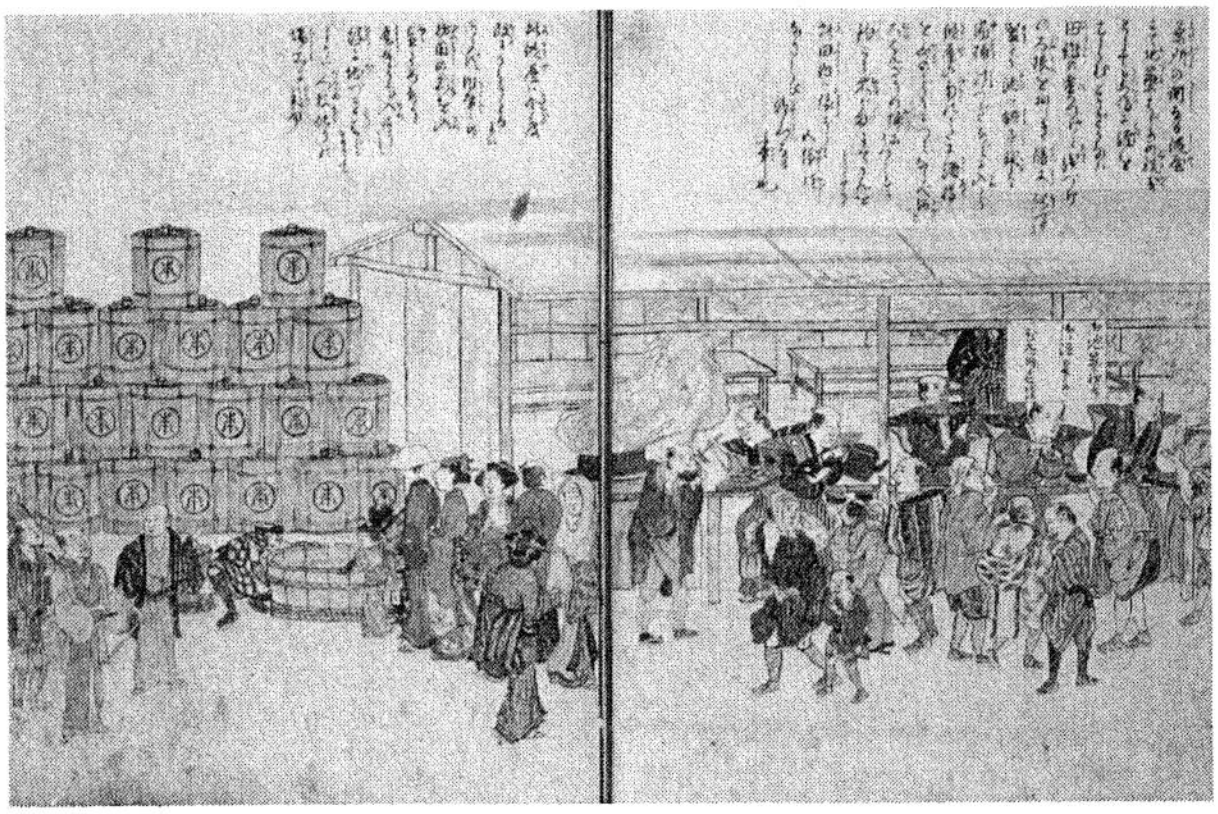

図100　名古屋御坊の再建　御祝儀を配る
（『絵本富加美草』より）

このほかの寄進物ということでは、地築の時には大門の礎に寄付の品々が山のように積みかざられていたし、講中によって棟梁へ裃や酒樽まで送られている。また大小の幟も寄進されて立ちならび、あわせて米俵も寄進された。上棟式の時では、諸講中や信心の輩が少しでも早く新御堂の立った様を拝もうとして、福裕の人々は金銭を捧げ、そうでない人々はさまざまな器物衣類を五日講の会所に積み献じた、などといわれる。

(2)　参詣人の群参

手斧始・地築・柱立・上棟式・御遷仏の儀式法要に、いったいどれだけの参詣人があったのか。尾張八郡ばかりでなく、他国から夜通しでやって来たりする者もあって、町々は人通りの絶え間がなかったという。『富加美草』などに描かれた儀式当日の境内は、まさに立錐の余地もないほどの参詣人で溢れている。猿猴庵は柱立のところで「此日の群詣、府下はいふも更なり、遠近諸国の老若男女、境内に充満せしさま、人々のあたまは、さながら小紋がたを見るがごとく、幕に幟の風にうごきまじへたるは、さらさぞめの模様に似たり」などと譬えている。このあまりに多くの参詣人のために、儀式が済んだころは身動きもできなくなり、柵門・穴門・大門を閉じて入ってくる人をとどめ、北裏門のみ開いて出入りをさした。

(3) 祝　儀　物

この群参した門徒・参詣人にもかかわらず、儀式の時には御坊から人々に御祝儀が配られている。手斧始では、十月十五日近くになると町々村々の講中へ祝いの赤飯が配られ、米百石余もかかったという。当日には大門の外、西の方鼓楼の前に仮屋を講え、切強飯《きりこわい》を参詣人に配り与えている。切強飯を包んだ半紙代が一三両もかかったほどであった。地築では茶所の側に仮屋がおかれ、祝儀として参詣人に酒を進めている。肴として田作りと浅漬けの大根を折敷に盛り、仮屋の南には酒樽が山のように積みならべ、大釜でかんがつけられた。田作りの数は、俵にして五俵であったという。柱立では、鼓楼の前少し東の方に仮屋を設け、「御供物被下所」という板札を出し、ここで参詣人に餅を施した。投げ餅にすると怪我人がでるというので、手渡しにされている。それでも大群なので、五日講の会所の後ろの番所辺りに仮の木戸を作り、供物頂戴の場とした。上棟式では、棟上げの投げ餅が諸所から献ぜられ、新御堂の中央に積み上げたところ高さが八、九尺にもなり、白い丸石を積んで富士山を造ったようであったという。上棟式翌日の翌日、二日から五日まで町々在々へ餅が配分され、他宗のものも区別せず家ごとに送ることになった。一軒につき一つずつという張り出しの札を出し、村々町々より惣代が二、三人ずつ頂戴するためやってきて、筵のかますに入れて渡された。

このようにみると、御祝儀を渡す方も渡される方も実に大変であったことがわかる。そして、新御堂再建の祝事が単に御坊や末寺・門徒だけのものでなく、城下町名古屋・尾張全体のものであったことが理解できよう。

(4)　店屋の様子

これだけ多くの人々が群参すれば、当然、この参詣人をあてこんでさまざまな土産物が売られたりなどした。新店をにわかに出すものもいた。上棟式の時などは、橘町辺り栄国寺前より橘町裏の町々にはさまざまな店が出ている。当日限り預かりものをするという店、名代みかん・まんじゅう・栗まんじゅう・柿まんじゅうなど餅細工の店がならぶ、あるいは普通の家が煮物売り・茶屋となったりして、万屋・若松屋などと風流な店つきになって派手な暖簾もかけられた。茶屋町通りでは盛んに旅客を呼び込んだりして、あたかも伊勢街道のようであったという。

そして、商売上手な者は新御堂に関係させた新製品を作って売っている。上棟式前の文政五年（一八二二）十月には、石穴門近くの菓子店が新製品金獣糖という干菓子らくがんを売りひろめた。らくがんの形を獏に作り黄と紫の二色に染めたもので、御坊本堂の破風の獏に向かう所にあった店なので思いついたのだという。橘町の内西側京屋という店では、御棟上御祝儀と札を下げて餅などを売っている。日置恵比須町の西側に風流な店が出たり、八つ橋煎餅などもこの節より思いついて出した新店であった。棟梁へ銹物を送った時の木遣師人形も諸方の辻店に売り出された。御坊所の西門前広手には、見世物小芝居の木戸で賑わい、怪しい絵看板を出すものもあった。また大須門前もこ

図101　名古屋御坊の再建　御上棟式の絵図を売る（『絵本富加美草』より）

のたびの繁盛を見て黒猿・女軽業などの仮屋がならんで評判となり、また西御坊の前にのぞきからくりが出て、御上棟の体を眼鏡絵で見せることも出現している。

こうした土産物の中に、上棟式と御坊遷仏の様子を描いた板行絵図がある。棟上の絵図は、猿猴庵が板行彫刻をする経堂筋寿来堂茂右衛門の所望によって八月の末に下絵を描き、九月には書林玉山房本や本屋久兵衛から町町に売り広められた。また、この絵図を掛所より八郡の講中へ配ったりしている。上棟式が十一月一日であったから、その一ヵ月前のことである。御遷仏のときには、「東御坊遷仏行列一枚図・同彩色幷横本」が儀式の行われた十一月十五日の前日である十四日に、本屋久兵衛店や辻々で売り出されている。名古屋市博物館に所蔵されている「名古屋東本願寺御遷仏行列之図」がこれであろう。

第二節　尾張門徒と講

これまで文化・文政期の御堂再建について、『絵本富加美草』と『名陽東御坊繁昌図会』を中心にしてながめてきたが、この一八年にもおよぶ大工事を完成させた力はいったい何であったろうか。猿猴庵は工事の過程や儀式の場面で、実に多くの人々を描いている。こうした人たちは一人ひとりがまぎれもなく、昔から尾張門徒と呼ばれてきた人たちで、「講」といわれる組織の下に結集して宗教生活を営んでいた。御坊を支えたり大工事を完成させた力こそ、この「講」ではなかったのか。再建工事や近世における御坊について、「講」に焦点をしぼって考えてみよう。

一　再建と門徒の活躍

(1)　講の活躍

手斧始・地築・柱立・上棟式・御遷仏といった一連の工事や儀式の中で、人々は講を単位として登場している。手斧始から地築までの間、老若男女が毎日のように大木を引いては掛所へ寄進していたが、こうした再建に必要な用材などは講ごとに引き受けて調達されたようである。地築の儀式当日には、大門の礎に数多の寄付の品々が山のように積みかざられ、御堂二日講・御花講・十六日講・二十五日講などの立札がなされていた。掛所へ寄進物を献上するときは、講の幟を先頭に押し立ててやってきている。また、手斧始の際には境内に作られた菱矢来の外側に、府下および八郡の同行講中として大幟が立てならべられた。その中でも、とくに御堂二日講や中島同行の幟などはひときわ目立ったという。このような寄進だけでなく、工事そのものも講が中心となって進められた。地築などでは最初に古渡組や女人講が行ったとあり、文化十二年の二月二十七・二十八日と三月二十七・二十八日には地築と寄進の人数が一万人余の大群集であったと猿猴庵は記していたが、これは二

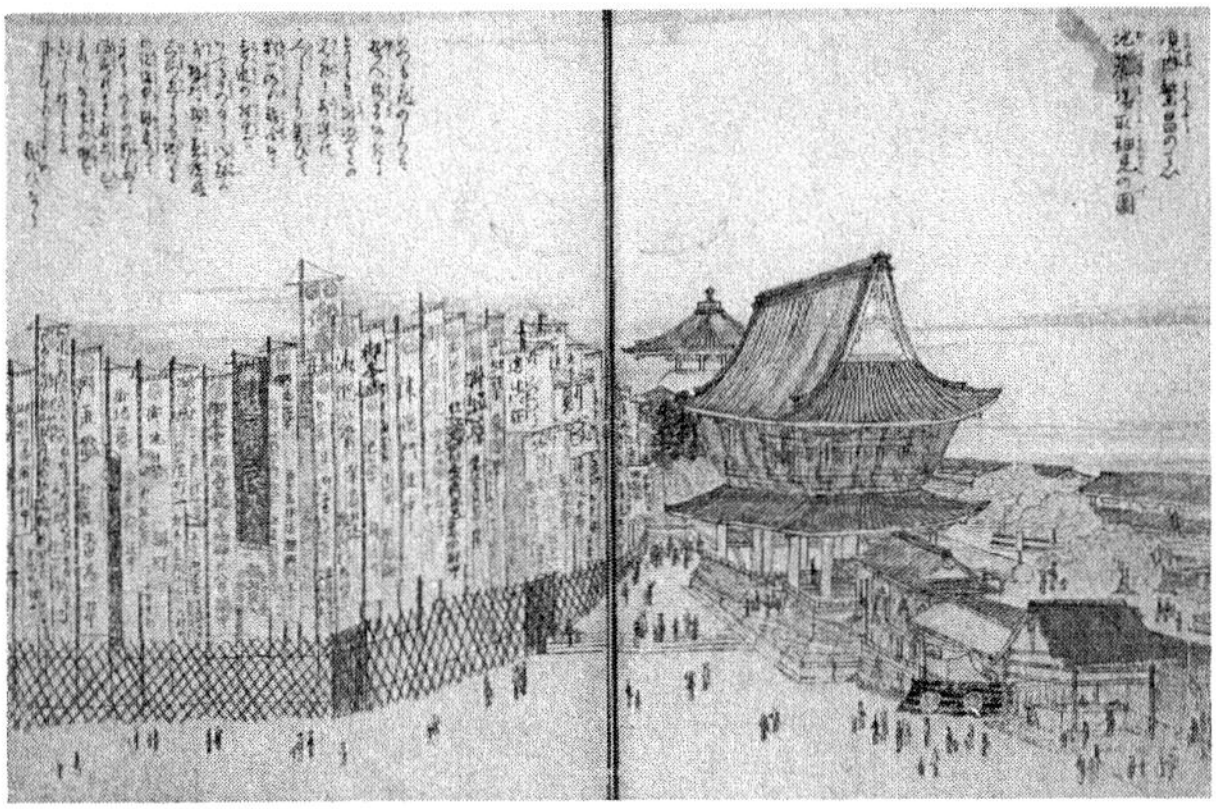

図102　名古屋御坊の再建　講の幟
（『絵本富加美草』より）

十七日講や二十八日講といった講員が動員されたのであろう。工事に参加した門徒は、

地築の人数思ひ〳〵の頭巾をそろへ古渡組はかきと紺のつぎわけ、又は茶色と赤のつぎわけ、白にはないろにて鍔の模様もあり、黄なる頭巾に紅をもて中といふ字を染たるは中嶋同行とかや、女人講には西組おさか組等をはじめとして各はでなる手ぬぐひに紅染の印さま〳〵なるを頂帽子のごとくに着なし、亦赤き長頭巾をかぶりたる木遣り師

とあるように、どこの講の者であるか区別できるようになっていた。また、柱立や御遷仏の儀式にも講が参加していた。柱立の後、棟梁へ銹物を送るときは車の先へ十四日講・御花講・二十八日講・二日講などの諸講が行列していた。御遷仏行列の時にも諸講中一六組の面々より練り出したとあり、講中はおのおの麻裃を着て二行に立列したとある。そして、惣講中とは「二十八日講・二十五日講・十六日講・十四日講・十二日講・十一日講・八日講・五日講・二日講・二日掃除講中、御普請方・常勤同行中、在御世話方同行中なり、此人数惣計凡二千人余とぞ聞へし」と説明していた。

このように新御堂の再建には講の働きが大きな力となっていたが、こうした講の活躍は今回が初めてのことではなかった。文化・文政期の工事に入る前、寛政十二年（一八〇〇）に建立された経蔵は、講によって新しく建てられたものであった。また、天明四年（一七八四）の矢来門建立や寛延元年（一七四八）山門建立の思召があったときなどには、二日講や十六日講中が参詣人の人々から寄進の志を集めるために出張所を出したり、矢来の内で懇志を募ったりしている。こうした講と御堂の建物建立との関係を「二日講記録」によって少しながめてみたい。

(2)　二日講と御堂

現在、名古屋別院に所蔵されている文書の中に「名古屋東御坊記録　根元二日講記録」というものがある。こ

れは別院寺務方であった佐藤義千氏が、昭和十七年に熱田の祐誓寺から借用して書写したものである。その後、岐阜県海津郡東江村の安田慶作所蔵「当院沿革記録」という文書を借りたところ、これが二日講記録と同類のもので、散逸していた箇所を一部補ったと奥書にある。この「根元二日講記録」には、講の由来からさまざまな活動の様子が御坊創建当時に遡ってほぼ年代順に記録されていた。原本がいつ記録されたものか不明であるが、内容的には文化六年（一八〇九）ころまでの記事で、二日講の由緒と御坊における正当性を語ろうとしてまとめられたものである。

さて、この記録によると二日講は、元禄五年に掛所が袋町から古渡の地に移転した後、御堂内万端の世話をする講組として成立している。掛所が尾張の地にできても御取り持ちをする同行がなく、そこで聖徳寺から加藤伊兵衛・水谷清次郎の両人へ話があり、二人は永安寺町の藤右衛門に相談して町在の同行衆に頼み、御堂付きの講組ができたという。九日講もこのときに成立している。その後、同行が増していき、輪番（憶念寺）からも御堂の掃除その他参詣衆の不作行のないよう世話をやくことを仰せ付かったりした。そのため、遠い所にいては行き届かないということで矢来の内に役席を御免となり、両講中が相詰めるようになった。御坊付きの二日講と九日講は、城下の富裕商人が中心となって結成されたようで、御坊が古渡の地に移転して造られた創建本堂にいろいろ寄進をしている。九日講では加藤伊兵衛が本堂本尊一体、炭屋宗休・加見屋祐閑・福島屋了信・藤屋道入などが台座・・礼盤・大卓・五具足・輪灯・砂張・打敷・仏器などを寄進したという。二日講では加見屋祐雅・野田屋了智・綿屋正春・紙屋祐二・佐野屋道□・中島屋道休・綿屋祐三・岐阜屋栄玄・江嶋屋西心・藤屋道弥・但馬屋栄光といった人物が次の法具を寄進している。

一、御開山様御厨子	一基	一、御代々様前卓	一面
一、前卓	一面	一、三ツ具足（花瓶共）	一通

一、三ツ具足（花瓶共）　一通　　一、金乱（ママ）打敷　一ツ
一、金乱（ママ）打敷　一ツ　　一、仏器　一ツ
一、仏器　一ツ　　一、輪灯　一対
一、輪灯　一対

また、金五〇両を御堂二日講の町方惣講中、金三〇両と幕を同在方惣講中が寄進した。こうした活躍に対して、輪番が京都へ知らせたところ丁寧な御状が下され、惣同行中へ披露された。また、改めて同行へ御取持懇志の儀が依頼されたので、「御書請」を行ったとある。法主の御消息を二日講あてに下付してもらうように依頼したということであろう。このような二日講であるが、「根元二日講記録」の中では、

当講中の儀は、御坊所開発御達迄の最初より、諸事万端御引請申御取持申上、数年来無退転相続仕候、猶又御宗門次第日々に御繁盛に付、其後五日講を初として追々御取持講中御出来仕り候、夫々役割を以て御取持被申上候、且又当講の儀は御坊根元の講中にて、御堂内御掃除其外諸役を相勤御取持申候

と、講の由来と役割について述べている。二日講と同じく御坊付きの講として出発した講に九日講があったが、両講の関係はどうであったのか。記録の中に「東御坊開発　肝煎講同行頭　右九日講とも称す」「東御坊開発　御堂二日講同行頭　右御掃除講とも称す」と並列されており、九日講の纏・提灯が黒の大文字で印されたのに対して、二日講は赤の大文字で印したなどとある。両講が競いながら両輪的な働きをして創建当時の御坊を支えたようであった。

元禄九年（一六九六）三月、加藤伊兵衛・水谷清次郎・福島太郎右衛門・村瀬弥十郎の四人は上京して一如上人に御目見《おめみえ》し盃を頂戴している。「御坊所境内御普請の儀」のためとあり、これは『本願寺誌要』にもこの年本堂の改造を企てたとあるが、いまひとつどのような普請であったのかわからない。あるいは、元禄十三年に手斧

始が行われた二回目の御堂再建のことが、すでにこのころから持ち上がっていたのかもしれない。いずれにしても、大きな普請の時には講頭が上京して法主に御目見し、盃を頂戴して、直接法主から工事を講に対して依頼するということが行われた。享保十一年（一七二六）九月、寛保二年（一七四二）にも普請のことで上京している。そして、京都を出立するときには必ず菓子折が下され、帰宅後に惣同行へ配当された。元禄九年のときには御書も頂戴しており、本堂で毎月二日に開かれた講会でこの御書を拝読することが始まったという。この御書は格別の思召ということから御礼金を差し上げなかったので、講では御冥加として毎年二季に都合金二両、本山へ上納することとした。

(3) 文化・文政の御堂再建と講

文化二年（一八〇五）十月十五日、本堂再建の手斧始が行われた。これについて、本山より上使として小納戸役大石祐治、使僧として浄林坊が下向しており、十月二日に再建の趣意が惣同行衆へ仰せ渡されている。こうして工事に入ったが、二日講ではすぐに再建本堂の絵図の通りの雛形一基を講中から寄進している。これは、本堂成就の後は講の会所に安置して永代守護することを許され、棟梁の伊藤平左衛門へ依頼して作ったものであった。雛形の裏には、次のように書き付けられたという。

図103　名古屋御坊の再建　再建本堂の雛形（『絵本富加美草』より）

覚

一、御再建御本堂御雛形　一宇

御坊根元

寄進主　御堂二日講中

御指物屋源助

年行司　岩田屋善八

発端主　和泉屋三郎兵衛

棟梁　伊藤平左衛門

文化二乙丑年十一月二十二日

そして、会所に絵図とともに出して再建の懇志を参詣人に上げてもらったりしている。雛形に上がった寄銭は、毎日改めて納所へ預け置き、毎月晦日に合計して納所から受け取って勘定方へ渡し、帳面に受け取りの印形をおしてもらうことになっていた。

文化三年、再建方の肝煎役が新規に仰せつかっている。一講の内より二人ずつ出勤するということで、二日講からは表屋庄兵衛・藤見屋平介の二人が出た。古来の肝煎が勝手方となり、新肝煎衆が再建方になって、再建工事のための体制が整えられた。二日講の中では再建上納金のために日掛八銭講が結ばれ、毎月取り集めては勘定方へ渡すことになった。これは文化二年より一〇ヵ年と定められて始まったが、文化五年六月からは御坊所より一銭講の依頼があって、国中町在の門徒残らずこの掛銭をするようになったという。勘定所より帳面が渡り、毎月集めては上納されたのであった。

このように文化・文政期の一八年にも及ぶ御堂再建工事を担い、そして完成させた力は「講」であった。

二　尾張の講と御消息

御堂付きであった二日講についても少しみてみたが、尾張国全体ではどのような講が成立しており、どれだけの講が結ばれていたのであろうか。猿猴庵の『絵本富加美草』の中にも、二十八日講・二十五日講・十六日講・十四日講・十二日講・十一日講・八日講・五日講・二日講といった講名が見えていたが、村々には手次寺を中心にして、もっと多くの講があったはずである。しかしながら、現在ではこうした講はほとんど消滅・解体してしまって、その実態がわからなくなってしまった。そこで御消息を手掛かりにして、近世における尾張の国にどのような講があったのか探ってみよう。そして、御堂再建を支えたあのような力が、どうして「講」にあったのか考えてみたい。

(1)　御消息と講

御消息とは、御書あるいは御勧章と呼ばれる書状様の法語文書のことで、歴代の本願寺住職が在職期間中に発給するものである。仏教の教義や信仰のあり方について、仮名混じりの文体で簡明に表現されており、住職直接の教化伝道方法として一般化し、一般門末に書き与えられた。そして、御消息の内容については多岐に渡って一様にとらえられないが、①法語消息、②請取消息、③募化消息、④再興成就消息、⑤感賞消息の五つに分類できるという。①法語消息とは法義勧化や異義を糺明する本来の法語文書、②請取消息とは中世からみられる懇志請取、③募化消息とは本山や諸国御坊の堂宇を造立・再興するため募財を旨としたもの、④再興成就消息とは堂舎の復興などを謝したもの、⑤感賞消息とは本山や御坊の扶持などに功のあった人や講へ差し出すもの、という内容である（『真宗史料集成』第六巻・第八巻参照）。

このように御消息・御書と呼ばれるものにはいろいろなものがあるが、今ここで問題となるのは講あてに下付された御消息である。前項の二日講でみたように、講が結ばれると「御書請」あるいは「御書願」が出された。

一、御書願
　　　　　　　祐竹新田
　　　　　　長三郎新田　　五日講

奉願候御事

当所ニおいて毎月五日講を取結ひ、御法儀相続仕候、夫ニ付御書無御座候故、今般奉願上度奉存候、御慈悲を以御免被成下候ハヽ、難有奉存候、右御書御文之義ハ

五帖目之内

抑男子モ女人モ罪ノフカヽラントモカラハ

同

一念ニ弥陀ヲタノミタテマツル行者ニハ

右之内壱通、御免被下候様奉願候

御宛所之義ハ

　　尾州愛知郡　　祐竹新田
　　　　　　　　長三郎新田
　本證寺下　　西福寺
　　　　　　五日講中　と

奉願候、尤此儀ニ付、何方ニ少しも故障無御座候間、願之通御免被成下候様被仰上被下候ハヽ難有可奉存候、

以上

尾州愛知郡熱田
高御堂所
西福寺　印
安永八年亥十一月
祐竹新田惣代
喜惣次　印
長三郎新田惣代
長次郎　印
御坊
御輪番所
右願書、十一月五日書状相添、京都浄林坊殿迄指登、書状次ニ留有之

これは別院蔵『御用留』中のものであるが、安永八年（一七七九）ころに西福寺を手次寺とする祐竹新田・長三郎新田の門徒が講を結び、毎月五日に講を開いていたが御消息がないので下付を願い出たのであった。その時に、最初から法語の内容として希望する御文の箇所を願い出たり宛先の書き方まで依頼している。このような御書願によって講あてに御消息が下された。したがって、近世における尾張にどんな講が組織されていたかということを考える場合、御消息の宛先である講名や村名・寺名が重要な手掛かりとなる。

ところで、尾張の講にあてて下付された御消息はどれだけあったのであろうか。実は、これまでの真宗史研究の中で、御消息や近世の講についての研究はほとんどされていない。堀大慈「本願寺歴代御消息集」（『史窓』第二九号）や『真宗史料集成』第六巻・各派門主消息などがあるものの、各地方にどのような講があってどれだけの御消息が下付されたかという研究は、されていないのが現状である。近世の尾張地方についても同様であった。

そこで『中物帳』に記載されている講あて御消息や『真宗史料集成』第六巻、教如・宣如・琢如・常如・一如各上人御消息集、「御歴代御消息集」（名古屋別院発行）といったものから抽出してまとめてみたのが「尾張国下付御消息一覧表」（真宗大谷派『名古屋別院史・史料編』収載・参照のこと）である。

(2)　講の種類と形態

抽出することのできた御消息は、元和七年（一六二一）から昭和二年まで三六三通であった。この数は決して多いとはいえないが、一応、どのような講があったのか探っていく手掛かりにはなるであろう。まず講の名称であるが、一日講・二日講・三日講といった講がもたれる日を名称にしているものがほとんどである。その中でも、月の上旬では二日・五日、中旬では十四日・十五日・十六日、下旬では二十八日が多く、一ヵ月の中でも圧倒的に二十八日に集中している。講日を親鸞聖人の命日にしたのであった。このほかの名称としては一味講・女人講・坊主講・寄講・肝煎講・和讃講・両度講といったものがある。

次に講の形態にはどのようなものがあったのか。いまは事例を示して講の形態を類型化することができないが、形式的に考えれば、講員ということで門徒間の講・寺院間の講・門徒と寺院の講、に分けてみることができる。一つの村からとらえてみれば、手次寺が中心となって村の中に手次寺門徒ごとにいくつかの講がある型、反対に手次寺を異にする門徒がいても村単位としてまとまっている型、また講の範囲でみれば、手次寺付属の講といった村内講、いくつかの村々にまたがる広域講、というようなあり方が考えられる。ここでは大きく、手次寺中心の村内講、手次寺との寺檀関係を越えて村々にまたがって結成された広域講、という二つに分けておくことにしよう。

一つの寺にはいくつかの講が付属していた。「尾張国下付御消息一覧表」をみてみると、例えば、名古屋の長徳寺には二・五・十一・十六日講、名古屋常瑞寺には七・十・二十八日講、名古屋正敬寺には十五日女房講・二十八日講があった。一方、一つの村からみると、北方村（尾州葉栗郡）には二十・二十一・二十八日講という三つの講のあったことがわかる。また鹿武兎村（尾州海部郡）には七・八・二十一講があった。一つの寺にいくつかの講が付属しているということは、手次関係にある門徒が寺のある村内ばかりでなく他村にも散在しているという寺檀関係の複雑さによるものであろう。一つの村の中に複数の講があるというのも、手次寺を異にする門徒がいるということで同じ事である。いずれにしても、このような講は村の中で手次寺を中心として結ばれていた講である。こうしたものに対して、手次寺との関係を越えてもっと広い範囲で結ばれた講があった。次に示すものは、一覧表の中からさらに抽出したものである。

一五	寛永十三年　七月二十九日（一六三六）	九日講中	尾州	四ヵ村	
二八	正保　二年　三月二十五日（一六四五）	十六日講中	尾州海東郡	一四ヵ村	
四二	慶安　二年　三月　四日（一六四九）	十六日講中	尾州海東郡	一四ヵ村	
四五	慶安　三年　四月　十二日（一六五〇）	十一日講中	尾州海東郡	五ヵ村	善教寺
四七	慶安　四年　八月　二十日（一六五一）	十日講中	尾州知多郡	三ヵ村	
五二	慶安　五年　三月二十六日（一六五二）	十六日講中	尾州葉栗郡	一四ヵ村	長福（カ）寺
六八	承応　四年　四月　十七日（一六五五）	九・十日講中	尾州海東郡	八ヵ村	富吉
一〇〇	万治　四年　四月　十一日（一六六一）	二十日講中	尾州海東郡	五ヵ村	
一一一	延宝　元年　三月　八日（一六七三）	八日講中	尾州海西郡	八ヵ村	市江新田　円成寺
一八一	寛延　三年十二月　十三日（一七五〇）	二十五日講中	尾州愛知郡	三ヵ寺	則武　寄講とある
一八四	明和　三年　三月二十八日（一七六六）	二十六日講中	尾州丹羽郡	三ヵ寺	岩倉村
一八五	明和　三年十二月（一七六六）	十五日坊主講中	尾州中嶋郡	一四ヵ寺	

一八六	明和　五年　八月　五日（一七六八）	二十五日講中本山	丹羽葉栗中嶋三郡	一〇ヵ寺
一九〇	安永　五年　七月　十八日（一七七六）	十五日講中	尾州河海（ママ）郡	一二ヵ寺組　戸田（カ）郡
一九五	天明　七年　五月　十五日（一七八七）	二十九日講中	濃州中嶋郡葉栗郡	四ヵ寺・大浦四郷
一九六	天明　八年　一月二十八日（一七八八）	十三日講中	尾州中嶋郡	七ヵ寺
二〇〇	寛政　元年　九月二十九日（一七八九）	十六日講中	尾州葉栗郡	一七ヵ寺
二一八	文政　元年　十一月十二日（一八一八）	五日講中	尾州中嶋郡	一一ヵ寺三五ヵ村
二三四	万延　元年　八月　六日（一八六〇）	十二日講中	尾州中嶋郡	五ヵ寺七ヵ村・西嶋上組
二三八	万延　元年　八月二十五日（一八六〇）	二十八日講中	尾州中嶋郡	一七ヵ村二二ヵ寺
二四一	万延　元年　九月　一日（一八六〇）	十八日講中	尾州知多郡愛智郡	四ヵ寺
二四二	万延　元年　九月　四日（一八六〇）	二十五講中	尾州海東郡	六ヵ寺一五ヵ村
二五二	万延　元年十一月二十四日（一八六〇）	七日講中	尾州海西郡	一二ヵ寺　立田村
二五四	万延　元年十一月　三十日（一八六〇）	十七日講中	尾州海西郡	五ヵ寺　立田村下組
二六九	明治十八年　七月（一八八五）	相続講中	尾張国中嶋郡海東郡	一〇ヵ村一一ヵ寺
三四一	不明　二月二十八日	十日講中	尾州海西郡	三ヵ村　辰田内
三五三	不明　十一月　七日	十八日講中	尾州愛知郡知多郡	四ヵ寺（西蓮寺・正福寺・西雲寺・西願寺）
三五九	不明　十一月　十四日	二十八日講中	尾州中嶋郡	一五ヵ村　原本は七ヵ寺共有

これを見ると一〇ヵ村以上にわたって結ばれていた講のあったことがわかる。尾州海東郡の十六日講中には、正保二年と慶安二年に御消息が一四ヵ村として下付されており、同じ講中のことかもしれない。尾州愛知郡の二

十五日講中は二三ヵ寺、尾州中島郡の五日講は一一ヵ寺三五ヵ村、同じく尾州中島郡の二十八日講は一七ヵ村二二ヵ寺であった。こうした講は、手次寺と門徒という関係や「村」を越えて形成された広域の講であった。手次寺を中心とした門徒間の講が寄り集まった「寄講」といってもよい。では、この講はどのように村々を連合して活動していたのであろうか。

(3)　十八日講と中島郡会

広域講として列挙した中で、御消息番号三五三の十八日講中（尾州愛知郡・知多郡）は現在まで存続して活動を行っている。また、現在活動している中島郡会は名称などが変わってしまったが、広い範囲にわたって講活動を行っている。この二つの講の実態をみてみよう。

十八日講は、豊明市・大府市の真宗門徒による念仏相続の団体として活動している。講員はおよそ一〇〇〇軒といわれ、真宗大谷派名古屋別院配下になっている。この講が始まったのは御印書によると寛政元年（一七八九）で、次のような御消息を受けて開講された。

夫当流の安心といふは、なにのやうもなく雑行雑善の心をさしをきて、弥陀如来此度の後生助け給へと一念にたのミ奉るをもて、宗の肝要と定め給へり、故に往生ハ仏の御所作として治定せしめ給ふかゆへに、行者の方にハとやかくやと思ふはからひをやめて、たゝ仏恩報謝のためには行住坐臥をえらハす、時処諸縁をきらハす、念仏申すべきものなり、されハ信心を得たりと思ふとも報謝の念仏をつとむる人まれなりと聞へたり、おほきになげきおもふ所なり、其故ハ信心をえたる上には仏恩の深重なる事を思ひしるへし、仏恩のふかきことをしりなハ報謝の念仏申さるへし、さてハ念仏の申されさるは、仏恩のふかき事をしらさるゆへなり、仏恩をしらさる人ならハ、信心は得さる人なりと思ふへきものなり、是によりて祖師聖人は信心ありとも名号をとなへさらんは詮なく候、たとひ又一向名号をとなふとも信心あさくハ往生しかたく候、されは念仏往生とふかく信して、しかも名号をとなへんするこそうたかひなき報土の往生にて有へく候とはのたまへり、此心をもて能ゝくわきまへ侍るへきものなり、あなかしこ〱

右如琢如上人文可有信心決定事肝要也

十一月七日　釈乗如　御判

尾州愛知郡知多郡　四ヶ寺　十八日講中

この御消息は二二ヵ村の村々を巡回していて、毎月十八日には念仏相続の講が午前九時半から正午ごろまで開かれ、各村々から二名ずつ掛銭持参で代参することになっているという。二二ヵ村を巡回する順序と会所については、

1	山新田	正福寺
2	山田	正福寺
3	本郷	正福寺
4	宿	正福寺
5	荒井	正福寺
6	西川	正福寺
7	高鴨	西蓮寺
8	間米	西雲寺
9	落合	西雲寺
10	前後	西雲寺
11	坂部	西蓮寺
12	大脇	西蓮寺
13	北尾新田	正願寺・阿弥陀寺
14	近崎	正願寺・阿弥陀寺
15	北尾	正願寺・阿弥陀寺
16	横根	正願寺・阿弥陀寺
17	東阿野	西蓮寺
18	大久伝	正福寺
19	寺内	正福寺
20	小所	正福寺
21	下高根	正福寺
22	上高根	正福寺

と決まっている。こうした広い地域の村々に関係するので、本部役員組織は会長一名・副会長七名（このうち、会計を一名が兼任）・顧客一名となっており、副会長は山新田・山田・本郷・宿・荒井・西川で一名、間米・落

合・前後で一名、高鴨・坂部・大脇・東阿野で一名、北尾新田・近崎・北尾・横根で三名、大久伝・寺内・小所・下高根・上高根で一名となっていて、それぞれを受け持っている。寛政元年開講以来、会長は終身任期で歴代会長の名前と法名などもはっきりと受け継がれている。毎年四月十八日には、総会を寺院で開催して役員改選、会計報告などが行われ、別院輪番の法話もある。このほか、重要な活動としては毎年初穂を集めて京都本山・名古屋別院に志納すること、名古屋別院報恩講に志納すること、講内寺院報恩講に役員代参することなどがある。

中島郡会は、現在、一宮組・萩原組・山崎組・福島組・稲葉組・高木組という六つの組で構成されていて、活動も組単位で行うものと郡会全体で行うものとに別れている。世話方が、一宮組八名・萩原組七名・山崎組五名・福島組六名・稲葉組六名・高木組三名となり、この中から役員として会長一名・副会長二名・会計二名・組長七名・顧問二名が選出されている。中島郡会および六つの組の範囲はどうなっているか。世話方の所在地で見てみれば、一宮組は尾西市開明・同市籠屋・一宮市大和町毛受・同市神山・同市大和町刈安賀・葉栗郡木曾川町、萩原組は尾西市仁井・同市小信中島字二ッ屋・同市小信中島字小信・同市明地吉藤・同市起・一宮市萩原町朝宮、山崎組は中島郡祖父江町祖父江江西・同祖父江町山崎・同祖父江町祖父江上沼・尾西市上祖父江・同市東加賀野井、福島組は稲沢市堀之内町・同市千代田町・高重町・北島町・北市場町、稲葉組は稲沢市奥田堀畑町・同市奥田町角町・稲島町・石橋町、高木組は一宮市萩原町二子・林野・萩原などとなっている。こうした組織は、明治の初期からのものであると聞いたが、以前は十一月五日に郡会全体の五日講が行われたというから、かつての中島郡五日講（御消息番号二一八）であろう。詳しいことは記録などもなく、わかっていない。この五日講は、いまは十月の十日ないしは十五日までに開催されるとのことで、各村々に本山報恩講の志が割り当ててあるので各組が集めてくることになっている。報恩講志は十一月十九日に本山から来る出納部長に渡して納め、約三五万円ほど集まるという。この五日講を含めて、郡会が年に各組持ち回りで七回ある。高木組・福島組・一宮組・萩原組・稲葉組・山崎組の順番で行われるが、開催日は特別には決まっておらず（昔は講の日に行っていたという）何月でもいいから都合の良いときに開くことになっているという。御消息は二通あって、組単位の郡会の時に持ち回っている。下付年次は明治という。

全体の行事の中でもっとも大きなものは、十一月と十二月に本山と別院へお華束を作って奉納することである。前日の十一月十八日、役員二〇名と手伝いの婦人会が集まり、餅米をといだりして用意する。当日の十九日には各組から講員が集まり総勢一二〇名ほどにもなるという。朝の七時半ごろから餅搗きを始め、午後二時ごろまでに餅を搗き上げてしまう。この日には本山からは出納部長が、別院からは輪番が来て、それぞれ一臼ずつ搗くことになっている。報恩講のお華束として米が六俵分が必要だという。餅が搗き上がると色を染めたりしておく。そして「喜びのお経」としてお勤めがあり、終了後に会食となる。なお、会場は寺でしたり公民館で行う。昭和六十三年（一九八八）は中島郡平和町嫁振の公民館であった。二十日に染め上げたお餅を盛ってお華束を作る。そして、午後に詰所のマイクロバスとトラックで本山へ持っていく。役員は十一月二十日から二十七日のお華束が下がるまで、京都の詰所に滞在する。別院・本山への正月用お飾り餅は、十二月二十八日に餅を搗いてその日に奉納する。この時は、五升餅が二〇個・三升餅が二〇個・一升餅が九八個搗く。やはり米が六俵分とのことである。

中島郡会の構成単位である組はどうなっているのであろうか。福島組の場合でみてみると、この組は旧中島郡千代田村の二〇集落を範囲としている。門徒は八〇〇〇人ほどであり、一戸当たり八〇〇円の講金で各行事を行っている。組を単位として、別院へ永代経志料・米初穂志納金・麦初穂志納金・報恩講志納金・報恩講大根里芋料を毎年納めたりもしている。このうち、大根・里芋料は四、五年前までは現物で納めていたが、現在はお金に代わった。そして寺を会所として、毎月五日と二十七日に講を行っているという。

さて、以上が十八日講と中島郡会の概要である。両講ともに村々連合の広域講として機能している。中島郡会は「郡会」や「組」と名称が変わってしまい、近世の講形態そのままとはいいがたいが、十八日講の場合は寛政年間から連続して活動している講であった。もちろん、十八日講でも明治以降に改変があったと思われるが、それでも近世における講の形態を今日まで伝えているとみてよかろう。そこでは、法主から下付された御消息を巡回することによって村と村が結ばれていた。御消息には法主の法義安心が平易な文で述べられており、これを拝読して聞くことにより、また門徒一人ひとりが結ばれたのであった。報恩講や年頭にはお華束やお飾り餅が献上され、お初穂や懇志金なども季節ごとに上納された。詳しいことはわかっていないが、懇志や上納品の金額・量はかなりなものであったはずである。こうした講に結集した尾張門徒の力が、文化・文政期の御堂再建工事を支えたのであった。文政六年（一八二三）九月、新御堂も完成して「御遷仏供養会伺」（『東本願寺史料』・史料編収載）が講惣代・常勤中惣代・肝煎惣代・法中惣代の連署で本山へ提出されている。講惣代には御坊付きであった掃除二日講を筆頭に二日講・五日講・八日講・十一日講・十二日講・十四日講・十六日講・二十五日講・二十八日講の惣代名が記されているが、こうした講こそ、いままで見てきた広域に組織された村連合の講にほかならない。また、肝煎惣代をみると中島郡・海東郡・海西郡・春日井郡・知多郡・丹羽郡・葉栗郡・愛知郡ごとに一名ずつの名前が記されている。尾張八郡の郡単位で門徒惣代が選出されており、肝煎講をつくっていた。講惣代がいずれも名前だけであるのに、肝煎講は姓名を有していることから庄屋クラスの有力門徒であったと推定できる。「二日講記録」の中で、御堂再建にあたって新肝煎が仰せつかって再建方となり、古来の肝煎が勝手方になったという記録があったが、この新肝煎が二日講・五日講・八日講などの講惣代であり、旧来の肝煎が郡単位の有力門徒惣代であろう。尾張門徒は、行政的な郡単位と講単位という二重の仕方で組織されており、新御堂再建に協力したのであった。

三　講の活動——二日講——

文化・文政のころには、いろいろな講が組織され活躍していた。御堂再建の大工事を支えたのが「講」の力だとすれば、いま一度、こうした近世における講がどのような活動を行っていたのか具体的に見てみたい。先に掲げた「根元二日講記録」を中心にして、御堂内における講の役割・本山への懇志上納と詰所・法主の下向と講という三つの項目から「講」を考えてみよう。

(1)　御堂内における講の役割

二日講は御堂付きということで、本堂内に一定の座席を持っていた。文化六年（一八〇九）夏の記事をみると、近ごろ、二日講の詰所であった御堂矢来の内西の方に二十五日・御花講その他無用の人々が入り込み不行作をするので、とりしきることができずに困っている。そこで女人講の席の入り口矢来を引戸に直し、この所に当講より守りをつけて無用の者の出入りを禁じたなどとある。毎年の報恩講その他の法事などには、この座席に袢を着て着席した。また、御堂内の世話を任されていたので、大きな法会の時などには講員をいろいろと配置している。

東御矢来内拾五六人　　御堂前会所　四人
西御矢来内　六人　　定会所行司　二人
　　　　　　　　　其外四五人ツヽ
後門

東
西
東大銭箱
西大銭箱
文化二年丑十一月より

御許東之方四人
同　西之方四人
右之人数役割以日限を相定置不参無之様可仕事
勿論右定ノ人数ノ外余分ハ勝手次第相詰可申候

御雛形会所　　五人定番二人

図104　名古屋御坊の再建　散銭
（『絵本富加美草』より）

先に触れたように、会所には新御堂の雛形が絵図とともに置かれ、五人の講員が割り当てられて二人がつねに番をするようになっていた。参詣人が雛形に上げた寄銭などを集めて勘定方へ納めることも仕事であった。手斧始の時など、参詣の同行より御殿屋台に打ち上げられた散銭の包みが夥しく、山のようになったという。「散銭」とは参詣人が銭を紙に包んで投げたもののことで、『富加美草』に群衆が儀式の仮屋にむかって投げている図が描かれ、「散銭ハさながら雪とふりつむ也」などと記されている。「放銭」「包銭」とも表現されている。こうした銭を講中が集めては御堂へ持参し、包みを開け御堂の大銭箱へ入れたりすることも行われた。その時に、肝煎講の菱屋平七がこうした散銭はどこへ納めるべきものか尋ねてきたので、古来より御堂付包銭は御堂講中が取り集めて大銭箱へ納めるのが定法である、と返答している。

集銭の役は二日講がはじめは行っていたが、その後、御花講も参加して両講立会いで行った。また、報恩講のときには御堂前西の方に東向きに出張会所がたてられ、その前の東西に散銭入れの高桶、会所南の方には風呂桶一本、上の方には両手桶五つが据え置かれたりした。

(2)　本山への懇志上納と詰所

講はいろいろな懇志を本山へ上納している。とくに、たび重なる類焼と本山再建の時には、尾張だけでなく全国の講が再建費用を懇志として調達した。「二日講記録」には、天明八年（一七八八）正月晦日、京都焼失によって本山も類焼におよび、同年夏には再建の手斧始が行われたとある。このため、当御坊所でも再建志を参詣人から集めることが始まった。その集役には十五日講が勤めている。寛政二年（一七九一）には、二十五日講が本山再建のため御堂において志を集めたいという願い上げを出している。しかし、御坊役人の了簡では許可することができず、京都へ願い上げ、それから寺社役所へ願うというかたちで許可された。そこで、普段の銭箱を矢来の内に置き、その外に御集銭箱を置いて集めることとなり、毎月二十八日に台所で改めて残らず勘定所に預け、毎年極月に本山へ二十五日講が持参して上納された。このような本山再建懇志の他には、宝暦十年（一七六〇）十一月に祖師聖人五百回忌が勤まったが、香典金を差し上げたりしている。毎年の祝儀物としては、

　　　　毎年御祝義物之留

一、　　御門跡様為御伺御菓子料

一、　　報恩講之志

一、　　御書御冥加

一、　　御本山様御見□

一、米五俵但五斗入報恩講志台所江

一、　　　御輪番様へ

一、　　御台所役人衆　御堂小伴其外男門番御用頭とも

一、金三両　出張会所番源蔵江給金也

と出ている。寄銭は御坊の台所役方の頼みで半分は本山へ上納、半分は御坊台所へ納めることになっており、このため会所番源蔵への給金の半分は台所より出ることになっていたという。本山へ上納するときは講員が持参していったが、その時には詰所に宿泊したりした。尾張八郡ごとに詰所があり、「本山報告第四十六号」（明治二十二年四月）によれば、

烏丸通万年寺下ル	尾張国	名古屋	詰所
東洞院通中珠数屋町下ル	同	愛知郡	詰所
不明門通万年寺上ル	同	春日井	詰所
同　上珠数屋町上ル	同	海東郡	詰所
同　所	同	知多郡	詰所
同　七条上ル	同	葉栗郡	詰所
七条通烏丸西へ入ル	同	丹羽郡	詰所
下珠数屋町東洞院東へ入ル	同	中島郡	詰所
同　所	同	海西郡	詰所
上珠数屋町不明門通西へ入ル	同	海東郡・三日講詰所	
同　不明門通東へ入ル	三河国		詰所

となっている。詰所は御坊の山門前にも構えられ、「大谷派本願寺別院三百分一図」をみると東から太鼓楼まで

海西郡・美濃・東愛知郡・知多郡・丹羽郡・海東郡・葉栗郡・春日井郡・中島郡女人会所・八日講・十八日講・三州二十八日講・女人講・熱田十二日講・御花講・中島両講・二日講名古屋会所・十六日講・名古屋二十八日講・二十五日講・新橋講の詰所がならんでいた。

(3)　法主下向と出迎え

近世における講を考える際に重要な問題となるが、「法主」に対する意識とその関係である。下付された御消息が村々を巡っていたが、どうしてこのような習俗・儀礼が成立したのか、その背景にあるものは何か、という問題とも関係してくる。歴代の法主は幾度となく関東へ下向しているが、その折りには尾張八郡の諸講によって出迎えがされ、御坊に逗留したりしている。天保四年（一八三三）二月十二日、達如下向の様子について、猿猴庵の『名陽見聞図会』には次のように記録されている。

△十二日、京都東御門主・新御門主共、江戸へ御出にて当地佐屋街道を御通行。（桑名より佐屋まで三りの間、引船ニて御出。中程ニて水あさく船とまりしかバ、近在の信俗はだかになりて川へ入、御船をおしたりしかバ、大なる船なれども数万人のちからにて、安々と、さやのミなとへ御着船也）

扨、津嶋なる浄心坊へ御立寄。夫ゟ神守・万場へ御立寄ありて、其夜四ッ過、宮宿へ御着。且、此日、佐屋海道ゟ府下古渡辺まで、御門主を拝せんと群つゝ出る老若男女の信俗、きっしりとつまりて、佐屋街道の村々にハ、幟・挑灯立連ね、献上物の金銭を台にすへて出し、其側に上下着たる物数多出たり。或ハ、畑に筵を敷、松が根に尻かけたる人々、幾万人といふ事を知らず。去年以来、東派の信俗疑念、世話方の入組いまだ納らずして、信俗の心もまち〳〵なるべきを、かく御門主の御通行にハ、何も角も捨置て、我も〳〵と出るを思へバ、本願寺の信者ハ、益盛んなる事あきらけし。

法主下向の道筋は、桑名から船で佐屋に渡り、神守・万場・岩塚の宿場を通って宮の宿へという佐屋街道であった。この街道は東海道の脇街道で、木曽川河口に近い桑名で乗船して佐屋に至るというルートは、「七里の渡し」が往々風雨で渡航困難になったのに比べて、川を利用するので心配が少なかったという。万場川を通行するとき、雑人は小船を何艘か横にならべてその上に板を敷いた「船橋」を渡り、門跡とお付きの人々が船数艘で渡っている。通行の場所には両側に竹柵が作られ、幕・幟・挑灯でかざられ「御馳走　御波疇場　岩塚村」という高札が立てられた。こうした法主下向の時には、二日講は講中残らずそろって佐屋宿まで出迎えすることになっており、佐屋では宿会所を定めて集まっている。下向の道筋が違うときは、津島まで出迎えに参上した。もちろん、講中は残らず裃を着し、大幅な篝火二本・上張提灯四帳・一人に一張ずつの弓張提灯が用意された。佐屋では御堂二日講出迎え参上の儀を側役衆取り次ぎで申し上げ、御見目を仰せ付けられると、御輿の先供として両側二行にならんで守護をした。万場の渡しでは、元禄十一年（一六九八）の一如上人下向の時から許されたとして、御輿の先船の儀を勤める。この後は、また輿の先供として両側二行にならんで宮の本陣までお供する。本陣では、玄関より門までの間、東方の片側に居る事となっている。その夜は、宮に旅宿して、翌日また本陣より先供として鳴海の入口山王山まで行き、ここで暇乞いの御見目をしてそれぞれ帰宅した。

法主が関東下向から京都へ帰山するときはどのようであったのか。いまみた、天保四年二月に下向した達如帰洛の様子について、やはり『名陽見聞図会』が記している。

過し三月、佐屋街道おとほりの節ハ、江戸へ御出がけ故、掛所へおたちよりなく、江戸ゟ御上りの節、御立寄のあるよし、いひふらせし故、信俗いづれも御帰路を、今や〳〵と待居たるに、また御嶽宿ゟ直に京都へ御かへりのよし風聞ありしかバ、足よハ、年寄など、此度ハ拝する事もなりがたきやと、なげき居たるに、信俗の実意や通じけん。又々、名古屋かけ所へ御立寄ニきハまり、すでに四月十三日御たけ宿を御立ありて、府下九十軒町、円明寺へ御立寄あり、夫ゟ七ッ過るころ、当掛所へ御入輿。されバ、御むかひ及び、御まち

図105　法主の出迎え（『名陽見聞図絵』より）

うけの信俗、実におびたゞしき群集なり。

法主下向を先の記事では二月十二日となっていたが、ここでは「過し三月」となっている。勘違いであろうか。下向の時には御坊にお立寄りがなくて門徒を残念がらせたが、帰りに御立寄りとなり「信俗、実におびたゞしき群集」が御待受けをした。帰りの道筋は、中山道をきて小牧街道を通って名古屋へ入っている。二日講のこの場合のお出迎えは、小牧宿北之町端まで出て御待受けすることになっていた。そこで、御堂二日講御迎えの儀を申し上げて御見目を許され、先供をすることとなる。小牧西源寺と城下の九十軒町円明寺で御休みがあって、御坊へ入輿した。諸講の出迎えの様子が『名陽見聞図会』に描かれていて、幟に十一日御花講・愛知郡惣同行中・御坊五日講・下小田井村・二十八日講・御堂七日講・枇杷島講中・海西郡惣同行・九日米野村などとある。御坊では、玄関門から玄関まで居ならび、御馳走金五両を差し上げて惣御見目がなされたりした。御坊を出発する御出輿のときには、講中残らず揃って玄関の東の方に列座、輿がでると二行にならんで先供をして清洲入口まで御見送りした。

これまで、天保四年の達如下向の様子を『名陽見聞図会』にみて、このときに二日講がどのように出迎えをしたかを「二日講記録」からながめた。同記録には、元禄十二年（一六九九）の一如下向、元禄十五年三月の真如下向、延享三年（一七四六）五月の従如下向、宝暦九年（一七五九）の従如下向、寛政三年（一七九一）二月の乗如下向、寛政八年二月の達如下向のことが載っている。法主を出迎えたり御坊に逗留しているときに、二日講は菓子一折・白銀五枚や御馳走金一〇両を差し上げているが、こうした献上は二日講だけではなかった。天保四年の達如下向の様子で「佐屋街道の村々にハ、幟・挑灯立連ね、献上物の金銭を台にすへて出し」とあったし、やはり猿猴庵の日記である『金明録』（文化十二年・三月）には「佐屋川通り両川端より、佐屋海道宮迄、献上の掛銭、作物等多し」とあるように、多くの門徒・講中から金銭が献上されたのであった。それは猿猴庵が「御門主を拝せんと群つゝ出る老若男女の信俗」「年寄など、此度ハ拝する事もなりがたきやと、なげき入たる」と表しているように、法主を拝むためであった。講中などの場合には、惣同行御見目が許され、さらに盃頂戴ともなったのである。御坊に逗留すれば「おかみそり」も行われた。文化十二年（一八一五）四月、達如が御坊に御逗留した時には、二十八・二十九日と行われて、御かみそりをいただいた人が一〇〇〇人にもおよんだという。また、下向のとき御立ち寄りとなった津島成信坊などでも行われている。

以上、これまで文化・文政期の一八年にもおよぶ御堂再建工事を担い、そして完成させた力こそ「講」であった、ということで述べてきた。御堂付きであった二日講の役割や活動を通して具体的な講の姿をとらえ、また御消息を手掛かりにして尾張の国全体でどのような講があったのかを考えてきた。その中には、一〇ヵ村以上もの村を御消息が巡回するという広域講の存在をいくつか指摘できた。猿猴庵が描いた一人ひとりの尾張門徒は、講という組織に結集しており、講は御消息などによって法主と直接結び付いていた。講頭が上京しては法主に御目見し、盃を頂戴する、そして下された菓子折りを講員に配るということの中に、このことが端的に示されている。あるいは法主の下向ともなれば、御目見して拝むために献上金を差し上げたり御剃髪を受けようとした。したがって、御堂再建工事は、法主が「講」の門徒一人ひとりに命じたことであり、再建の中心的役割を「講」が果たすことになったのは当然ともいえよう。このように近世における御坊や本願寺の歴史をみるとき、「講」を抜きにして考えられない。しかし、また同時に、改めて近世における「講」とは何であったのかが問題となってくる。御消息は法主から下付されたもので、門徒一人ひとりを結び付けて「講」を結成する要であり、さらには講と講・村と村を結び付けていった。御消息には法主の法義安心の教えが書かれてあり、毎月の講会では必ず御書拝読が行われた。いま、法主下向時の講や門徒のあり様と重ねて考えてみると、御消息巡回という行事が法主下向と同じ儀礼的意味内容を有していたのではないか、ということになる。奈倉哲三氏は「近世後期本願寺門跡体制下の思想的特質」の中で、文政六年の達如越後下向が門徒大衆にとってどのような意味を持っていたかを考察して、

安心の教諭者として日頃から強調されている法主に会えたとき、その法主から「御剃髪」を受け、「法名」を授かるとすれば、そのときの「御剃髪」は再洗礼儀式として以上に浄土往生確定のこのうえない証しとして機能していると言わざるを得ない。（中略）「如来の御ツカヒ」「御代官」は、ここにおいて事実上の如来そのものに転化されている。生き仏＝「阿弥陀如来」の出現である。生き仏を一目拝顔して来世における浄土往生の確たる証しを得、安心決定したい。これこそ田畑質入れしても、「御剃髪」を授かりに三条掛所まで群参した門徒大衆に共通した心情であり、エネルギーの核心であった。近世において「善知識」に会うとは、このような意味を持つものであった。

と述べている。文政六年といえば、御堂が完成して御遷仏会が行われたちょうど同じ年である。いままでみてきた講の実態や尾張に法主が下向してきた様子からも同様のことがいえる。法主に御目見して拝むことは、生き仏＝「阿弥陀如来」に会うことであり、御消息が巡回して拝読されるということも同じ宗教的意味をもって成立していたのであった。阿弥陀如来の生き仏である法主が「講」を媒介として直接に門徒と結びついていたのである。こうした関係であったからこそ、「講」が力を持っていたのであった。しかし、そこには近世真宗教団における法主・御坊・末寺・門徒の関係がどのようになっていたかの問題が隠されている。

結語

以上、序章において真宗と民俗の問題点と課題をとらえ、第一・二・三章で「真宗と民俗」の問題を考えてきた。真宗が民俗信仰に対してどのような対応を示したのか、教義にもとづいて伝統習俗を取捨選択して再解釈したといわれるが、どこまで可能であったのか。民俗はどのように変容され、反対に真宗はどこまで民俗化したのであろうか。これまで論じてきたことを要約すると次のようになる。

第一章では、位牌・御影・墓制・オソーブツ習俗・仏壇を取り上げた。まず、真宗の位牌否定から位牌に代わろうとするものが御影であったことをみて、真宗と日本人の伝統的霊魂観の中核である祖先崇拝との関係をみた。位牌の否定は、真宗が神観念を志向する民俗の霊魂観とその儀礼体系を基本的には認めぬことであり、また、真宗の先祖観はどこまでも念仏の先達者という仏教本来の立場に依拠しようとするものであった。しかし、真宗と民俗の問題点としては、一般真宗門徒がどのようにこの真宗教義を受容して民俗の祖先崇拝観を変質させたかということであった。このことについて、門徒側の立場からその習俗を通して充分に論ずることができなかったが、教団の禁止にもかかわらず近世には位牌が普及し、亡者の肖像画である寿像礼誦も一部にはみられたのであった。これは、没後葬礼を一大事としない真宗の教義的教団的立場に対して門徒側の対応であったし、民俗信仰の強さでもあった。が、このことをもって単純に、門徒間に位牌が立てられたからその先祖観も他宗派および民俗固有の霊魂観と同一であるともいえない。この点については、さらに各地域の具体的事例をもとに門徒の心意表象にまで言及して検証されねばならない。真宗門徒地帯にみられる「無墓制」については、この習俗の持つ意味を両墓制との関係から明らかにした。そして、各地の真宗墓地にみられる石塔の形態や本山納骨儀礼の成立を通して、門徒にとって石塔とは遺骨を収めるところであり、先祖祭祀の対象となるものでなかったとした。それが十七世紀後半から「墓」としての石塔が建てられるようになり、祭祀対象となってくるにおよんで、教義上の論議も起こり教団による規制も行われたのであった。真宗の石塔否定は教義から導き出されたものである。中世において石塔造立が一般化してくる中で、真宗は供養塔・墓塔としての石塔は否定したが、納骨儀礼は認めたのであった。近世教団体制の確立する段階で祖廟が整備され本山納骨集中化がおこなわれるが、それは中世納骨儀礼を近世的な形で継承したものといえよう。また、この真宗の墓制観が「無墓制」を今日まで伝承させてきたのであり、それは「墓」としての石塔が成立する以前の姿を伝えているものであろうと推定した。真宗門徒と寺院の間にみられるオソーブツについては、この習俗の具体的事例から意味、そして絵像の裏書から習俗の成立について述べた。門徒が阿弥陀如来の絵像を寺院から借りてくるのは、葬送儀礼において死者の魂をあの世へ送るためであり、門徒以外の民俗においても類似した習俗が行われていて、阿弥陀如来の絵像は引導仏としての性格を有していた。そして、この絵像はかつての道場本尊であり、道場が木仏本尊を下付され近世寺院として成立した後にオソーブツ化したと考えられた。また、葬送儀礼に関与しなくて門徒間を巡行するようになったオソーブツについても言及し、「オソーブツ」が「惣仏」であったことによるとした。

このように真宗は、必ずしも日本人の伝統的民俗信仰やその儀礼をすべて否定するものではなかった。歴史的な展開の中で、先祖祭祀の象徴となっている位牌や墓としての石塔を否定したが、代わって御影と納骨儀礼を選び取り継承したのであった。ここには真宗の教えにもとづく取捨選択と再解釈による新しい意味づけがなされたといえよう。しかしながら、一般門徒においてはどうであったのか。歴史的に考えれば、中世末期から近世初頭にかけて一般民間寺院は成立したのであり、真宗寺院も道場から寺院化したのであった。そして「家」観念の発達とともに先祖祭祀が行われるようになり、石塔墓や仏壇が成立してくる。真宗の仏壇は、道場が発展して寺院化する中で、形態的には反対に道場が収縮化したものであった。近世初期の門徒に下付された絵像本尊は移動しており、本尊の性格も決して「家」の「先祖」を祀るというものではなかったのである。それが、工芸的な仏壇が成立した元禄期以降、しだいに先祖祭祀の性格を持つようになった。こうした中にあって、「無墓制」のように中世墓制の姿を伝承して真宗教義に合致するような習俗もあるが、門徒習俗の多くは位牌を仏壇に安置したり墓としての石塔を建立して先祖祭祀をするようになった。そこには、祖先崇拝という民俗信仰の強靱さを指摘することができよう。葬送儀礼に関与するオソーブツは寺院と門徒という間に成立した習俗であったが、オソーブツを遡ると道場本尊に行き着いた。門徒にとって本尊とは何であったのか。道場本尊は教義的側面からみれば、信仰の礼拝対象であり自らの帰依所を造型的に表現したものであるが、門徒の民俗的側面からみれば、引導仏としての本尊であった。この一つの絵像本尊に対する二面性の中に「真宗と民俗」の問題がある。門徒の本尊に対する二面性が未分化のままであったともいえよう。

第二章では、中世に成立した村と近世に成立した二つの村を事例に、門徒の村における民俗相を検討した。能郷は家道場が今も残っており、禅宗檀家と門徒からなる古い山間の村であった。村落内の社会組織や民俗をみてみると、各家が禅宗檀家と真宗門徒という二つの信仰社会集団を形成していて、祭祀組織や年中行事・墓制に違いが認められた。ただし村レベルに関わる行事は共通しており、相違は家レベルや講行事に現れていた。墓制については門徒は単墓制、禅宗檀家は両墓制であった。昭和五十年代まで門徒は石塔を建てようとはせず、遺体は河原の共同埋め墓に埋葬するだけであった。その遺体も時には流失することがあって、遺体尊重観念が希薄で葬後供養も簡略であった。一方、八開村はいくつかのムラからなる輪中の村で、手次寺は異なっていたが門徒の村であった。ムラと寺院、あるいは家と寺院の関係を探ると寺檀関係は複雑であったが、コーシタ（講下）制度や男寺・女寺の慣習が今も生きていた。村の中の講は、和讃講・若い衆ブッ・女人講・ナガネ講・五日講などが互いに関係し合いながら重層的に機能している。こうした講は、いわゆる真宗の講であるが、同時に伊勢講や秋葉講などもサカムカエの儀礼をともなって行われていた。つまり真宗的な講といっても、それはムラという村落共同体の中に組み込まれて機能しているのである。葬送・墓制については、葬送儀礼で出棺の際に筵を叩いたりしていたように門徒といえども民俗信仰の根幹である霊魂信仰が明らかに認められた。真宗信仰の盛んな門徒の村にあっても、葬送儀礼はほとんど他と変わりがないといえよう。墓制では火葬した後に一部の骨を拾骨するだけで、残りの骨はサンマエに放置されていた。遺骨尊重観念が希薄で、石塔建立もほとんど明治以降であった。こうした葬送・墓制にみられる特徴は、火葬・土葬という葬法の違いはあっても能郷の門徒のものと類似しているといえよう。「無墓制」というと、今日の感覚からすると一見特異な形態のように思われるが、門徒地帯にあっては、火葬（土葬）した後に遺骨（遺体）を放置して石塔も建てないというのは、それほど変わった習俗ではなかったのである。全国的にみれば、「墓がなかった」というムラは多かったであろう。

第三章では、御坊再建を通して近世尾張の門徒と講の様子を描いた。真宗門徒の講は、第二章でみたようにムラという村落共同体の中に組み込まれていたが、ムラの中だけで完結しているものではなかった。名古屋御坊を再建した原動力は、尾張門徒一人一人が結集していた講であり、この講は尾張八郡の郡単位といくつかの村連合である広域講単位の組織から構成されていた。つまり、一つのムラの小さな講はムラ外の講と結びつき、郡単位の講となり、さらに尾張一国の講を形成していたのであった。そして、こうした講と講、村と村を結びつける重要な役目をもっていたのが、本願寺歴代法主から下付された御消息あるいは御書とよばれたものであった。いったいどれだけの御消息が下されていたのであろうか。講の数だけ御消息があったといってよい。講が結成されるには御消息は不可欠のものであり、この御消息はムラの中の家々を巡回したり、村から村へと回されていた。時には法主の絵像や阿弥陀如来の絵像も下付され、これらは門徒共有の講仏であった。講が開催されると、必ず御消息は拝読され、講仏があれば掛けられたのである。真宗門徒地帯には、こうした御消息巡回や巡行仏の行事が多いが、それは近世真宗門徒が本願寺法主を阿弥陀如来の生き仏として信仰していたからである。法主の下向に門徒が御目見することは生き仏＝阿弥陀如来に会うことであり、だからこそ門徒は群参したのであった。したがって、御消息や講仏を巡回させる行事は、法主下向と同じ宗教的意味を持っていたのであった。講が大きな力を持っていたのも、講自体が寺院や僧侶を介在することなく直接法主と結びついていたからである。

真宗的な講は、これまで民俗学が対象としてきた山の神講・田の神講・庚申講・日待ち講・地蔵講・子安講など民間信仰的な講とは明らかに異なっている。また、特定な神社や寺院などに参詣する講、つまり伊勢講・秋葉講・津島講・金毘羅講・稲荷講・富士講などとも性格が違う。こうした講はムラの中で完結している信仰集団であり、教義や組織的な形態を整えていない。しかし、真宗の講は村落組織の中に組み込まれながら活動していてもムラ内で完結しておらず、どんな小さな講であっても本願寺教団体制の中に位置づけられていた。しかし、それを支えていたのは法主に対する生き仏信仰であり、これはまぎれもなく日本人の源質ともいうべき宗教観念であり民俗信仰であろう。人が神の言行を代理する信仰で遊行性と関係する「人神」信仰になぞらえていえば、「人神」は「人仏」＝「生き仏」と言い換えることができよう。葬送儀礼に関与するオソーブツをはじめ、絵像や御消息が巡行される習俗の背景には、こうした「人神」の観念や遊行の問題が潜んでいるのである。「真宗と民俗」の課題からとらえれば、真宗の講は伝統的な宗教観念や習俗に基づきながら取捨選択と再解釈をして教団組織化されたものといえる。

いま、あえて結論としていうならば、門徒の信仰観念と形態は民俗の神観念を完全に否定できぬまま未昇華の形であり、一般民俗と較べて仏教本来の仏に近く観念せられているということになる。真宗と民俗の問題が、門徒習俗のあり方と民俗への傾斜の問題といわれるゆえんである。今日、全国各地の門徒習俗は、この民俗性と反民俗性、神と仏の中間にさまざまな姿をもって展開せられているといえよう。そこには、民俗化している真宗習俗もあれば民俗を完全に否定しているものも見出だせるであろう。今後、このような視点に立って各地域の門徒習俗が発掘され、民俗と歴史との連関性の中で比較検討されねばならない。

あとがき

「どうだ、山の中へ行ってみないか」、こう竹田聴洲先生から言われたことを覚えている。今から二十年前の大学を卒業しようとするころであった。「山の中へ」というのは、「山の中の寺に住んでみないか」という意味であった。どういうわけか寺の息子に生まれ、そして寺の仕事につくのが嫌で仕方のなかった自分であった。それでいて仏教には関心があり、高校時代から「親鸞は父母の孝養のためとて一返にても念仏まふしたることいまださふらはず」という『歎異抄』第五条を読んでは「墓の前でお経を読むのはおかしい、それは仏教ではない」と真剣に悩み、親に議論とも文句とも言えぬ言葉を吐き続けていたのであった。「家」からも「仏教」からも離れようとしてキリスト教系の大学に学び、神学部の友といっしょに寮生活を送ったりしていたのであったが、そこで出会ったのが竹田先生であった。振り返れば、おかしくもあり、皮肉でもあり、そして有り難いことであったと思う。仏教的に言えば、因縁ということであろうか。こんな私の姿を先生は見抜き、「山の中の寺へ行って住み、民俗の勉強を実際にしてみないか」と言われたのであろう。しかし、その竹田先生の言葉に従わず、社会に出て働き、そしていま一度、民俗学の世界に戻るまでずいぶんと紆余曲折があった。あれほど十代のころには嫌であった「寺」にも知らずと戻ってしまった。いな、「仏教とは何か」を考えようとすれば知的関心だけではなく、実際の「寺」の中に飛び込んで、その中でもう一度考えなければ……などと頭のどこかで決断したからであろう。

竹田先生から「寺は墓である」と教えられた。もちろん、この言い方は極端な表現であるが、先生の大著『民俗仏教と祖先信仰』を読むと理解できる。この本も思い出深いもので、ゼミが終わった後、先生は教室にたった一人残った私に向かって、黒板を使いながらご著書の論旨を解説してくれた。その時、堀一郎氏の『我が国民間信仰史の研究』を引き合いに出され、方法論的な違いを述べられたことを記憶している。そして、「高い本だからゲラ刷を製本させて一部つくった」という『民俗佛教と祖先信仰』を貸してくださり、私は当惑しながらも一週間かかって一二〇〇頁余りのこの本と格闘することになってしまった。それから何年かして「寺」の中で生活することになり、機会があって再び真宗学や真宗史を学ぶことになったとき、今度は「寺は道場である」と教えられた。寺は先祖祭祀の場所ではなく、一人一人がしのぎをけずって信心を獲得していく聞法道場という意味である。「墓の前でお経を読むのが仏教か」と疑問に思い、「寺は墓である」と教えられ、さらに「寺は道場である」と教えられた。こうした自身の遅々とした歩みの中で、寺とは何か、墓とは何か、日本人にとって仏教とは何か、と問い続けてきた自分なりの解答が本書である。

真宗史を研究している仲間から、「蒲池さんのやっていることは真宗史だよ」と言われることがある。反対に民俗学の仲間からは、「どうもあまり民俗学らしくない」と思われたりしている。私としては、どこまでも民俗学の分野で仕事をしているつもりである。意識して文献史料をかなり多く使用したりする。それは、「伝承」をできる限り歴史的に溯源して民俗の成立と意味を問いたいからである。勤務している研究所の仕事で各地の寺院史料を調査して、カメラに撮ったり書誌をとり、さらに目録化するということを行っているが、そんな中で伝承資料と文献史料の併用を自然と身につけてしまった。文献史料を利用しながら、それでいて、どこまでも民俗学の土俵で思考しつづけたいというのは、理屈ぬきに民俗調査が楽しいからである。「現在」に伝承され続けてきたさまざまな伝承を見て歩く、歩いて聞く。瀬戸内の佐柳島に両墓制を見にいったことがあった。累々と浜石の積み重ねられた埋め墓の光景を目の当たりにしたとき、人の一生と人間の死を考えさせられた。乏しい民俗調査の中でも、いくつかの忘れられない民俗の姿が眼底に焼き付いている。そしてまた、日々の生活を大切にしながら村の中で生きてきた人々、訥々と語ってくれた古老たちの姿を思い起こす。民俗調査のことを「聞き取り」といったりするが、私自身にとってはまぎれもなく「聞法」であったと思う。それほど多くのことを教えてもらった。

本書は、この十年の間に書いてきたものの一部をまとめたものである。曲がりなりに何とかここまでやってこれたのも、多くの方々のお陰である。同朋大学仏教文化研究所の織田顕信先生や小山正文先生、同僚の渡邉信和・小島恵昭・青木馨の各氏からはいつも教えを受けている。真宗史・文化史・国文学と専門分野を異にしているので、互いに刺激を受けながら議論し、そこから多くを学んでいる。本書には収めることができなかったが、『蓮如絵伝』に関わる研究では、美術史の赤井達郎先生といっしょに調査させていただき、これまたいろいろなことを教えていただいた。そして民俗学関係では、日ごろからご指導を賜り、今回の出版には特別なご配慮を賜った福田アジオ先生をはじめ、真野俊和氏・新谷尚紀氏・佐野賢治氏などがいる。地元では、いつも楽しくいっしょに調査をしている伊藤良吉氏や津田豊彦氏、まつりのお医者さんである田中義廣先生がいる。最後に、編集から校正まで担当していただいた吉川弘文館の久我貴英氏に、そして、いつも我が儘を許してくれ、暖かく見つめ続けてくれた両親にお礼を言いたい。

一九九三年六月

蒲池勢至

初出一覧

序　章　真宗と民俗――問題点と課題――（「真宗の民俗性と反民俗性」「『オソーブツ』考」「能郷の民俗と真宗門徒」の一部を加筆訂正）

第一章　真宗と祖先崇拝

第一節　真宗の民俗性と反民俗性――位牌と御影にみる祖先崇拝観――（『同朋学園仏教文化研究所紀要』五号、昭和五十八年十一月）

第二節　「無墓制」と真宗の墓制（『国立歴史民俗博物館研究報告』第四九集共同研究「葬墓制と他界観」、平成五年三月）

第三節　真宗門徒の葬送儀礼――オソーブツ考――（原題「『オソーブツ』考」『同朋学園仏教文化研究所紀要』一二号、平成二年九月）

第四節　オソーブツと真宗仏壇の成立（『同朋仏教』第二五号、平成五年一月）

第二章　門徒の村と民俗

第一節　能郷の民俗と真宗門徒――岐阜県本巣郡根尾村――（『同朋学園仏教文化研究所紀要』七・八合併号、昭和六十一年七月）

第二節　輪中の村と真宗門徒――愛知県海部郡八開村――（『八開村史　民俗編』の調査資料に基づいて成稿する）

第三章　近世尾張の真宗門徒と講

第一節　名古屋御坊の再建と門徒（真宗大谷派『名古屋別院史』通史編、第三章一部、平成二年三月）

第二節　尾張門徒と講（同　右）

〈日本歴史民俗叢書〉
真宗と民俗信仰（オンデマンド版）

Digital Publishing

2017年10月1日　発行

著　者　蒲池勢至《がまいけせいし》
発行者　吉川道郎
発行所　株式会社 吉川弘文館
〒113-0033　東京都文京区本郷7丁目2番8号
TEL　03(3813)9151(代表)
URL　http://www.yoshikawa-k.co.jp/

印刷・製本　株式会社 デジタルパブリッシングサービス
URL　http://www.d-pub.co.jp/

蒲池勢至（1951～）
ISBN978-4-642-77355-3

「日本歴史民俗叢書」刊行に当って

近年の日本史学と民俗学の動向は、それぞれのテーマが接触領域に展開する状況を一層拡大させるに至っている。民俗学が歴史科学の一翼をにない、豊かな歴史像を描くことに努力をつづけている一方、地域史や生活文化史をはじめ「日常性」を基点とする歴史学は、ごく普通の人々の生活意識や日々の営みなどを視野におさめながら、歴史を動かす原動力の発掘を行おうとしている。

日本の民俗学は、柳田国男や折口信夫らの唱導により、現代の私たちの日常生活に伝わってきた慣習や、儀礼あるいは口承文芸などの民間伝承を主要な資料に用いながら歴史を再構成してきた。また文化人類学や宗教学・考古学などの隣接諸科学の学際分野からも学ぶところが大きかった。

本叢書は、以上のような近年の歴史学・民俗学の流れと、隣接諸科学とのかかわりを踏まえ、主として民俗学側からのアプローチを活用した形でまとめられた新しい歴史像の諸成果を、一堂に集めて世に問おうとするものである。本叢書が、今後の歴史民俗学派の一つの潮流となることを、大いに期待していただきたいと念じている次第である。

吉川弘文館

著者略歴

一九五一年　愛知県生れ
一九七五年　同志社大学文学部卒業
一九八二年　同朋大学文学部卒業
現在　同朋大学非常勤講師　真宗大谷派長善寺住職

〔主要著書・論文〕

名古屋別院史　通史編・史料編二巻〈共編著〉（一九九〇年　真宗大谷派名古屋別院）
蓮如上人絵伝の研究〈共編著〉（一九九四年　東本願寺出版部）
蓮如絵伝と伝説の成立（真宗研究三二輯　一九八九年）

真宗と民俗信仰

平成五年十一月十日　第一刷発行
平成七年四月十日　第二刷発行

著者　蒲《がま》池《いけ》勢《せい》至《し》

発行者　吉川圭三

発行所　株式会社　吉川弘文館
郵便番号一一三
東京都文京区本郷七丁目二番八号
電話〇三―三八一三―九一五一〈代〉
振替口座〇〇一〇〇―五―二四四

印刷＝平文社・製本＝石毛製本

索　　引

あ　行

か　行

さ　行

た　行

な　行

は　行

ま　行

や　行

ら　行

わ　行